KB140324

북한사람 정치의식 북한내부 체제붕괴

# TEN

북한사람 정치의식 북한내부 체제붕괴

# TEN

북한학 정치학박사 박 형 식

정신이 살아있는 출판

청미디어
CHEONG MEDIA

Thanks to U.S.A. and 15 Other countries for defending R.O.K.
during the Korean War.

# ICNK

*North Korean's Political consciousness and Internal Collapse
of North Korea Regime*

Ph.D, Hyungshick Park

**"진리를 알지니 진리가 너희를 자유케 하리라."**

" Then you will know the truth, and the truth will set you free."
(성경, 요한복음 8장 32절)

# 서문

대부분의 탈북민 부모들이 탈북 시 자녀들과 직면하는 어려운 문제가 있다. 탈북 동기를 자녀들에게 섣불리 말할 수가 없기 때문이다. 혼자 탈북도 어렵지만 간신히 중북접경지역 직전까지 도착해서야 탈북 의도를 말할 수밖에 없다. 그러나 북한체제로부터 철저히 세뇌된 청소년 자녀들 중 일부는 수령과 조국을 배신할 수 없다며, 부모를 배신자라 지칭하고 되돌아 간다. 북한에서 진정한 부모는 수령이라고 세뇌받는다. 탈북자 가정내부는 부모와 자녀들간 치열한 사상전이 벌어진다. 독립적인 부모 공간은 없다. 수령 앞에 부모는 없다. 이곳이 북한이다.

북한 문제는 북한사람들 정치의식문제이다. 이 문제는 그동안 심각하게 간과되어 왔다. 70년 이상 된 북한체제 대남 납치테러 등도 단지 공산주의 사상에 따른 폭력혁명의 일환 정도로 생각되었다. 그러나 북한사람들은 자신들의 행동은 정의의 실현이자, 혁명 이행의 과정으로 생각한다. 남조선 인민은 단지 척결해야 할 대적 대상으로 간주되며, 이를 위해 신명을 다해 실천 중에 있다.

시대가 격변하고 인간 존엄의 보편적 가치관이 통용되고 있는 현재, 북한 사람들은 전혀 다른 세상을 70년 이상 변하지 않고 살고 있다. 시대착오적인 수령에 대한 혁명적 충성을, 지고지존의 자신의 최고 가치관으로 도덕적인 숙명으로 절대화한다. 또한, 이를 가장 순수한 사명으로 마땅히 수행해야 할 지상과제로 여긴다. 이들에게 이 문제는 한점의 의혹도 지체도 없다.

우리는 그동안 북한사람들에 대해, 마지 못하여 차마 죽지 못하여 체제에 순응하는 것으로 생각해 왔다. 그러나 이는 전문적 평가가 아니다. 이들은 70년 이상 체제 차원의 정치사상교양으로 전혀 다른 사람들이 되어 있다. 북한신정체제는 이미 북한사람들을 정신적 육체적으로 완벽하게 통제한다. 한국 거주 탈북자들조차 상당 기간 김일성의 영향력에서 자유롭지 못하다.

북한사람은 태어나자마자 이미 마련된 무대에서 각본대로 행동해야 하는 배우들이다. 관객은 없다. 이들은 진력을 다해 북한체제에 충성하는 적극적인 협조자이자 동조자이다. 다른 생각을 지닌 자들은 이미 생존하지 못했다. 이렇게 길들여 왔고 그렇게 김일성민족이 되었다. 독재자들이 세습한 것과 마찬가지로 북한사람들도 대를 이어 충성 중에 있다. 북한체제는 인간 존엄의 보편성이 통용되지 않는 곳이다. 북한사람들은 독재자의 공범이자 희생자이다. 우리가 이들의 정치의식을 바로 보아야만 하는 이유가 여기에 있다.

북한사람들 정치의식 중심에는 김일성김정일김정은 3대 세습 독재자가 그 중심에 있다. 지배이데올로기 주체사상은 대를 이어 가면서 김일성주의, 김정일주의, 김일성김정일주의로 명칭돌려막기 중에 있다. 모순이 많은 주체사상은, 북한사람을 유일사상으로 묶어 세우고, 스스로 생각하지 못하도록 하면서, 독재자 통치 전횡 논리대로 북한사람 정치의식을 지배하는 도구이다.

저자는 비정상의 북한체제와 북한사람 정치의식 실태를 분석했다. 방법은 역설적으로 북한원전(原典)을 적극 활용했다. 북한신정체제의 경전 역할중인 김일성교시 핵심내용을 찾아내어 이를 비판 분석했다. 북한 문제들 중심에 김일성이 자리하고 있다. 김일성교시는 북한사람들과 북한체제 행동지침이자 지상명령이다. 죽은 자가 산자를 통치 중인 체제가 현재 북한이다.

독재자 김일성의 교시는 시대에 따라 말 바꾸기가 진행되었다. 자체 모순과 대남전략에 따른 이중적 언어전략전술 등을 파헤쳤다. 이를 위해 마르크스 공산주의 이론, 스탈린주의, 모택동 혁명사상 등을 북한체제 주민들 정치의식 비판에 참고했다. 북한체제는 마르크스 레닌 스탈린 모택동 김일성으로 이어지는 정치적인 혈연관계에 있다. 북한만의 문제가 아니다. 현재 북한체제는 70년전 사라진 스탈린주의 체제이다. 스탈린이 강제 이식한 역사성을 지닌 체제이다. 현재 김정은은 완벽하게 스탈린주의를 고수 중에 있다.

정확한 Facts에 근거하지 않는 북한 내용들은 새로운 한국판 북한 문제들을 만들어 낸다. 본 저서에서는 황장엽 등 고위 탈북자들의 진술 내용들, 유엔 등 국제기관의 대북보고서, 미국 정부 기관 보고서, 대북문제에 정통한 국내간행물 등을 보충자료로 활용했다. 1부(1~3장)와 2부(4~6장)로 구성되어 있다.

1장은 스탈린의 북한체제 강제 이식에 따른 북한사람들 정치의식 형성의 역사적 배경 내용이다. 북한체제 상부구조 통치양식과 하부구조 생산양식의 구조적 특성을 분석했다. 북한체제의 스탈린정권 복제 답습 단계의 역사적인 전개 과정도 살펴본다. 김일성 스스로 북한체제가 스탈린 괴뢰정권이었음을 자인하는 김일성교시 내용들을 발굴해 폭로한다. 독재체제여서 수령이 말한 내용에 대해, 이를 전혀 수정할 수 없는 체제의 어두운 진면목이 존재한다. 이어 스탈린 급사 후 소련 스탈린 격하운동에 따른 북한체제의 당시 알려지지 않았던 공식 입장도 확인했다. 이후 등장한 김일성 우상화 실태도 해부했다. 군대 기관이자 폭압 기관들인 보위성과 보안성의 주요업무 내용과 폭력통제와 인권침해 사례들도 살펴보았다.

2장은 북한체제 대남대적에 따른 정치의식이 주제이다. 북한체제 모든 대남전략은 김일성의 교시에 의거한다. 김일성의 대남 폭력혁명 교시내용에 의거 자폭 용사들을 양산하고 있으며, 국제테러 수출도 진행하고 있다. 주체사상의 사회정치적생명체론은 북한 독재자를 위해 희생하면 영원한 정치적 생명을 얻는다고 주민들에게 강요 중이다. 이를 제도권 차원에서 실행하고 있다. 일부 북한사람들은 심지어 이를 자신이 처형당하면서까지 김일성을 찬양하여, 남겨진 가족을 보호하는 데 도용하기도 한다. 공산주의 이론에서 민족주의는 세계 공산화에 방해물이었다. 김일성도 초창기에 이를 고수했다. 그러나 대남무력통일을 위해 김일성은 민족주의를 갑자기 주장하기 시작했었다. 이런 김일성 교시내용들을 분석했다. 평화회담도 공산주의이론에 없는 내용이다. 그러나 레닌은 이를 혁명에 활용했고 모택동도 이를 적용했다. 김일성도 이를 따라 배워 통일전선 차원의 위장 평화공세를 주창했다. 그러나 장개석이 체험적으로 지적한 바와 같이 "공산 독재 전체주의체제 평화 주장은 전쟁의 한 방법이자 새로운 전쟁의 시작"이다. 김일성이 이와 관련 지시했던 생생한 원전들을 찾아내 이를 분석했다. 또한, 중국 동북3성이 유사시 북한 후방기지 역할을 했었고, 이후에도 하도록 밀약한, 당시 모택동과 김일성이 직접 관여했던 양측체제 공식자료들이 중국학자 연구자료에 의해 밝혀진다.

3장은 북한 문제의 핵심인 북한사람들의 10대 핵심 정치의식들이 주제이다. 통일의 대상이자 한국 땅 북쪽에 2,400만 사람들이 전혀 다른 전체주의 독재체제 정치의식을 지니고 있다. 북한사람들은 ①김일성김정일주의 이데올로기적 ②신정적 신민적 ③김일성 항일투쟁 무비판 맹신적 ④공포통치 독재체제 순응적 ⑤우상화 정치신화 최면 상태적 ⑥수시처형에서 경쟁적 찬양적 ⑦독재체제 공모적 협조적 ⑧독재체제 인질 스톡홀름 증후군적 ⑨대중기억 감시처벌 순종적 ⑩체제위기 유사시 중국 의존적 정치의식들을 지니고 있다. 현대 정치학 이론, 공산주의 혁명 이론, 김일성교시들, 주요 탈북자들 체험적 증언들을 논리 전개의 참고 자료들로 활용했다.

4장은 북한내부 체제붕괴 즈음 세습독재자 김정은의 태생적 한계에 대한 내용이다. 김정은 유학경험은 민주적인 통치, 개혁개방 등과 전혀 무관하다. 김정은은 베트남, 캄보디아, 시리아 등 유학파 독재자들과 그 맥을 같이 한다. 독재자는 정권을 위한 단순 통치자일 뿐이다. 김정은은 집권 이후 탈북자들을 무참하게 사살하는 등 그 통제가 도를 넘고 있다. 김정일 정권에 비교하여 탈북자 숫자 통계가 반으로 감소한 배경이다. 이런 김정은도 역설적으로 연쇄 탈북자 가족 출신 배경을 지니고 있다. 소위 로열패밀리 김정은의 사촌형인 이한영 등 숨겨진 탈북행렬 실태도 분석했다. 북한 형법은 탈북행위에 대해 조국반역죄로 사형까지 실행토록 명문화되어 있다. 탈북자 가족 출신 북한 독재자가 탈북자를 심하게 단속중에 있다. 김일성은 김정일을 후계자로 내정했다. 이때 백두혈통론 장자승계론이 탄생했다. 주체사상에 후계자론도 급조해 보충했다. 그러나 김정은은 이에 해당이 안 된다. 장자승계론 최적임자는 장남 김정남이었다. 그래서 김정은이 이복 형인 김정남을 제거한 이유이다. 아버지 김정일이 만든 장자승계론은, 결과적으로 막내아들인 김정은이 큰형인 김정남을 독살하게 하는 역할을 했다.

5장은 북한내부 체제붕괴에서 북한 '핵무기 개발이 양날의 칼과 같은 역할을 할 것'으로 분석했다. 북한 핵무기는 일반적으로 90년대 개발된 것으로 알려졌다. 그러나 사실은 이보다 훨씬 전 6.25동란 직후부터 그 역사적 배경을 갖고 있다. 김일성은 6.25때, 중공이 미국의 핵 사용 여부에 대해 매우 두려움에 처했던 실질적 경험을 이미 공유했었다. 이후 1960년대부터 핵무기와 미사일개발을 지시했고 이에 필요한 자금을 위해 마약 생산 거래도 지시했다. 이 내용은 김일성에게 영웅 칭호를 받은 대남 고위공작원 출신 김용규가 자수하면서 진술했다. 북한은 핵무기를 개발하면서, 이스라엘이 과거 활용했던 포위심성 논리를, 국제사회에 선전중에 있다. 자신들이 강대국에 의한 희생자인 것처럼 호도 중에 있다. 그러나 북한의 핵무기는 양날의 칼이다. 북한 전체주의 독재체제의 불법부당한 핵무기개발은 국제사회의 대북 정치적, 경제적 압박의 지속으로 인해 장기적으로 체제 존망의 기로에 직면하게 될 것이다. 또한, 북한 핵무기에 대응한 한국의 선제적인 정당방위 조치의 필요성도 분석했다. 북한이 핵무기를 개발한 상태이므로 대북 핵 협상보다, 한국은 조건부 자체 핵무장을 한 후 협상을 하는 것이 당면한 수순으로 사료된다.

국제 핵정치학자 W.C 포터의 핵확산 결정요소 비교를 통해, 한국 핵무장 여건 당위성과 핵무장 촉진요인들과 그 과학적 근거들도 함께 평가했다.

6장은 북한내부 체제붕괴의 핵심 북한군부 관련 내용이다. 세계 주요 체제 붕괴 과정에서 군중의 일반적 심리상태를 현대 정치학 이론을 통해 살펴보고 이를 현재 북한체제와 비교했다. 구스타브 르봉 군중심리, 토크빌 역설 등을 이론적 분석틀로 활용했다. 국제사회의 체제 붕괴 사례들도 비교했다. 또한, 동구권의 공산체제 붕괴사례에서 비롯된 4가지 체제 붕괴 유형 중 북한체제는 폭력적 붕괴 루마니아 유형이 향후 가장 유력할 것으로 분석했다. 실제 붕괴과정에서 독재자 행태와 공안 기관 역할들이 매우 비슷하게 전개될 것으로 예상된다. 중요한 것은 군부 역할이다. 독재자가 독재체제 유지를 위해 양성한 군부가, 결국 독재자를 제거하는 중심 역할을 한다. 이것은 세계정치사에 검증된 이른바 '독재자 딜레마'이다. 북한 핵무기개발을 위요한 국제사회의 대북압박들은 독재자에게 통치자금의 압박을 가중시키게 된다. 결국 부족한 통치자금은 자연히 군부의 불만과 불충으로 이어지게 된다. 이후 독재자와 함께 군부도 생사의 기로에 직면할 것이며, 이때 뼛속까지 붉은 핵심 충성집단 군부도 김정은에게 등을 돌릴 수밖에 없다. 장기적으로 북한내부 체제붕괴의 키는 북한군부의 상층부가 가지고 있다.

본 책자를 통해 독자들께서 북한체제의 진면목과 북한사람들 심장을 바로 보았으면 한다. 북한 독재자는 수시로 평화공세 발언을 한다. 북한체제는 2020년 9월 21일에도 서해 NLL에서 실족한 우리 어업지도선 공무원을 사살하고 불태우도록 지시했다. 그럼에도 불구 북한 독재자 김정은은 10월 10일 당 창건 75주 연설에서 "남녘동포의 안녕"을 운운했다. 우리는 북한 독재자의 말보다 그 행동을 보아야 한다. 북한체제 진실은 그 행동에 있다. 전체주의 독재자는 그 나쁜 행동을 감추기 위해, 항상 다른 말을 하는 특징이 있다.

이제 더 이상 북한체제 차원의 선전선동과 한국 내부의 일부 경사된 대북 시각들로부터 흔들리지 않아야 한다. 본 책자는 막연했던 북한체제 어두운 진면목을, 북한 내부 김일성교시 비판적 분석을 통해, 역설적으로 생생하게 폭로했다. 중국 공산당원 출신인 김일성의 숨겨진 정체에 대한 명확한 이해는 대북문제에서 새로운 지평을 제시해 줄 것이다. 북한사람은 통일의 대상이자 구출의 대상이다. 북한사람들 2,400만이 김일성주의 사고를 지니고 있다. 이 문제는 북한 문제의 모든 것이다. 우리가 북한세습 독재자와 북한사람들 정치의식을 올바르게 파악해야 하는 절대적 이유가 여기에 있다. 북한은 핵무기로 우리를 위협 중이다. 힘은 더욱 강한 힘을 통해 억제된다. 한국이 맞대응 핵무장을 해야만 하는 이유이다. 자유는 결코 거저 주어지지 않는다.

# contents

# 제1부 북한사람 정치의식

# 제2부 : 체제붕괴 정치의식

# I

# 북한사람 정치의식

# 제1장 북한사람 정치의식 형성배경

## 1. 북한체제, 구조 특성

### 가. 북한체제 기본구조

일반적으로 체제(體制)는 사회를 하나의 유기체로 볼 때, 조직의 양식이다. 정치체제는 국가의 정치기구, 정치구조 등 정치시스템을 총칭한다. 정치체제는 군주제나 공화제 등의 국체, 민주제나 독재제나 입헌제, 전제제, 연방제, 단일제 등의 정체, 정부나 의회, 사법, 정당 등의 제도를 총칭한다. 또한, 정치체제는 어느 국가의 기관들, 정당 단체들, 정당들, 이익 단체들, 노조들, 로비 단체 등을 포함한다.

여기서는 북한의 정치체제에 대한 특성을 분석해 보기로 한다. 북한 고유의 정치체제 특성 분석은 북한을 이해하는 중요한 기본지식을 제공한다. 북한 정치체제에 대한 분석은 이와 밀접하게 연계된 북한사람들의 정치의식을 파악할 수 있게 만든다. 또한, 북한사람을 올바르게 이해하는 지표가 된다. 북한체제 구조는 상부구조 통치양식, 하부구조 생산양식으로 대별 할 수 있다.

상부구조 통치양식은 관념과 제도로 구분할 수 있다. 관념은 북한사람들의 신민적·신정적 정치의식을 말하는 개인 심리가 있고, 주체사상과 선군정치와 핵경제병진정책 등 지배적인 통치적인 이데올로기가 있다. 제도는 북한 주민을 영적(靈的)으로 다스리는 김일성 3대를 가장(家長)으로 하는, 소위 사회주의대가족제도가 있다. 또한, 인민군과 정보기관인 보위성, 경찰인 보안성과 노동당조직 등 통치제도가 있다. 이어 김일성김정일주의연구실을 기본으로 하는 정치사상 교육제도, 대남 통일전선 공작부서가 있다. 북한체제는 공개 처형의 허용과 인권이 무시된다. 그 예로는 죄형법정주의가 미비한 법률제도, 세뇌교육과 진실 왜곡의 전체주의 사상 교양을 담당하는 신문방송제도, 김일성 3대 세습의 사당(私黨) 노동당 정당제도, 이미 죽은 독재자 김일성을 우상화해 현재 살아있는 자를 유훈통치하는 정치제도 등이 있다.

하부구조 생산양식은 생산 관계와 생산력 면으로 크게 2개 부분으로, 구분할 수 있다. 우선 생산 관계는 소유계급과 노동계급으로 구분할 수 있다. 소유계급은 사회주의 본질적 문제인 부패한 경제관료와 이와 결탁한 돈주와 자구책으로 살아가기 위해 만든 기형적인 제2사회이다. 제2 사회는 가동되지 않는 직장이나 협동농장원 등으로 등록하여 출근을 인정받고 대신 다른 편법적인 경제행위를 하는 것을 말한다. 즉 개인적 비인가 경제활동을 통해 일정한 금액을 등록된 소속부서에 지불하고 나머지는 가족생계를 위해 사용하는 북한사람들의 기형적인 경제활동을 지칭한다. 노동계급은 북한 내 공장들과 협동농장들 그리고 수산기지에서 일하는 노동자들과 그 시스템을 말한다. 여기서는 정치범수용소와 기타 탄압시설 등에 정치적으로 구금되어 강제노역을 당하는, 수십만 피압박 북한사람들도 노동계급으로 볼 수 있다. 생산력은 생산기술과 인간노동, 생산수단으로 구성되어 있다.

### 나. 북한체제 3대 특징

북한의 정치체제는 과거 사회주의 국가들과는 다른 3가지의 이색적인 특징을 지니고 있다. 북한 정치체제 특징은 유일 세습체제, 신민형(臣民型) 정치문화, 신정(神政) 정치화다.

유일(唯一)세습체제는 조선노동당 일당 지배체제, 일인지배 독재체제, 김일성 3대 세습체제의 특성을 지닌다. 북한에는 노동당 외에도 다른 정당들이 있는 듯 선전한다. 실제 천도교청우당 등 10여 개 정당이 노동당 우당(友黨)으로서 간판만 존재한다. 그러나 이런 우당들은 당의 근본 목적인 정권탈취가 아닌 김일성을 같은 당수로 모시는 가짜 당들이다. 일반적으로 독재는 집단독재, 일인독재가 있다. 북한은 70년 이상 김일성→김정일→김정은으로 이어지는 세습적인 일인독재가 이어지고 있다.

신민형 정치문화는 조선시대 유교적 정치문화의 잔재, 일제(日帝) 강점기의 정치문화, 북한 특유 정치문화 등을 말한다. 북한 특유 정치문화는 전통적 민족주체성과 저항성, 분파성을 가지면서 공산주의이론, 유물론, 계급투쟁론, 자본주의붕괴론, 국가소멸론, 제국주의론, 유격대전략, 후진지역혁명론 등이 혼재한 형태이다.

신정정치화는 북한 문제들의 모든 중심에 김일성 신이 존재한다는 것을 의미한다. 북한은 정치체제가 이미 광신적 사이비종교체제로 변했다. 현재 북한정치 체제는 장기간에 걸쳐 종교 양식을 모방하며 변신해왔다. 북한체제의 지배이데올로기 주체사상에는 사회정치적생명체론이 있다. 이는 주민들이 김일성을 위해 희생하면 영원한 정치적 영생을 얻는다는 황당한 논리이다. 이런 논리들이 현재 2,400만 북한사람들 정치의식을 지배하고 있다. 수령을 위해 개인 목숨을 버릴 것을 사회적으로 적극 권장하는 체제이다.

다. 북한체제 사상통제 : 유일사상체계

북한체제 구조의 가장 중요한 특징은 유일사상체계에 있다. 이는 김일성 사상교육체계를 지칭한다. 김일성에 대한 숭배심과 충성심을 신장시켜서 결정적 시기에 김일성 세습지도자들의 명령에 의거해 목숨 바쳐 투쟁하도록 사상의식을 제고시킨다. 사상교육의 4가지 목표를 살펴보자.

첫째는 당정책에 관한 교육이다. 이는 북한사람 전체가 자신들 일상생활에서 사회현상과 개인적 판단에서, 노동당이 이미 결정한 정책들을 근거로 하여 그대로 생각하고 행동하도록 강요하는 것이다. 북한체제는 수령과 노동당에 충실하려면 수령과 당이 제시한 정책들을 심장으로 받들고 자기의 뼈와 살로 만들어 자기사업의 지침으로 삼아서 조선혁명의 완성을 위해 완강하게 투쟁해야 한다고 세뇌시킨다.

둘째는 혁명전통교양이다. 이는 김일성으로부터 비롯되었다는 조선노동당 혁명전통을 철저하게 계승할 것을 교육하는 것이다. 노동계급 투쟁의 진정한 혁명전통 뿌리는 김일성수령의 영도를 받을 때만 가능하다고 강조한다. 또한, 조선노동당의 혁명전통은 조선혁명승리의 길을 처음으로 개척한 김일성에 의해 이룩되었다고 철저하게 강요한다. 민족의 역사와 애국전통 모든 것이 김일성을 통해 시작되었다고 교육한다. 김일성 외 모든 민족역사와 애국전통들은 철저하게 부정된다.

셋째는 계급교양이다. 이는 북한사람들의 의식 속에 남아있는 낡은 사상 잔재들을 제거하며, 나아가 북한사람들을 노동계급혁명사상과 공산주의사상으로 무장시켜 공산주의자로 만드는 교육이다. 이를 통해 이들이 수령을 목숨 바쳐 보위토록 하는 데 목적이 있다. 이 과정에서 계급적 원수들과 비타협적으로 싸울 것을 강조하며, 집단주의로 교양하고, 대중교양을 통해 사상개조운동을 적극 전개한다. 북한의 계급교양이 여타 공산주의체제 계급교양과 다른 점은, 김일성을 목숨으로 수호하여 그 명령에 철저하게 복종할 것을 요구하는 데 있다. 북한사람 충성심은 수령보위 척도에 철저하게 의거한다. 따라서 수령의 보위는 동족의 살상보다도 항상 상위 개념이다. 그간 북한체제 차원의 대남테러분자들, 대남무장간첩들이 북한체제에서 계급적인 혁명영웅이 되는 이유가 여기에 있다.

넷째는 사회주의적 애국주의 교양이다. 이는 사회주의혁명을 이룩한 나라에서만 행해지는 애국만이 진정한 가치를 지닌 애국주의라고 교양하는 것이다. 즉 사회주의혁명이 일어나지 않은 국가의 국민들이 자국을 위해 충성하는 것을 반인민적 행위로 매도한다. 그러므로 이런 나라들에서 사회주의혁명이 일어나도록, 현재 집권층을 타도하고 투쟁하는 인민들만이 진정한 애국자들이라고 강조한다. 또한, 사회주의적 애국주의혁명의 출발은 김일성수령에 대한 끝없는 충실성에서 비롯된다고 주장한다. 목숨을 바쳐 수령을 지키고 그 교시를 준수하고 투쟁하는 것을 사회주의적 애국교양의 진수라고 사상교양한다. 유일사상은 김일성사상 외 다른 사상을 지니면 제거된다는 말의 다른 표현이다. 북한체제의 유일사상교육체계는 김일성에 맹종하는 인간을 만드는 것을 지상목표로 한다. 이렇게 70년 이상 진행해 왔다. 또한, 유일사상교육체계는 김일성세습체제를, 사회주의역사발전의 한 과정으로 인식하는 인간들로 개조하는, 사상교양사업이다.

## 라. 정치적 함의

북한체제 이해는 북한사람 정치의식 파악에 있다. 그 핵심은 김일성에 대한 정체 파악이기도 하다. 북한체제 문제들 중심에 김일성 3대가 자리하고 있다. 한국은 70년 이상이나 김일성이 교시한 내용을 교조적으로 실행하는 북한사람들과 대치 중이다. 김일성 교시의 핵심은 ①북한독재체제 지속 ②한국을 무력으로 침략해 강점하는 것이다. 현재 북한 김정은정권도 김일성정권과 모든 면에서 완벽하게 같다.

윤여상 북한인권정보센터 소장, "휴전선DMZ에서 근무를 하면서, 북한사람에 대한 근본적 의문이 있었다. 어떻게 학습 통제 조정했기에 저런 인간형을 만들 수 있을까. 설령 통일된다 해도 저들과 공생하기는 어려울 것 같았다. 그 머릿속을 한번 들여다 보고 싶었다[1]."

## 2. 북한체제, 스탈린정권 복제 답습

### 가. 현재 북한 김정은 체제 = 과거 소련 스탈린정권

나이 많은 러시아 사람들이 북한을 방문하면 한결같이 놀라는 일이 있다. 자신들이 과거 스탈린체제에서 경험했던 일들이 현재 북한에서 똑같이 진행되고 있기 때문이다. 모든 정치 경제 사회 문화 군사 시스템 등이 유사하다. 사람들 의복, 군복, 계급장, 도시구조, 조형물 등 이루 헤아릴 수 조차 없다. 심지어 사람들 정치의식까지도 비슷하다. 북한은 70여 년 전 공산주의 종주국 소련 스탈린정권이 이식한 체제 그대로 여전히 현존 중이다.

공산주의 체제의 엄혹한 경험들을 통해, 인류의 보편적 가치와 연결되지 않는 소위 진보적 발전은, 오히려 인류에게 재앙을 가져올 수 있다는 것이 판명되었다. 마르크스 공산주의 사상은 인류역사상 가장 참혹하고 잘못된 이상으로 이미 증명되었다. 공산주의는 지상낙원을 제시했다. 그러나 그 결과는 재앙만 가져왔다. 공산주의는 계급철폐와 무덤까지 복지도 제시했다. 또한, 능력에 따라 일하고 원하는 만큼 가져간다고 선전했다. 현실은 정반대였다. 정치 논리만 존재했다. 특권계급을 창조했고 복지는 독재자와 당 간부들에게만 차려졌다. 물자는 항상 부족했다. 사람들은 태어나서 죽을 때까지 강제노동 현장에서 생을 마감했다. 모든 사람이 노예가 되었다.

공산주의는 단지 한 세기 이상 공산 독재체제들이 출현했다가 사라졌다는 역사적 기록만 겨우 의미가 있다. 유럽에서는 오랫동안 사유재산의 철폐를 통해 모든 불평등이 제거될 수 있다는 사상이 존재했다. 마르크스는 1848년 공산당선언에서 사유재산 폐지를 과학적 이론을 통해 제시했다. 소위 공산주의 혁명은 영국, 프랑스, 독일 같은 발전된 자본주의 체제들에서 필연적으로 발생한다고 주창했다. 마르크스 주장과 달리 이 일은 결국 발생하지 않았다. 오히려 농업 국가 러시아에서 공산혁명이 발생했다. 처음부터 틀린 논리였다.

1917년 레닌은 러시아에서 사유재산 없는 평등사회와 무산계급의 독재를 내걸고 혁명에 성공했다. 북한체제는 러시아 공산주의 태동 과정과도 전혀 무관하다. 북한체제는 레닌의 후계자 스탈린에 의해 국제공산혁명 수출과정에서 강제적으로 이식이 되었기 때문이다.

공산주의는 군중 봉기와 무관하다. 공산주의 혁명가들은 기존정권을 탈취하기 위해 무산계급 노동자들을 이용했다. 공산주의 이론대로 하부구조의 변화에 의한 상부구조의 변화가 발생한 것이 아니다. 그 반대였다. 따라서 이를 위해 일당독재 전체주의가 등장했다. 이 과정에 공산주의 혁명가들은 민주적 세상과 노동자 천국을 기치로 내걸었다. 그러나 이들의 본색이 드러나는 데 시간이 오래 걸리지 않았다. 가혹한 전체주의 통치체제는 거짓말을 확실히 증명해 주었다. 이들은 주민들을 통제하기 위해 폭력과 테러를 이용했다. 이들은 이 방법 외 아무것도 할 수가 없었다. 마르크스는 공산주의의 계급투쟁에서 폭력혁명을 주창했다. 공산당선언에서 공산주의 혁명을 위해 기존 체제를 폭력적으로 타도할 것을 공공연하게 선동했다.

폭력과 테러를 사용하지 않는 공산주의 정권은 아예 없다. 이들은 인간의 끝없는 복지와 행복과 물질적 풍요를 선전했지만, 결과는 항상 반대로 나타났다. 그러나 이 선전선동은 공산주의 체제가 역사에서 사라질 때까지 지속 되었다. 공산주의 체제에서 인류 보편적 가치와 생명존중은 아예 없다. 공산체제가 존재했던 기간에 희생되었던 사망자 숫자는, 두 차례 세계대전의 희생된, 통계치를 훨씬 상회한다. 공산주의 독재자들은 폭력과 테러를 통해 정적들을 제거하였으며, 주민을 강압적으로 효율적으로 통제했다. 소련 스탈린과 같이 김일성도 집권 초기 북한 내부 소련파, 연안파, 갑산파, 국내파 등 많은 정적들을 철저하게 살해했다. 김일성에 의해 현준혁, 조만식, 김달현, 김책, 박헌영, 허가이, 이승엽, 박창옥, 박영빈, 박금철, 박정애, 한설야, 최승희 등 수많은 사람이 연이어 피살 제거되었다.

소련 스탈린은 장기적 정권집권을 위해 자신을 신격화했다. 스탈린은 무소불위의 오류가 없는 신과 같은 존재였다. 스탈린 지시는 범접할 수 없는 권위 있는 지상명령이자 진리가 되었다. 처형장에서 사라져 갔던 수많은 소련 국민들은 스탈린을 찬양하면서 죽어가게 만들었다. 북한체제 김일성도 이와 같다. 북한체제도 신정체제이다. 북한체제 역시 처형되면서도 김일성을 찬양하면 나머지 가족들은 정치적인 고려 대상이 되기도 했었다. 그러나 처형당하면서 북한 독재자들을 비난하는 경우도 발생하자, 이제 북한체제가, "아예 말을 하지 못하게 목을 꺾은 후 총살 중에 있다"고 탈북자들은 증언한다. 북한 세습독재자는 김일성 사후에도 김일성 유훈을 통해 북한을 영구 통치 중이다. 종교와 같이 북한 신정체제는 법제, 교리, 공동체 등이 구비되어 있다. 북한 내 모든 공동체 모임들의 행사는 김일성 신에 대한 찬양으로부터 시작된다. 북한사람들이 삶을 영위하는 목적은 김일성 3대를 위한 것이다. 김일성 3대 우상화는 사이비 종교적 신념과 유사하다. 주체사상, 당의유일적영도체계 확립10대원칙, 노동당강령, 노동당규약 등 김일성 3대를 신격화하는 내용들이 종교적인 경전과 같이 성문화되어 있다. 그 누구도 여기에서 예외가 없다.

스탈린은 소위 '노멘클라투라'제도를 만들었다. 독재체제 영위를 위해 만든 사적 충성집단이 그것이다. 공산당 충성 간부들을 선별해 고위 관료들로 진급시켰다. 스탈린은 이들에게 각종 특별한 혜택들을 부여했다. 이를 통해 자신에게 충성토록 만들었다. 스탈린의 이런 행동은 공산주의 사상과 정면 배치된다. 자신의 독재체제를 유지하기 위해, 계급 없는 공산주의 사회를 만드는 대신, 자신에게 충성하는 새로운 계급을 조작해 냈다. 이상적 평등을 주창했지만, 현실적 불평등을 양산했다. 노멘클라투라 제도는 결국 소련 독재자를 장기간 존재토록 하는 강력한 수단이 되었다. 정치적인 공모관계가 자연히 형성되었다. 스탈린 급사 이후도 노멘클라투라 시스템은 소련 독재체제를 존속시키게 만들었다. 1945년 일제 해방 후 소련 스탈린에 의해 천거된 김일성도 당시 한반도 공산당 내 정치적 기반이 없었다. 스탈린은 막후에서 김일성을 조종했다. 독재자의 우상화를 위해 북한 김일성도 정권 초기 소위 항일무장 빨치산세대를 앞세웠다. 이후 북한 정권은 장기간 세습체제 동안 김일성 가계 중심 '백두산 줄기', 6.25동란 이후 '낙동강줄기', 김일성종합대학 중심 '용남산줄기'라는 최상위 세습 특권층을 형성했다. 이는 스탈린방식 북한판 '노멘클라투라' 제도이다.

마르크스는 "공산주의는 세계를 바꾸는 것"이라고 말했다. 공산주의 사상 영역에서는 다른 정치 논리들을 전혀 인정하지 않는다. 마르크스는 "우리를 비판하는 것은, 외과수술 메스가 아니라, 우리를 죽이려는 살상무기이며, 우리를 비판하는 것도 반박이 아니라 우리의 파괴를 바라는 것"이라고 주장했다. 공산주의는 인간사회 역사를 경제라는 단일 요인으로 지나치게 일반화했다. 인류 역사가 단일 요인으로만 작용했던 일은 없었다. 인간의 역사 발전은 여러 요인들이 복합적으로 작용한다. 공산주의 논리는 실제 잘못된 논리로 판명이 났음에도 불구하고, 종교처럼 신념화되었다. 이 과정에서 자연히 개별의견이 철저하게 무시되는 만장일치제가 도입됐다. 주민들 전체를 육체적으로 구속하면서 정신적으로도 완전히 통제하는 전체주의가 탄생했다. 독재체제 지도자 마음을 모든 주민들도 똑같이 갖도록 강제했다. 다른 생각을 지니는 것은 현실 세계와 이별하는 지름길이다. 이를 위해 내부정보가 통제된다. 주민들이 외부세계에 대해 알아서는 안된다. 자유언론이 있어서도 안된다. 공산주의 언론기관은 주민을 교육하는 공산당 선전선동 기관만 존재한다. 외국 관련 내용들은 모두 완벽히 통제된다. 이를 접하면 스파이로 처형된다. 공산당 선전선동부는 이 역할을 하는 기관이다. 독재자의 마음을 가장 정확하게 알고 있는 부서이다. 자연히 독재자 최측근이 여기에 포진된다. 히틀러정권에서 괴벨스가 선전부장으로 이 일을 수행했다. 스탈린체제에서 미하일 수슬로프 같은 선전부장도 이 역할을 했다. 북한의 김일성 때는 아들 김정일이 선전부 부부장으로 등장했다. 북한 김정은은 여동생 김여정이 선전부 부부장으로 활동 중이다. 이 역시 최측근 이상의, 독재자 마음을 알아서 집행하는, 정치적 핵심적 역할 관계이다.

 공산주의 계급투쟁론에 의하면 자본주의 사회는 혁명이 발생하는 장소이다. 혁명이 발생하는 시기는 생산력이 고도로 증대해 기존 생산 관계에 모순이 당연히 발생한다는 시점이다. 혁명세력들도 선진자본주의 국가들이어야만 한다. 그러나 역사적으로 이 일은 결국 발생하지 않았다. 오히려 이를 주창했고 이를 실행한 소련을 종주국으로 하는 공산독재체제 대부분 국가들만 붕괴되었다. 소련 중앙통제경제는 생산성이 급락했다. 공식경제보다 지하경제가 오히려 활성화되었다. 미국을 중심으로 한 서방권 국가들과 소련을 축으로 한 공산주의 국가들의 체제대결이 심화되었다. 소련은 경제난 속에서 미국에 대항하기 위해 공산주의 국가들에 대한 군사적 경제적 지원을 지속했다. 이는 결국 소련체제 붕괴를 앞당겼다. 북한체제도 유사하다. 소련과 같이 북한체제도 공식경제보다 비공식 장마당이 활성화된 상태이다. 북한 노동자 월간 임금으로 쌀 1kg도 살수 없다. 북한체제도 특권층 외 일반인 대상 식량 배급이 중단된 바 있다. 자본주의적 비공식적 수요와 공급에 의해 시장이 형성되는 것은 불법적 암시장과 장마당뿐이다. 소련과 같이 북한체제도 이런 제3 경제의 등장에 대해 주기적 시범적 일시적 단속은 하지만 완벽하게 제거하지 못하고 있다. 인민 생존에 있어 필요악이 되어가고 있다. 관료들과 결탁해 보다 활성화되고 있다.

공산주의 이론은 인간 기본욕구인 사적소유 욕구를 인위적으로 억제한다. 이런 공산주의 이론은 실제 생활에 얼마나 큰 괴리가 있는지 보여준다. 북한 선전매체들은 경제난의 근본요인이 미국과 국제사회의 조선 고립 압살정책에 있다고 주창한다. 내부적으로는 무능한 관료들 때문이라고 비판한다. 북한 역시 아프리카 국가들을 대상으로 한 비동맹 친북세력 확장을 위해 수십년동안 대외원조를 무리하게 추진했다. 북한이 실행한, 한국과 국제무대에서 체제대결 일환인 대외지원의 결과는, 매우 불확실한 투자였다. 이런 방식의 출혈 경제지원은 이후 '동맹국을 신뢰할 수 없다'는 국제사회의 뼈아픈 교훈들로 되돌아 왔다. 북한독재체제의 반인권적 비민주성, 테러가담 폭력성이 낱낱이 국제사회에 알려지면서 유엔에서 입지가 급격하게 축소되었다. 그럼에도 불구하고 소련과 마찬가지로, 북한의 낙후된 경제문제들의 책임들은, 독재자와 전혀 무관하다. 북한체제에서 독재자는 그 책임이 항상 없다.

정기적인 숙청은 공산주의 국가들의 고유한 속성이었다. 1920년에 채택한 코민테른 규약 18조에는 "당 기구 구성원의 주기적인 재등록을 하도록" 명시하고 있다. 재등록은 숙청을 말한다. 공산주의 체제에서 최악의 나쁜 규약 중 하나가 이것이다. 여기에 가장 충실했던 독재자가 소련 스탈린이었다. 중국 모택동이고 이를 따라 배웠고, 북한 김일성이 이를 전수받았다. 공산주의 독재체제 사람들은, 새로운 이상사회 혁명 건설을 위한다는 기치 하에 정기적으로 숙청되어야만 하는 숙명적 기로에서, 절대 종속되어 있었다. 스탈린은 독재정치를 지속시키기 위해 반대세력을 의도적으로 만들었다. 이들을 인민혁명의 적으로 지칭해 처형했다. 전국을 공포의 도가니로 만들었다. 스탈린은 특히 정기적 처형을 제도화했다. 당시 가장 처형이 심각했던 1937년과 1938년은 전국에서 155만 명을 잡아들여서 이들 중 68만 명이나 총살했다. 매일 1천명씩 죽였다. 소련 강제수용소 굴락(Gulag)에는 총 235만 명이 수용되어 있었다. 인구 대비 1.4% 수준이다. 북한체제 김일성은 6.25동란 중 남쪽 우익인사들과 무고한 한국주민들을 집단학살했다. 이어 북한 내 반공 인사들과 유엔군을 환영한 북한사람들도 대량 처형하였다. 휴전이후에도 1957년 4월부터 1958년 2월까지 진행된 중앙당사상집중지도제를 통해 일반당원 평민들 10만 명을 학살했다. 북한은 온갖 자백과 밀고를 통해 반당종파행위, 반국가범죄행위, 부정부패행위, 반공사상포지행위 등 명분으로 즉결 처형시켰다. 북한 역시 소련 굴락제도를 모방해 특별독재대상구역 정치범수용소를 운영 중이다. 1970년대 초부터 만들어진 개천, 명간, 요덕, 청진 등 5~6개에 20만 명이 수용되어 있는 것으로 전해진다.[2] 북한 역시 인구대비 1% 내외다. 전체주의 독재체제에서 정치적 경제적 사회적 불만을 제거하는 가장 손쉬운 방법은 공포와 처형이다. 불만 제기는 그 사회에서 생의 종말을 의미한다. 북한체제에서 인권 자유 평등 개인은 단어로만 존재한다. 수많은 사람들이 간첩행위, 테러행위, 자본주의 일탈행위 죄목으로 제거된다. 주민들에게 강제적 정기적으로 타인들을 밀고하도록 제도화했다. 북한사회 전체를 '공포의 밀실'로 만들었다. 수용된 주민들은 강제노동에 종사하다 일생을 마감한다.

소련은 서방권에 비해서 상대적으로 월등한 재래식 군사력을 보유했었다. 자유민주 체제에서는 핵무기는 전쟁방지가 목적이다. 그러나 소련에게는 공격용 전략무기였고, 이 핵무기를 운반하기 위해 ICBM 개발에 진력했다. 막대한 재정이 고갈되었다. 소련 내 어느 곳도 이를 제지할 수 있는 견제장치조차 없었다. 한계가 없이 추진되었던 무력 증강정책은 결국 소련내부 체제붕괴를 초래했다. 그럼에도 불구하고 아직까지도 당시 소련체제 향수를 느꼈던 일부 노년층이 실존한다. 이들은 당시전 세계가 소련을 무서워했던 소위 공포적 심리를 즐겼던 세대들이다. 이들에게 당시 소련체제는 자부심의 대명사였다. 어려운 시대였지만 체제에 대한 향수병을 아직도 지니고 있다. 매우 역설적 정치의식의 또 다른 진면목이다. 세계가 자신들의 체제에 대해 두려움을 지니도록 상대방을 압박했던 소위 '독재체제 자부심'이 바로 그것이다. 이 잘못된 정치의식은 독재체제 권위를 유지하는 방법 중 하나이다. 북한도 이와 같은길을 걷고 있다. 인구대비 경제대비 과도한 재래식 무기를 지니고 있다. 침략목적 핵무기개발 미사일개발에 경제력을 탕진 중이다. 대외 선전선동을 통해 북한체제가 평화세력이라고 위장한다. 내부적으로 "핵무기가 조선반도에서 미국을 몰아내고 남조선을 해방하기 위한 것"이라고교육한다. 북한사람 정치의식은 북한선전선동에 의해 형성된다. 주민들은 북한의 핵무기로 인해 미국과 한국이 겁에 질려있다고 믿고 있다. 한발 더 나가 북한사람들은 김정은 체제에 대한 '독재체제 자부심'을 지니고 있다. 경제난을 조금만 더 참으면 '통일된 김일성민족의 세계가 이 땅에 펼쳐질 것'으로 굳게 믿고 있다.

## 나. 정치적 함의

북한체제는 공산주의 사상과 정치체제 등에서 소련 스탈린정권이 이식한 체제이다. 그러나 스탈린 사후에 통치방식이 중국 모택동정권을 닮아 갔다. 소련은 60개의 다민족 연방국가였다. 소련 최고입법기관은 최고소비에트와 민족소비에트로 구성된 양원제였다. 최고소비에트 간부회의 의장이 국가원수였다. 북한체제는 당 조직과 기능 면에서 중국 공산당을 많이 모방했다. 그러나 북한체제의 근본 뿌리는 아직도 스탈린정권 그대로이다.

현재 중국과 베트남 등은 정치적으로 공산당 일당독재체제를 유지하면서도, 경제적으로 자본주의 방식을 일부 채택 중이다. 이것은 공산주의 논리가 비현실적이라는 것을 자인한 것이다. 공산주의는 인간의 영구불변인 사유욕을 제거하려 시도했다. 또한, 개인 사적생산물 전체를 국가에 헌납할 것도 강요했다. 인간성을 억압과 교육으로 개조하여 이상사회를 만들려고 강압했다. 이 모든 것이 불가능한 일이었다는 것이 역사적 경험적으로 이미 판명이 났다. 아직 전 세계에 일부 남아있는 사이비 공산체제들의 잔존은 독재정권 집권욕 이외 아무런 정치적인 의미조차 없다. 공산주의와 사회주의 차이는 사적소유 금지라는 면에서는 공통이다. 공산주의는 필요에 의해 가져가며, 사회주의는 노동한 만큼 가져간다는 면에서 차이가 있다. 북한체제는 이제 공산주의라는 용어를 슬그머니 버렸다. 이후에 주창 중인 것이 '우리식사회주의'다. 실제는 경제적 면에서 유사자본주의 방식을 차용 중이다. 선전만 '우리식사회주의'를 강조할 뿐이다. 북한의 '우리식사회주의' 주장은, 초기의 김일성체제 실패를 스스로 인정하는 것이다.

소련 흐루시쵸프는 스탈린사망(1953년 6.25동란중 갑자기 사망)이후, 1956년 제20차 전당대회 비밀연설에서 스탈린의 범행사실을 폭로했다. 스탈린 격하 운동은 소련공산당의 권위를 나락으로 끌어 내렸다. 스탈린은 더 이상 신이 아니었다. 이후에 포스트 스탈린 지도자들은 체제 유지에 급급했다. 결국 옐친은 1991년 12월 소련의 해체를 선언했다. 이 사실은 북한의 미래를 미루어 짐작하게 한다. 북한 김일성 3대 사이비 신들의 권위하락은 북한내부 체제붕괴의 단초를 의미한다. 북한의 대남 무력침략 공격용 핵무기개발 등은 결국 자멸의 길로 들어설 것이다. 대북 학습효과가 축적된 한국국민은 국가운명과 자신의 생사가 달린, 북한의 거짓된 행보들을 더 이상 용납하지 않을 것이기 때문이다. 북한 독재체제의 핵무기개발을 위요한, 국제사회 장기적 군사적 경제적 정치적 대북압박들도 김일성 김정일 김정은 사이비 신들의 권위를 급격하게 파괴시킬 것이다. 북한체제 차원의 정치적 허장성세, 선전선동도 더 이상 북한사람들에게 먹혀들지 않을 것이다. 허둥지둥하는 세습적 독재자의 모습은 더 이상 이미 신이 아니기 때문이다.

# 3. 북한체제, 김일성 스탈린 괴뢰정권 수립 자인

## 가. 소련 스탈린의 '북한소비에트화'[3] 과정

소련 스탈린은 2차대전 후 중공, 폴란드, 헝가리, 체코, 동독, 루마니아, 불가리아, 유고, 알바니아, 몽고, 북한, 월맹, 월남, 라오스, 캄보디아, 쿠바 등 공산정권에 대해 경찰, 군대, 기관 등에 소련인 고문을 배치하고 소련에 대한 경제적 의존관계를 구축했다. 스탈린은 괴뢰정권들에 대해 공산주의 정권 조작뿐만 아니라 여러가지 정치적 수단을 다해 이들 정권들이 민족주의화 하는 것도 방지했다.

스탈린은 소련 명령에 무조건 복종하는 자들을 지도자로 선택했으며, 이런 부류 중 하나가 당시 33세 김일성이었다.[4] 2차대전후 소비에트화 패턴은 대체적으로 4가지로 구분된다. 첫째, 소련군 지원 없이 토착 공산세력이 내전으로 정권을 장악한 경우로, 유고슬라비아, 알바니아가 있다. 둘째, 소련군 주둔 아래 토착 공산세력이 내전 없이 정권을 장악한 경우로 헝가리, 체코, 루마니아, 불가리아가 있다. 셋째, 소련군의 지원 아래 토착 공산세력이 내전으로 정권을 장악한 폴란드의 경우다. 넷째, 소련군 지원으로 통일전선 공작 아래 공산당의 정권장악으로 체제가 수립된 북한이다. 이로 볼 때 여러 소비에트 패턴 중 북한체제만 가장 완벽하게 스탈린에 의해 100% 만들어진 정권이다.[5]

소련은 1945년 8월 8일 일본을 배신하고 선전포고를 했다. 이어 소련군을 8월 12일 북한에 진입시켰다. 소련군은 북한 함경도 경흥, 청진, 원산 등을 거쳐 선발대가 평양에 먼저 도착한 후 8월 25일 주력군도 평양에 도착했다. 이어 소련 점령군 사령부가 평양에 설치되었다. 당시 북한에 진주한 소련 제25군 사령관은 치스챠코프 대장이었다. 이외 소련군의 장교들은 군사위원 제베제프, 정치부사령관 로마넹코, 소련군평양시위수사령관 무르진 소령 등이었다. 스탈린은 1945년 8월부터 소련군으로 하여금 북한을 점령하게 하여 1948년 12월 24일까지 북한 공산괴뢰정권을 이식하였다. 소련군은 1950년 6월 25일까지 비노출 통제장치를 통해 소비에트 북한정권을 조종했다.

스탈린은 북한에 진입한 소련군을 통해, 북한에 철의 장막을 치고 한반도를 분단시키고 점령지역 앞잡이를 내세워 정치적으로 적화한 후, 소련의 위성 체제를 만들도록 지시했다. 38선에 배치된 소련군은 보초병을 통해 남북한 간 사람과 물자의 이동을 금지시켰다. 이는 미군이 1945년 9월 9일 서울에서 일본조선총독부로부터 항복을 받고 군정 실시에 대한 포고문 등을 발표하기 전에 취한 조치로, 소련의 북한적화 괴뢰정권 수립야욕을 보여주는 결정적인 초기 증거이다.

북한이 스탈린에 의해 단기간에 소비에트화된 것은 먼저 내부적 요인으로, 일제식민지 민족말살정책 통치 여파로 인하여 토착 민족지도자와 민족세력이 상대적으로 미약했기 때문이다. 신의주 등 북한 서북지역 기독교 세력이 종교의 자유가 있는 남한으로 탈출하여 저항세력도 미비했다. 특히 초기에 '해방자'로 나타난 소련군의 야욕에 대해 무지했다.

당시 소련의 북한지역 적화야망을 간파한 사람은 없었다. 둘째는 외부적 요인으로, 소련이 한반도 공산화를 위해 우선적으로 북한 내 혁명수출기지 구축정책을 추진, 북한을 공산화혁명기지로 활용했다. 마지막 요인은 북한사람들에게 당시 소련의 강압적 공산화 노예정책에 반대하거나 저항할 수 있는 조직적인 정치세력이 없었다. 소련은 김일성 공산세력을 적극 육성했고 당시 초보 단계인 민주세력, 민족주의 세력을 폭력적으로 봉쇄한 것도 가장 주요한 요인들이었다.

소련군사령부는 제일 먼저 북한 내 치안확보와 공산세력 육성에 치중했다. 이어 북한 전역에 소련군사령부를 설치하여 소련군을 주둔시키고 경찰행정과 일반행정을 배후에서 지도, 감독하고 사상범에 대한 감시와 조사도 도사령부에서 직접 취급했다. 또한, 소련군사령부는 정책 수립, 당과 정부 조직체 조직, 정책실행 감독으로 북한을 통제했다. 소련군 사령관이 민족통일문제에 대해 북한지역을 대표해 미국과 양자교섭에도 임했다.

소련군 정치사령부는 소련에서 입북시킨 재소련 한인 2세 중 43명을 선발해 비밀리에 '볼세비키당'을 운영했다. 이들 임무는, 이미 공산당을 조직해 활동 중이던 국내파 공산당 당권을 빼앗아 평양에 공산당을 조직해, 김일성이 정권을 쥐도록 적극 도와주는 일이었다. 김일성은 소련군 극동군관구 88특수여단 소속 소련군 대위로서, 8.15 해방된 후 1개월 이상 지난 9월 19일 군함으로 개조한 어선 '프카초프'호를 타고 원산에 상륙해 평양으로 왔다. 당시 소련은 조만식의 조선민주당 창당

(1945.11.3.)에 공산당원인 최용건과 김재민(김책)을 각각 침투시켜 부위원장과 당서기장에 당선되도록 공작했다.

이후 소련군은 조만식 당수를 '신탁통치를 반대한다'는 것을 빌미로 연금시켰다. 공산당 프락치 최용건을 통해 조선민주당을 장악(1946.2.24.)토록 배후에서 조종했다. 소련군은 '평남건준'[6]을 해체(1945.8.26.)하고 좌우연합체 '평남인민정치위원회'를 조직한 후 전체 위원 32명 중 17명을 좌파로 선출시켜 조직을 장악했다. 소련은 '북조선임시인민위원회'를 조직(1946.2.8.)해 이것으로 북한에 스탈린주의 권력체계가 확립되었다. 이로써 북한체제의 모체가 되었으며, 김일성이 표면에 나타나, 온갖 학정과 6.25동란 남침, 숙청, 세습왕조체제가 탄생하는 시발점이 되었다. 또한, 당시 소련은 북한에 토지개혁(1946.3.5.)을 시행한 데 이어 산업, 교통, 운수, 체신, 은행 등 소위 '국유화 조치'를 연이어 단행했다.

소련 지원 하에 수립된 김일성 북조선공산당은 연안파가 조직(1946.7)한 신민당을 흡수(1946.8)하여 북조선로동당이 되었다. 이를 통해 공산당 일당독재체제를 완성했다. 이어 국경경비대, 정치보위부를 창설(1946.7)하고 이후 인민군의 전신인 보안간부훈련대대를 조직(1946.8)하여 당시 2만 명의 군 병력을 마련했다.

소련이 북한을 감시했던 수단들은 소련정부를 대신한 대행기관들과 소련인 공무원, 소련 시민권자, 소련 거주 북한 지도자, 각 부처 파견

소련군 정치장교, 기술자, 군사전문가들인 자문관이라는 소련인 참모진이었다. 북한 내 권력 조직 중요부서는 한국계 소련인이 차지했고 이런 이중 국적자가 북한에 대한 소련지배의 가장 중요한 수단이었다. 스탈린은 북한에 거주하는 소련 공산당원들에게 당원 자격을 계속 유지토록 하면서 비밀경찰을 통해 이들을 철저히 감시했다. 스탈린은 북한을 보다 효율적으로 관리하기 위해 북한 내부문제와 대외관계는 물론 정치, 경제, 사회, 군사체계를 소련식으로 정비했다. 또한, 북한의 엘리트들을 소련에 유학시켜서 정권통제의 지속성을 도모했다. 소련은 북한에 소련방식의 언어, 예술, 무용, 연극, 매스 미디어 등도 철저하게 이식시켰다.

소련 스탈린은 세계공산화정책의 일환으로, 북한을 적화시키기 위해, 미·소공동위원회를 파탄시켰다. 소련군 점령 북한지역을 분리시켜 독립정권으로 만드는 데 주력했다. 미·소공동위는 제1차가 1946년 3월 20일 ～ 5월 6일까지, 2차는 1947년 5월 21 ～ 7월 10일까지 운영되었다. 대부분 서울에서 회의가 열렸다. 그러나 소련은 김일성의 공산진영을 조종, 협의 내용과 정권참가 대상 문제 등에서 억지 주장을 하게 만들어, 공동위를 파행시켰다. 이는 결국 1948년 남한과 북한이 독자정부를 수립하게 되는 계기가 되었다.

소위 '조선 인민의 위대한 해방자'인 붉은 군대 소련군은 북한에 진입하는 순간부터 북한 전역은 공포의 도가니가 되었었다. 헐벗고 굶주렸던 소련군은 북한에 도착하자 강간, 살인, 강도, 약탈, 폭행 등을 자행했다. 이 모든 것들은 스탈린의 용인하에 이뤄졌다. 또한, 북한에서 소련으로 1945년 244만석, 1946년 290만석 등 군량미도 반출되었다. 이로 인해 북한은 2년간 수천 명의 아사자가 발생했다. 소련군은 1946년 가을부터 1947년 봄까지 북한 내 모든 공장 광산 기업소 등에서 금·은·동괴, 각종 기계장치, 공구 등을 소련으로 반출했다. 심지어 수풍발전소 독일제발전기 2대도 소련으로 실어갔다. 스탈린은 여타 공산체제 국가들과 같이 북한경제를 소련경제권에 복속시켰다. 특히 1949년의 경우, 익년 6.25동란을 대비해 2억 1천만 루불을 북한에 경제지원했다.

### 나. 김일성의 '북한체제의 소련 스탈린 괴뢰정권 자인(自認)' 내용

일제로부터 해방과 관련 북한 김일성은 1945년 10월 14일 평양시 환영군중대회 연설에서 "이 자리를 빌어 우리 인민의 해방 위업을 도와준 쏘련의 영웅적 붉은군대에 충심으로 감사를 드립니다"라고 말하고 있다. 이는 김일성 스스로 외부요인에 의해 북한이 해방되었다는 것을 인정한 것이다.

**"나는 일제의 모진 탄압과 박해에도 굴하지 않고 조국광복의 력사적 위업을 실현하기 위하여 열심히 싸워온 혁명투사들과 동포여러분에게 심심한 경의를 표합니다. 나는 또한 이 자리를 빌어 우리 인민의 해방 위업을 도와준 쏘련의 영웅적 붉은군대에 충심으로 감사를 드립니다"** [7]
(1945년 10월 14일 평양시 환영군중대회 연설 )

또한, 조선로동당의 창당과 관련 1963년판 김일성저작선집에 의하면 북한의 해방에 대해, 김일성이 "붉은군대가 조선땅에 들어와 공산당이 조직되기 시작되었다"고 말하고 있다. 이는 북한의 김일성이 당을 조직했다는 선전과 달리, 소련이 공산당을 조직했다는 것을 김일성 스스로 인정 고백한 것이다.

**"붉은군대가 조선땅에 들어선 그 시각부터 북조선에서는 공산당이 조직되기 시작했습니다"** [8]

다음은 북한 정권, 북한체제 창건과 관련된 내용이다. 앞에서 언급한 바와 같이, 북한은 당시 소련 스탈린의 세계공산화전략 일환으로 소비에트화가 진행된 괴뢰정권들 중 가장 완벽하게 수행된 정권이었다. 북한 김일성은 1945년 10월 10일 공산당창립대회보고에서 "쏘련 군대가 진주한 북조선에 민주주의 자주독립 국가를 건설하기 위해 인민의 투쟁을 적극 지지 성원하여 주고 있다"고 말했다. 당시 김일성은 보고에서 북한 내 소위 공산혁명이 소련 주도로 진행된 가운데 북한 정권과 북한체제까지 소련군이 직접 관여하고 있음을 스스로 인정하고 있음을 알 수 있다.

**"쏘련 군대가 진주한 북조선에는 혁명 발전을 위한 유리한 조건이 마련되었습니다. 약소민족의 자유와 독립을 존중하는 쏘련군대는 북조선에 진주한 이후 친일파, 민족반역자를 비롯한 반동분자들의 책동을 제압하고 민주주의 자주 독립국가를 건설하기 위한 우리 인민의 투쟁을 적**

극 지지성원하여 주고 있습니다. 그리하여 오늘 북조선에는 새 조국건설
위업을 성과적으로 수행하여 나갈수 있는 넓은 길이 열려져 있습니다" [9]
(1945년 10월 10일 북조선공산당창립대회보고)

김일성은 1946년 8월 29일 로동당창립대회에서 "쏘련군대의 세계대
전 승리로 조선에서도 일제 통치체계가 허물어지고 새 조국 건설의 길
이 열렸다"[10]고 자인하고 있다. 김일성 스스로 일제로부터 해방은 물론
체제, 정권창건이 소련으로부터 비롯되었다는 것을 보다 직접적으로 인
정하고 있다.

"해방 후 우리나라 정세는 근본적으로 달라졌습니다. 쏘련 군대의 결
정적 역할에 의하여 반파쑈 세계대전이 승리적으로 결속되자 조선에서
도 일제의 야만적 통치체계는 허물어지고 조선사람의 조선, 인민의 의사
와 요구에 맞는 새 조국과 새 생활을 건설할 수 있는 길이 열렸습니다" [11]
(1946년 8월 29일 북조선로동당창립대회에서 한 보고)

김일성은 1946년 10월 14일 8.15해방 1주년 평양시경축보고에서 "북
조선임시위원회가 모스크바3국외상회의 결정에 근거하였으며, 조선 인
민 국가건설을 도와주고 있는 쏘련 인민의 친선이 강화되고 있다"고 말
하고 있다. 이것은 북한체제가 외세 소련에 의해 정치공작적으로 이식
통제되고 있던 정황을 김일성이 당시 스스로 고백한 것이다.

"우리 인민은 북조선에서 금년 2월 8일에 전체 인민의 의사와 리익을

진정으로 대표하는 중앙주권기관으로서의 북조선림시위원회를 조직하였습니다. 북조선림시 인민위원회는 조선에 관한 모스크바3국외상회의 결정에 근거하여 민주주의적 새 조선을 건설하기 위한 기초를 닦으며 조선의 통일적 민주주의 정부의 수립을 촉진시키는 동시에 북조선의 행정 사업을 통일적으로 지도하기 위하여 조직한 것입니다. 우리는 해방된 조선인민의 민주국가건설을 도와주고 있는 쏘련인민과의 친선을 공고히 하며 날로 강성 강화되고 있는 세계민주력량에 튼튼히 의거하여 평화와 자유와 광명한 앞날을 향하여 확신성 있게 전진하여야 할 것입니다" [12]
(1946년 10월 14일 8.15해방 1주년 평양시경축보고)

다. 북한, 김일성 1인 영도 하 "일제 해방, 노동당 창당, 정권창건"으로 번복

과거 독일 히틀러 나치당 선전부장 괴벨스(Paul Joseph Goebbeles)는 "대중을 지배하는 자가 권력을 장악한다. 대중은 거짓말을 처음에 부정한다. 그 다음에는 의심한다. 그러나 거짓말을 계속 되풀이하면 결국 그것을 믿게 된다."고 말했다.

북한은 소위 "민족의 태양, 김일성의 1인 영도 아래, 일본제국주의로부터 해방을 쟁취했고, 당과 정권을 창조했다"고 북한사람들에게 정치사상 교양을 진행해 오고 있다. 전체주의, 강압통치, 유일사상, 유일 영도체제 북한에서는 김일성의 정치행적에 대해 이견이 있을 수 없다. 여기에 대해 그 누구도 반대하거나 개인 의견을 제시할 수조차 없는 신성불가침 영역이다.

심지어 북한의 엘리트 탈북자들조차 한국 내에서 상당 기간 객관적 관련된 사료들을 접했음에도 불구하고, 이런 과거 세뇌 교육 내용들에서 벗어나기가 쉽지 않다고 말하고 있다. 특히 한국 내 일부 세력들조차 이런 북한의 일방적인 선전선동 우상화 사료들을 그대로 믿어, 북한에 대해 체제 정통성까지 부여하는 등, 일련의 사태들이 공공연히 벌어지고 있는 것이 현실이다.

그러나 1945년 해방 이후부터 북한체제 수립일까지의 초창기 북한 김일성저작집에 수록된 김일성 교시 내용들을 분석해 보면, 김일성 스스로, 북한이 소련 괴뢰정권임을 고백한 내용이 상세하게 수록되어 있다. 북한체제는 정치 종교적 신정체제이다. 김일성의 어록을 정리한 저작집은, 마치 기성종교의 교리와 같다. 절대적 신성불가침의 영역이다. 북한체제 내부에서 그 누구도 김일성의 잘못을 지적할 수 없으며, 그 내용에 시비할 수 조차 없다.

문제는 김일성 교시가 수록된 초창기 김일성저작집 내용과 우상화 시기 이후 김일성저작집 내용들이 서로 상반된다는 점이다. 이는 추후 북한체제가 정권 차원에서 우상화 사료들을 조작했다는 것을 자인하는 결정적 증거이다. 김일성 자신조차 당시 언급했던 내용들이 추후 상반된 내용으로 조작되리라 예상하지 못했을 것이다. 그럼에도 불구, 이를 시정 할 수 없는 것 또한 북한체제의 한계이다. 수령이 언급한 내용을 북한체제 내 누가 감히 '수령의 앞뒤 말이 틀리다. 일관성이 없다. 수정해야 한다'고 할 것인가?

북한체제는 수령 생각과 같이 사고하고 수령의 지시대로 행동해야만 하는 유일영도, 유일사상, 일당독재 체제이다. 노동당역사연구소, 사회과학연구소 등에서 만들어낸 각종 김일성 3대 우상화 정치사상 교양 자료들은 조직지도부, 선전선동부 등 노동당 전문부서의 면밀한 검토가 선행된다. 이후 김일성 3대에 최종 보고된다. 이어 김일성김정일주의 연구실(과거 김일성동지혁명사상연구소) 등에서 1주일에 3~4일 이상 토요일은 4시간 이상 정치사상교양이 강행된다. 매일 직장에서 아침마다 노동신문독보회도 진행한다. 북한사람 전체가 같은 정치사상을 지닐 수밖에 없다. 따라서 다른 나라 사람들이 북한사람 누구에게 어떤 질문을 해도, 똑같은 대답이 나올 수밖에 없는 구도이다.

북한 김일성이 소위 "1인 영도로 전체 조선반도를 일제로부터 해방시키고 노동당을 창건하고 북한정권을 창건했다"고 주장하는 내용은, 우상화의 가장 핵심이고 기본적인 내용이다. 독재체제의 지도자가 제일 먼저 시행하는 것은 리더십에 대한 우상화라는 것을 세계 독재체제 정치역사들은 보여주고 있다. 여기서는 상기 관련 내용들에 대한 북한체제 내 가장 핵심적이고 공식적인 노동당규약, 10대원칙, 헌법에 언급된 내용들을 비교해 보자.

북한체제 조선노동당규약의 서문에는 김일성이 "조선로동당의 창건자이며, 인민정권을 창건했고, 항일혁명투쟁과 민족해방, 계급해방을 이끌고 사회주의 나라를 세웠다"고 기록하고 있다.

"조선로동당은 위대한 김일성동지와 김정일동지의 당이다. 위대한 김일성동지는 조선로동당의 창건자이시고 당과 혁명을 한 길로 이끌어 오신 탁월한 령도자이시며 조선로동당과 조선인민의 영원한 수령이시다.… 위대한 수령 김일성동지는 혁명 무력과 인민정권을 창건하시고 혁명의 주체력량을 비상히 강화하시였으며 항일혁명투쟁과 조국해방전쟁, 민주주의혁명과 사회주의혁명을 승리에로 이끄시여 민족해방, 계급해방의 력사적 위업을 이룩하시고 사회주의 건설을 힘있게 다그쳐 이땅우에 자주, 자립, 자위로 위용 떨치는 인민대중 중심의 사회주의 나라를 일떠 세우시였으며 조국통일과 인류 자주위업 수행에 거대한 공헌을 하시였다"

또한 10대원칙(당의유일적령도체계확립의10대원칙)에도 김일성이 "조선로동당과 북한 정권 등을 창건했다"고 선전한다.

"김일성동지께서는 영광스러운 조선로동당과 조선민주주의인민공화국, 불패의 조선인민군을 창건하심으로써 주체혁명의 승리적 전진과 완성을 위한 가장 위력한 정치적 무기를 마련하시였다"

그리고 북한 헌법도 김일성이 "북한정권을 창건했고, 항일투쟁으로 독립을 가져오게 했다"고 성문화되어 있다.

"위대한 수령 김일성동지는 조선민주주의인민공화국의 창건자이시며 사회주의조선의 시조이시다. 김일성동지께서는 영생불멸의 주체사상을 창시하시고 그 기치밑에 항일혁명투쟁을 조직 령도하시였으며 정치 경제 문화 군사분야에서 자주독립 국가건설의 튼튼한 토대를 닦는데 기초하여 조선민주주의인민공화국을 창건하시였다"

라. 정치적 함의

북한체제와 같은 일당독재 전체주의에서, 선전선동의 정치적 의미는 김일성 교시와 노동당방침을 북한사람에게 해설하고 세뇌하는 데에 있다. 이를 통해 사상무장을 시킨 후 소위 혁명과업에서 행동으로 나서도록 한다. 북한체제는 주민들을 선전선동하여 김일성 3대 사상으로 인간개조한 후 독재자에 대한 충성은 물론 정치적 투쟁과 경제적 동원에서 전투적 혁명가로 육성시켜 나가는 것을 목표로 한다.

이 과정에서 독재자에 대한 우상화가 불가피하다. 소위 '지도자원리'[13] 에 필요한 혁명적 정치적 업적에 대한 역사 왜곡이 진행된다. 스탈린, 히틀러, 모택동 등 역대 독재자들 모두 이 같은 행태들을 보였다. 스탈린체제가 70년 이상 지속되고 있는, 북한 김일성 3대도 이 같은 행태의 전형적 유형이다.

외부세계 북한 전문가들 입장에서 북한의 노동신문은 게재된 내용의 독재체제 인위성의 문제는 논외로 할 때, 기술적 면에서 오자와 탈자가 없기로 유명하다. 이는 그만큼 노동신문을 제작하는 데 온갖 통제와 철저한 검증이 진행되고 있다는 것을 역설적으로 방증한다.

이렇게 북한체제가 철저하게 정치사상 교양 자료들을 검증한다고 볼 때, 상기에 언급된 바와 같이, 김일성저작집에 실린 내용이 초반기와 달리 서로 상충되게 게재되어 있다. 그러나 그 내용에 대해 어느 누구도 이를 시정 할 수 없고, 이의를 제기할 수 없다는 것은 북한 신정 독재체제의 어두운 진면목이다.

# 4. 북한체제, 스탈린 선전선동 사상사업 모방

## 가. 선전선동 작동원리

마르크스는 "공산혁명의 지속을 위해서는 물리력만으로 부족하고, 대중들 충성과 지지를 위해서는 주도면밀한 선전선동이 필요하다"고 말했다. 스탈린은 언론의 장악을 위해 소련공산당중앙위에 선전선동부를 설치했고, 추후 북한체제를 만드는 과정에서도 이와 똑같은 조직을 북한정권에 전수했다.

전체주의체제 아래, 선전선동으로 인간의 정치의식이 변화되는, 선전선동의 작동원리의 설명으로 '조건반사원리'가 적용된다. 소련 스탈린은 생리학자 파블로프 조건반사이론[14]을 정치적으로 이용했다. 이를 통해 국민을 혁명화, 학습화, 세뇌화했다. 당시 파블로프 이론은 소련에서 공식 의학 이론으로 인정받았다. 이후 전체주의와 사회주의는 물론 심리학의 제반 현상을 설명하는 주요 이론이 되었다. 파블로프에 의하면 "개에게 음식을 주면서 종소리를 함께 들려주면 나중에 종소리만으로도 침을 흘리게 된다"고 한다. 스탈린은 "인간의식 세계도 선전선동(조건반사)에 의한 학습 과정을 반복하여 세뇌(조건반응)할 수 있다"고 판단하고 이를 당시 공산주의 전체주의 독재정치에 적극 활용했다.

북한체제는 북한사람들에 대해 70년 이상 상상을 초월하는 강압적 폭압적 공포통치가 진행 중이다. 북한사람에게는 그간 진행해 온 강력한 공포적 학습효과가 축적되어 있다. 이제는 폭압을 제거한 선전선동만으로도 정치적 효과를 100% 거둘 수 있는 지경에 이르렀다. 파블로프의 조건반사 이상의 효과를 보이는 것이다. 이 비극적 팩트가 인정될 수밖에 없는 근거는 인간이기 때문에, 개 보다 훨씬 월등한 두뇌를 지닌 인간이기 때문이다.

이외 정치사회화이론[15]도 적용할 수 있다. 정치학자 시걸은 "정치사회화는 현행 정치체제에 지속적으로 반응하고 상호작용하면서 변화하는 제반 현상"이라 주장한다. 정치학자 하이만도 "정치사회화에서 인간 행위는 학습행위의 결과이며 학습은 다양한 기관을 통해서 유년부터 성인까지 지속된다"고 설명한다.

그러나 북한의 경우는 상호작용보다 체제 차원의 일방적, 조직적, 통제적 학습만이 강행된다. 주체사상을 통한 수령론, 뇌수론은 개별적 존엄한 인간으로서 사고하는 것 자체를 불가능하게 강압한다. 대부분 세계의 많은 국가들은 정치적으로 국민 각자의 인권을 중시한다. 이와 정반대로 북한체제는 여전히 전체주의적, 신정정치적, 정치사회적 모습을 보이며, 김일성 3대를 신으로 하는 소위 '사회정치생명체적 사상개조와 인간개조'가 세대를 이어 가며 진행 중이다.

나. 스탈린, 소련식 선전선동 북한에 이식

마르크스, 레닌, 스탈린은 폭력적인 공산주의 혁명의 정당성을 지속해 나가기 위해 선전선동의 중요성을 강조했다. 마르크스는 19세기 중반 당시 프러시아 전제국가 언론정책을 비판하며 "언론매체가 특정 정파의 기관지가 되어서는 안된다"고 말했다. 마르크스는 "언론이 당으로부터 자유로워야 한다"는 언론관을 당시 지녔었다.

반면 레닌은 정치 활동 중, 유배 시부터 언론을 미디어가 아닌 정치수단으로 적극 인식했다. 언론을 선전과 선동으로 구별했다. 레닌은 1902년도 저서『무엇을 할 것인가?』에서 "선전은 원칙적, 전략적 측면에서 장기적 계획을 세우는 것이며, 선동은 간략하게 다루면서 대중의 감성적 행동을 유발시키는 것"이라고 주장했다. 1912년 프라우다를 발간하고 "공산당은 노동자 계급 의지의 외면이므로, 언론을 이에 종속시킬 것"을 강조했다. 1917년 공산혁명 후 11월 9일 '신문에 관한 인민위원회 훈령'을 발표하고 소위 반혁명적 언론들을 모두 폐간시켰다.

스탈린은 "신문과 방송은 사회주의 혁명의 총알"이라 말했다. 또한 "인민은 스스로 사회적 민주적 의식을 개발하지 못하므로, 대중들을 교화 설득할 수 있는 수행기관이 바로 언론"이라고 강조했다. 레닌과 스탈린은 공산혁명에서 선전선동의 중요성을 인식하고 이를 체제 차원에서 정치기구의 하부기관으로 제도권에 편입시켰다.[16] 스탈린의 언론관은 추후 북한체제에 그대로 이식되었다.

우선 스탈린은 1945년 9월 18일 북한에 진입한 소련 군정에 "연해주 군관구에서 소련「프라우다」를 모방한「조선신보」를 10만 부씩 발간토록"[17] 지시했다. 이는 소련군이 북한에 진입하는 순간부터 스탈린의 선전선동이 이미 시작되었음을 보여준다. 스탈린이 공산혁명에서 선전선동을 얼마나 중시하는지 이를 통해 알 수 있다. 북한 각지에 주둔한 소련 군정 위수사령부는 지역의 신문과 방송을 장악하고 선전선동을 통해 해방군 이미지를 심는 데 총력을 다했다. 이를 위해 일제 잔재청산, 김일성 항일민족영웅 만들기, 신탁통치 찬성, 민주개혁(공산화)수행 등을 진행시켰다.

북한 평양의 신문과 방송은 소련군 극동군구에서 파견된 메크레르 중좌와 강미하일 소좌가 총지휘했으며 1946년부터 본격적인 민주개혁 (공산화) 일정이 진행되었다. 소련 군정은 선전선동을 심화시키기 위해 1946년 2월 18일 조선신문 창간, 3월 25일 북조선예술동맹 결성, 6월 4일 민주조선 창간, 9월 1일 노동신문 창간, 10월 1일 북조선기자동맹 조직, 11월 25일 근로자 창간, 11월 28일 인민 창간, 12월 5일 조선통신사 등을 창설했다.[18] 현 북한 내 선전선동 매체들은 이미 소련 군정이 당시 만든 것들이다. 이후 소련 군정은 북한사람들에게 선전선동 노하우 전수와 기술자재 지원과 소련 유학도 보냈다. 스탈린은 북한 초대 내각 구성에서 허정숙을 문화선전상으로 내정시켰고, 이제는 북한 독재자를 통해 스스로 북한사람들 정치의식을 바꿔 나가도록 조종했다.

### 다. 김정일, 북한 선전선동 사상사업 일층제고

북한 김일성은 선동사업에 대해 《**선동사업은 군중의 기세를 돋구고**

그들을 혁명과업 수행에로 직접 발동시키는 사업》[19]이라고 말했다. 북한은 '선전'에 대해 "①일정한 사상, 리론, 정책을 대중에게 론리적으로 체계적으로 해설해줌으로써 리론적으로 파악하고 인식하게 하는 사상 사업의 한 형식 ② 널리 말하여 퍼뜨리고 알리는 것"[20]으로 정의하고 있다. 또한 '선전교양'에 대해서도 "위대한 수령 김일성동지의 교시와 당의 방침을 대중에게 론리적으로 체계적으로 해설해줌으로써 리론적으로 파악하고 인식하게 하는 사상교양사업"이라고 말하고 있다.

'선동'에 대해서는 "①혁명과업을 잘 수행하도록 대중에게 호소하며 그들의 혁명적 기세를 돋구어 주며 당정책 관철로 직접 불러일으키는 정치사상 사업의 한 형태. 정치선동과 경제선동이 있다. ②어떤 행동에 나서도록 부추겨 움직이는 것"[21] 이라고 정의한다. '사상사업'은 "사회의 모든 성원들을 수령의 혁명사상과 그 구현인 당정책으로 튼튼히 무장시키고 그들 속에서 로동계급적 관점과 혁명적 세계관을 확고히 세워 수령과 당에 끝없이 충직한 공산주의 혁명가로 교양하고 개조하여 그들을 혁명투쟁에로 적극 불러 일으키기 위한 사업"[22]이라고 되어 있다.

북한 김정일은 1973년 9월 선전선동 조직담당비서가 된 후, 선전선동 관련 내용과 방법을 이전보다 일층 강화했다. 김정일은 스탈린 선전선동 방식을 기본으로 하면서 여기에 주체사상을 추가했다. 소위 '주체 적출판보도사상'이 그것이다. 선전선동의 목적에서 주체사상이 중심이 되었고, 이를 통해 체제수호, 권력강화, 세습독재를 강조했다. 이 과정에서 김일성을 신격화했고 온사회의 김일성주의화를 주창했다. 김정일은 1974년 4월 제정된 유일사상10대원칙에서 "경애하는 수령 김일성동지의 위대성을 널리 선전하여야 한다. 출판물에 실릴 글을 쓸 때 언제나 수령님의 교시를 정중히 인용하고 그에 기초하여 내용을 전개하여 그와 어긋나게 말하거나 글을 쓰는 일이 없어야 한다"고 주체적선전선동 지침을 제시했다.

김정일은 1974년 5월 7일 "우리 당의 출판보도물은 온 사회의 김일성주의화에 이바지하는 위력한 사상적 무기이다"라고 말했다. 그리고 2001년 1월 11일 "기자 언론인들은 우리의 사상 우리의 제도 우리의 위업을 견결히 옹호 고수하는 사상적 기수이다. 출판보도사업은 우리 당사상사업 주공전선입니다. 우리 당은 혁명투쟁과 건설사업에서 신문 통신 방송을 비롯 출판보도물이 노는 역할에 커다란 의의를 부여하고 확고히 따라 세웠습니다. 나는 혁명투쟁에서 언제나 붓대를 중시합니다"라고 말했다. 이후 주체적인 출판보도물이 견지해야 할 기본원칙 3가지도 제시했다. "첫째, 당 출판보도물은 주체의 원칙을 자기활동의 근본 초석으로 삼아야 한다. 둘째, 출판보도 활동은 철저히 당 중앙의 유일적 지도 밑에 진행되어야 한다. 셋째, 당의 출판보도 활동은 종자를 바로 쥐고 속도전을 힘있게 벌리는 것이다"라고 말했다. 또한, 김정일은 2003년 1월 29일 조선로동당중앙위원회책임일군들과 한 담화에서 "우리 당의 선군혁명령도 선군정치는 군사를 제일 국시로 내세우고 인민군대의 혁명적 기질과 전투력에 의거하여 조국과 혁명, 사회주의를 보위하고 전반적인 사회주의 건설을 힘있게 다그쳐 나가는 혁명령도의 방식이며 사회주의 정치방식입니다. …… 우리 당의 선군정치는 주체사상을 구현하고 있는 가장 위력하고 존엄 높은 자주의 정치입니다"라고 말했다.

　북한 선전선동부는 김일성 3대 지시내용을 최우선으로 사상교양해야한다. 여기에 예외가 있을 수 없다. 북한체제 선전선동 최고 목표는 당면한 김일성 유훈적 교시와 김정일 유훈적 말씀과 지시 및 김정은 말씀과 지시사항을 북한 전역에 전파시켜 실행하는 데 있다. 또한, 이를 강제적으로 숙지토록 하고, 우상화 어록화 하여, 끊임없이 반복하고 교양하여 실행토록 한다. 또한, 북한체제 선전선동 목표는 김일성 3대 신정정치체제 유지, 백두혈통 우상화 지속, 김일성 항일투쟁 교양과 6.25동란 역사왜곡 교육, 유훈통치 우상화 강화, 세습체제 정당성 확립 등을 지속적으로 강화시켜 나가는 것이다. 북한체제는 주체사상, 선군사상 등을 이른바 김일성김정일주의로 지칭하며 지배이데올로기화 했다. 또한, 소위 '지도자원리'[23]에 입각한 유일적영도체계확립10대 원칙을 조작하여 이를 정점으로 한 노동당 일당 독재체제를 유지하는 데 선전선동을 적극 활용하고 있다.

　북한 독재자 김정은도 사상사업 강화[24]를 진행 중이다. 김정은 친여동생 김여정은 선전선동부 제1부부장을 맡고 있으며, 한국을 방문[25] 하기도 했다.

　김정은 정권 북한체제 역시 선전선동은 신정정치하 영원한 주석 김일성 생전교시와 노동당방침들을 인민대중에게 강제 주입시켜 이들이 혁명활동에 적극 나서도록 하는 사상사업이다. 북한주민 정치의식을 김일성김정일주의로 사상교육하여 3대세습 독재체제에 대한 충성과 정치투쟁과 경제동원에서 준비된 혁명가로 육성하려는 데 그 목적이 있다.

## 라. 정치적 함의

북한체제 선전선동의 궁극적인 목표는 김일성, 김정일, 김정은으로 이어지는 세습독재자의 교시내용을 정치적으로 과장·미화·윤색하여 세습 독재체제를 강화 유지하는 데 있다. 북한사람은 자신들이 동물과 같이 사육당하고 있다는 사실을 모르고 있다. 북한체제는 1945년 일제로부터 해방된 즉시 소련 군정체제가 이식한 스탈린 아바타 정권이다. 북한사람들은 자유민주 시장경제 등에 대한 정치적 비교 의식 경험이 전무한 채, 70년 이상을 일방적인 세뇌 공작에 노출되어 오늘에 이르고 있다. 히틀러체제 하 괴벨스는 "대중은 거짓말을 처음에는 부정하고 그 다음에 의심한다. 그러나 되풀이하면 결국 그것을 믿게 된다"고 말했다. 소련 공산당도 "대중을 체제에 순응시키기 위해 유사한 말의 반복으로 대중의식을 세뇌화한" 선전기법들을 활용했다.

북한은 공공연히 "하나는 전체를 위하여, 전체는 하나를 위하여"의 구호를 내걸고 있다. 이는 전형적 개인 희생을 당연시하는 전체주의 체제 구호다. 이를 북한 사회에 실제 대입해 보면 이는 단순한 구호가 절대 아니다. 전체 북한사람이 김정은체제 하나를 위해 존재해야 한다는 다른 표현이다. 북한은 상층 고위층으로 올라갈수록 끝없는 사상교육 검증을 강요받는다. 이와 관련해 김일성은 "'**사람의 의식을 개조하는 사업은 오랜 기간 참을성있게 진행하여야 합니다. …… 인간개조 사업**

은 다른 어떤 사업보다도 어렵고 복잡한 사업인 만큼 오랜 기간에 걸치는 참을성 있는 투쟁이 요구됩니다'라고 교시했다"[26]. 북한체제가 북한 사람에게 평생 정치사상을 교육하는 것은 이런 김일성교시에 근거하고 있다.

전체 북한사람은 인권이나 개인적 인간적 존엄조차 없이, 전체가 한 사람과 같이 지도자를 위해 살아야만 한다는 의미이다. 이외 어떤 삶에 대한 명분조차 없다. 북한체제의 장기간 정치적 폭력적 강제적 선전선동 시행의 결과, 선전선동의 이면에서 볼 때 주민들의 정치의식이 타율적 비자발적 비창의적 생존적인 특징을 가질 수밖에 없다. 따라서 극소수 상층부 지도층과 의식적 괴리가 발생할 수밖에 없다. 이때마다 선전선동 효과 제고를 위해, 스탈린이 했던 그 방식 그대로 시범적인 공개처형 등을 통해, 공포통치를 강행하는 등 악순환이 연속되고 있다.

북한은 이론적, 실제적, 태생적 결함을 지닌 공산주의 경제시스템을 아직도 기본틀로 고수 중이다. 장기적으로 침체·고립된 경제체제로 인한 경제난을 외부 적들에 의한 불가피한 상황으로 매도한다. 이를 주민들에게 끝없는 대적 분노로 유도하면서, 강제적 노력동원을 당연시하도록 인도한다. 북한은 과거 1930년대 구소련의 사회주의 노력 영웅제도인 스타하노프 작업방식을 그대로 적용했다. 북한체제의 천리마운동, 정춘실 백설희 김상련따라배우기운동 등이 그것들이다. 북한 김정은 체제 노동신문도 "출판보도 부문을 비롯한 선전수단들의 박력있는 사상공세는 온 나라를 자력갱생 불도가니로 부글부글 끓게 하고 있으며 인민경제의 주체화 현대화 실현의 앞장에서 사상전의 불바람을 일으키고 있는 당선전일군들 투쟁은 대중의 심장에 애국의 불을 지피고 있다."[27]고 변함없이 선전선동한다.

북한 김정은 독재체제도 최근 선전선동 공세를 오히려 더욱 강화하고 있다. 김정은은 무모한 핵무기, 미사일 개발로 인해 한국과 미국을 정점으로 한 국제적 대북제제 국면에 처해 있다. 이는 김일성과 김정일시대보다 오히려 엄혹한 체제위기 정세에 놓여있는 형국이다. 핵무기 등 대량살상무기 개발은 김일성 때부터 시작되었다. 문제는 김정은이 미천한 통치경력을 보전하는 도박으로 이를 이용하고 있다는 것이다. 무리한 통치행위는 장래 스스로 북한내부 체제붕괴를 촉진할 수 있다. 체제위기 증폭에 따라 김정은체제는 내부적으로 주민들에 대해서 선대 독재정권보다, 더 공격적 투쟁적으로 정치사상 교양을 강화 중이다.

김정은은 2014년 2월 25일 "사상사업에서 우리 당의 전략전술은 맞받아 나가는 공격정신으로 사상전 불바람을 세차게 일으켜 온 나라가 혁명적인 대고조의 불도가니로 부글부글 끓게 하라"[28]고 말했다. 2018년 2월 25일 노동신문은 "오늘 우리 인민은 공화국 핵무력건설에서 이룩한 력사적 승리를 새로운 발전의 도약대로 삼고 사회주의 강국 건설의 모든 전선에서 새로운 승리를 쟁취하기 위한 혁명적인 총공세를 벌여나가고 있다. 지금이야말로 강력한 선전선동 공세로 만리마대진군을 힘있게 추동하여야 할 때이다. 사상전 힘찬 포성은 온 나라에 집단적 혁신의 불바람을 일으키는 거센 밑불이다……혁명적 사상공세, 바로 여기에 만리마대진군의 승리가 있고 비약하는 주체조선의 전도와 미래가 있다. 모든 일군들은 닭알에도 사상을 재우면 바위를 깰 수 있다는 우리 당의 사상론을 투쟁의 신조로 삼아야 한다"[29]고 강조했다.

북한의 김여정이 한국을 방문하고 김정은을 따라 외국 출장도 나서고 있다. 대부분 서방권 언론들은 그녀의 외모 사진, 동영상을 독자들과 시청자들에게 보도 차원의 기사로 전한다. 김여정의 창백한 얼굴 저편 이면에는 북한주민 정치사상과 일상생활 전체의 일괄적 통제가 숨겨져 있다. 전체주의 일당독재 체제 유지를 위한 선전선동부 제1부부장으로서 총지휘자이자 신정정치체제 아래 여자 제사장으로서의 실제 모습이 정교하게 은닉되어 있다.

북한체제 선전선동의 주요 특징은 먼저 세습독재자들이 주도하고 있다는 점을 들 수 있다. 선전선동 핵심에 독재자가 항상 자리하고 있다. 둘째는 대내적으로 공포심의 조장과 대외적인 군사적 긴장감을 조성해 그 효과를 제고하고 있는 점이다. 셋째는 끝없는 희망의 메시지를 제시하여 독재체제를 지속시켜 나간다는 점이다. 넷째는 반복적이고 집중적 대중전달을 통해 이를 내면화 최면화하는 것을 목표로 하고 있다는 점이다.

북한사람 정치의식은, 우리가 지득한 정도나 생각한 수준의 상상력을, 훨씬 능가한다. 엄혹한 신정 독재체제 하 광신도적 정치의식을 지니고 있다. 북한 주민의 대남대적 정치의식도, 장기간 독재체제 차원에서 세뇌당한 정치사상교육 내용 그대로 '남조선을 해방하는 것'이 지상목표다. 이들은 자신이 정의롭다고 생각하며 숭고한 사명감에 불타고 있다. 북한사람들은 오늘의 고난을 감내하면서 미제 식민지 남조선을 해방시키는 것이 수령님 유훈이자 자신의 삶의 최대 정치적 목표이다. 우리가 북한체제 아래 70년 이상 지속된 북한주민 정치의식을 바로 보아야만 하는 중요한 이유이다.

## 5. 북한체제, 스탈린 격하운동 충격 세습체제 구축

### 가. 스탈린주의 강제 이식 고수

스탈린(1879.12.18.~1953.3.5)은 집권기인 1920년대부터 사망시까지 30년간 소련공산당과 국제공산주의운동을 지도했다. 그는 마르크스 레닌주의를 왜곡했으며 극단적 독재권력을 추구했다. 사망시까지 개인숭배를 강요했고 공산주의 이론의 교조적 성전화(聖典化)를 진행시켰다. 이런 스탈린의 통치행태를 스탈린주의라 지칭한다.

북한체제는 소련 스탈린이 만들었다. 북한은 70년 이상 스탈린 방식의 통치행태를 고수하고 있다. 스탈린주의에 따른 공산주의 정치이론 왜곡, 개인독재, 신적 우상숭배 등이 북한정치의 근간이다. 스탈린의 사후 제20차공산당대회에서 그에 대한 격하운동이 시작되었다. 당시 스탈린의 과오들은 많은 세월이 지났음에도 불구하고, 현재 북한체제 김일성김정일김정은의 문제점이 되어 진행되고 있다.

북한은 김일성이 독자적으로 소위 항일무장 빨치산투쟁을 통하여 독립을 쟁취했다고 선전선동 중이다. 그러나 상기 내용과 정반대로 북한 김일성선집 1963년 판은 **"붉은 군대(소련군)가 조선 땅에 들어선 그 시작부터 북조선에서 공산당이 조직되기 시작하였습니다"** [30]라고 되어 있다. 당시 김일성이 말한 내용이다. 이후 김일성을 우상화하면서 항일혁명을 조작했지만, 과거 김일성 어록은 수정할 수조차 없는 것이 북한의 현실이다. 이유불문 무조건 100% 믿어야만 살 수 있는 곳이다. 김일성이 체제 초창기 말한 내용과 현재 교육 내용이 서로 다르다고 뒤집을 수 없는 곳 또한 북한이다. 엄혹한 독재체제 하 누가 감히 이에 대해 반기를 들 것인가? 스탈린주의의 어두운 진면목이다.

소련 스탈린은 제2차 세계대전 종전 즉시 1945년부터 1948년까지 소련군을 북한에 진주시켜 북한을 공산화하였다. 스탈린은, 1945년 9월 초순 소련군의 대위였던 북한 김일성을 입북하기 보름 전 모스크바에서 면접하고, 북한체제지도자 후보로 낙점했다. 북한은 소련 스탈린 체제의 이념과 제도가 아주 손쉽게 전수되었다. 북한과 소련은 접경지대이다. 2차대전의 종결과정에서 소련의 붉은군대가 북한지역을 점령했다. 소련의 침투에 대해 북한지역 토착세력은 소련군을 해방군으로 인식하고 저항하지 않았다. 북한지역은 상대적으로 협소하고 문화적으로 후진성을 탈피하지 못했었다. 의사소통이 가능한 소련 국적의 한인 2세들이 괴뢰정권 수립에 활용되었다. 일본의 장기간 식민지 착취의 전통도 남아있었다. 당시 소련은 인접한 중국 공산당조차 소련 남하를 견제하지 못할 정도의 국력을 유지 중이었다.

소련 점령군은 김일성을 이용하여 조선공산당북조선분국, 북조선노동당, 북조선민주주의민족통일전선, 북조선임시인민위원회 등 정치조직을 만들어 북한 전역을 장악했다. 북한체제 수립은 김일성이 아닌, 소련의 지령에 따라 북한주재 평양대사관, 소련 사절단, 소련 정부 대행기관, 소련-한국인 2세, 소련의 공작기관인 KGB, 국가안보위원회 등이 모든 일을 주도했다. 이 모든 과정과 내용들은 비밀이 해제된 구소련 정부 정치문서들에 그대로 기록되어 있다.

소련 스탈린이, 북한에 이념과 제도를 이식한 후 현재까지 남아있는 주요한 특징들이 있다. 우선 공산주의 기본이념과 다르게, 당 조직보다 독재자가 우선하여 통치한다는 것이다. 또한, 우상화와 신격화된 신정 정치 독재체제가 진행되는 점이다. 그리고 독재자 개인이 운영하는 비밀경찰제도와 정치범들 수용소가 운영된다는 것이다. 또한, 외부세계와 정보차단을 실행하고, 인위적 적들을 내세워 내부통제와 결속을 정치적으로 활용한다.

과거 소련 스탈린체제는 스탈린 급사(急死)로 인해 즉시 종식되었다. 중국 공산당 모택동 체제도 모택동 사망과 동시 다른 지도자들의 등장으로 인해 정치적 통치방식이 바뀌었다. 공산 독재체제에서 지도자 교체는 전혀 다른 정치적 통치방식으로의 전환을 의미할 수도 있다. 그럼에도 불구하고 북한은 70년이 넘는 기간 동안 3명의 독재자가 등장했지만, 통치방식이 전혀 바뀌지 않고 있다. 공산주의 역사에도 없는 가족세습 독재자 승계이기 때문이다.

세습적 지도자 교체는 실제로 지도자 교체가 아니다. 북한 스스로 김일성 = 김정일 = 김정은이라고 현재 선전한다. 북한 김일성은 과거 스탈린의 격하운동 사실을 직접 목격했다. 이를 통해 권력을 세습적으로 사유화하고 스탈린체제를 더욱 강화하는 방식을 택했다. 이런 사실은 김일성 3대가 가장 두려워하는 것이 스탈린과 같이 격하운동을 당하는 것임을 방증한다. 북한체제 차원에서 최우선적으로 '수령결사옹호'를 법제화해 이념화, 의식화 교육 중인 이유가 여기에 있다. 정치적으로 후계자 지정시스템이 미비한 북한독재체제는 독재자의 유고가 북한내부 체제붕괴의 시작임을 의미한다.

나. 소련 스탈린 격하 운동

소련 스탈린은, 한반도 6.25동란 중, 1953년 3월 5일 급사했다. 스탈린 사후 당시 소련 집단지도부는 스탈린이 장기 독재 중 2천만 명 이상 주민들을 희생시킨 것에 대한 공동책임과 공포감이 있었다. 이에 대한 방책으로 스탈린 격하운동이 발생했다.

스탈린 1차 격하운동은 1956년 2월 14일~25일간 제20차 소련공산당 대회 시 흐루시초프가 행한 스탈린 개인범죄에 대한 '비밀연설'이었다. 연설에서 스탈린이 "①계급투쟁격화론에 의거 '인민의 적 처단' 명분으로 무고한 다수 당원들 숙청 ②공산주의 체제원리와 달리 개인숭배 강요 ③레닌이 스탈린의 제거를 유서로 남김 ④소련 공산당 역사의 날조 ⑤독일 히틀러 침공 대비에 실패 ⑥소수민족들 강제 이주 ⑦유고와 단교로 외교정책 실패 ⑧비밀경찰 제도의 운영 ⑨과도한 언론 탄압 ⑩정치범강제수용소 운영" 등을 비난했다.

스탈린 2차 격하운동은 1961년 10월 17일~31일간 제22차 소련공산당대회 시 흐루시초프가 스탈린 행적에 대해 "①개인 자신을 숭배토록 강요 ②중공업 우선주의로 소련경제 파탄 ③모든 잘못된 책임은 스탈린 개인에게 있으며, 사회주의 체제 우월성과 마르크스 레닌주의 신념과 상관없음"을 발표했다.

이어 흐루시초프는 대책으로 "①전 인민의 국가, 인민의 당을 선언 ② 스탈린 시대 국가와 사회의 이원주의 극복 ③공안기관 엄격한 통제 ④ 국가 법질서에 대한 신뢰를 회복하기 위해 대중탄압의 폐지 ⑤경찰과 비밀경찰의 수뇌부 체포 ⑥내무부와 국가 안전기관 분리 ⑦강제수용소 사람들 석방복권 ⑧강제수용소(GULAG) 해체 ⑨사회주의 법치성 강조 ⑩형법 민법 형사소송법 민사소송법 개정 ⑪강압에 의한 진술확보 금지 ⑫중앙경제 조직 과도한 집중의 완화 ⑬100여 개 경제 행정구역 분할 ⑭입당조건의 완화 ⑮당 조직의 활성화 ⑯당 조직 재편성" 등 조치들을 실행했다. 당시 이 같은 대책들로 인해 소련 지식인들은 흐루시초프를 전폭적으로 지지했다.[31]

다. 정치적 함의

공산주의 독재체제는 1인 독재로 필연적으로 발전한다. 이후 1인 독재는 결국 독재자의 족벌통치를 낳는다. 독재자의 가족주의의 출현이다. 역사가 이를 증명하고 있다. 북한 김일성은 일가친척을 각종 요직에 등용하였으며 북한 내 행정구역명까지 가족 이름들을 사용토록 했다. 김일성에 이어 아들 김정일과 3대 김정은이 후계체제를 이어받았다. 김정일 때 여동생 김경희가 있었고 현재 김정은은 김여정이 있다. 전무후무한 남매정치를 진행하고 있다.

　보다 충격적인 것은 김일성이 집권 초창기 종파주의 지방주의 가족주의에 대해 이를 비난하고 시정토록 지시했다는 점이다. 김일성은 **"동무들이 아는 바와 같이 지방주의 가족주의는 종파를 낳는 온상입니다. 이것은 종파의 첫 시작이며 이것이 발전하면 종파가 됩니다. 그러므로 지방주의 가족주의를 철저히 뿌리빼야 합니다. …… 당원은 그렇기 때문에 종파주의 지방주의 가족주의를 반대하여 결정적으로 투쟁해야 합니다"** [32] 라고 말했다. 김일성은 과거 발언과 정반대로 가장 타락한 세습적 '가족주의' 정치시범을 보였다.

　당시 소련의 스탈린 격하운동은 소련·중국 간 이념분쟁을 촉발시켰으며 동유럽공산체제 국가들에게도 스탈린의 잔재가 청산되었다. 북한 김일성은 스탈린 격하운동으로 고무된 북한 내부 정치세력들이 김일성에 대해 반발을 보이자, 소위 '8월종파사건'을 명분으로 이들을 숙청했다. 이후에 김정일을 세습적 후계자로 내세워 자신 이후의 권력을 공고히 했다. 김일성은 우선적으로 주체사상을 지배이데올로기로 만든 후, 북한사람에 대한 정치적 사상적 통제를 강화했으며, 정적들은 테러를 통해 제거하였다. 소련 내부 탈스탈린 방식과 완전 다르게, 북한 김일성은 오히려 스탈린이 이식한 정치제도 경제제도 사회제도 군사제도 등을 더욱 강화하는 조치들을 실행했다.

북한 김정일은 1974년부터 '온 사회의 김일성주의화'를 추진하면서 자신의 후계체계 반대세력들을 제거했다. 이때 내세운 것이 '혁명적수령론'이다. 혁명의 최고 뇌수인 수령이 없으면 노동당도, 노동계급도 존재할 수 없다는 것이 '혁명적수령론'이다. 당시 김정일은 이를 통해 권력세습을 정당화하고 김일성 유일지배 세습체제를 구축해 나가는 명분으로 활용했다.

북한은 공식적으로 스탈린에 대해 여전히 '스탈린격하운동' 이전의 태도를 고수하고 있다. 북한체제는 스탈린에 대해 "레닌 위업의 충직한 계승자, 쏘련 공산당과 쏘베트국가 령도자, 국제공산주의 운동가, 로동운동의 탁월한 활동가, …… 당총비서 쏘베트 내각수상으로 인민경제복구발전, 국제적 지위 강화, 국제공산주의운동 로동운동 강화발전, 사회주의 나라들 통일단결강화, 식민지 예속국가 해방투쟁 지지성원 …… 사회주의 로력영웅(1939년), 쏘련원수(1943) 쏘련영웅(1945) 쏘련대원수(1945)칭호, 3개의 레닌훈장, 2개의 승리 훈장, 3개의 적기훈장 등을 받았다"[33]고 칭송하고 있다.

북한은, 아직까지도 북한체제를 만든 스탈린에 대해 부정적 평가를 내리지 않고 '소련 공산혁명영웅'으로 기술한다. 이것은 북한의 김정은 전체주의 독재체제가 스탈린에 대해 어떤 시각을 지니고 있는지를 방증한다. 북한이 여전히 스탈린방식 강압적 통치제도를 고수하겠다는 의지의 표현이다. 소련 내부에서의 스탈린 비판 이후 국제공산주의운동에서 채택한 개인숭배반대에 대한 공동강령에 대해, 북한 공식 매체 노동신문은 다음과 같이 반응했다.

"소위 개인미신(개인숭배, 북한 말) 반대운동을 다른 당들에 내리 먹이려 하며 그
것을 간판으로 형제당 형제국가들의 내정에 간섭하고 이 나라들 당지도부를 전
복하기 위한 행동을 감행하는 것은 절대로 허용될 수 없다. …… 스탈린을 수반
으로 한 소련공산당의 영도하에 소련 인민이 사회주의혁명과 사회주의 건설에
서 쌓아 올린 역사적 경험은 보편적 의의를 가지는 고귀한 밑천이다"[34].

당시 국제공산주의 국가들의 입장과 달리 북한체제 당기관지 노동신
문은 오히려 스탈린 개인숭배를 적극 옹호했다. 이는 개인 우상숭배를
배격하는 국제공산주의운동과 무관하게, 북한체제가 김일성 개인숭배
를 여전히 지속시켜 나가겠다는 의사를 분명히 한 것이다.

북한은 이후 1974년 '당의유일사상체계확립10대원칙'을 제정, 김일성
아들 김정일로 이어지는, 소위 유일적 지도체계 세습후계구도를 일층
강화했다. 북한체제는 세습적 후계 구도에 대해 10대원칙에 다음과 같
이 명시했다.

"위대한 수령 김일성 동지가 개척한 혁명위업을 대를 이어 끝까지 계승하여 완성
시켜 나가야 한다. 당의 유일적인 지도체제를 확립한다는 것은 위대한 수령의 혁
명과업을 고수하고 빛나게 계승 발전시키며 우리 혁명위업의 종국적 승리를 쟁
취하기 위한 보증으로 된다. …… 수령의 영도 밑에 당중앙(김정일 지칭)의 유일
적인 지도체제를 확립하여야 한다. …… 당중앙(김정일)의 권위를 백방으로 보
장하며 당중앙 (김정일)을 목숨바쳐 사수하여야 한다"

이는 북한체제가 세습적 후계구도에 대해, 전체 주민들이 이를 암송하고 체화하여, 실생활에 적용토록 시스템화 한 것이다.

스탈린이 북한의 김일성에게 충성을 맹세토록 한 내용들도 밝혀지고 있다. 김일성은 스탈린에게 **"소련을 종주국으로서, 그리고 지혜의 원천으로 인정한다. 소련의 정치적 경제적 형태를 인간개발의 유일한 수단으로 인정한다. 북조선의 대외관계에 있어 소련에 독점적 지위를 인정하고 소련에 비우호적 모든 영향력을 배제시킨다"**[35])라고 비밀서약했다.

소련 스탈린체제에서 겪었던 내용들이 수기형태로 출판되고 있다. 이름 없는 러시아 사람들이 기술한 수많은 저서들이 한국은 물론 전 세계에 많이 유포되어 있다. 그 내용들이 바로 오늘의 북한이다. 북한사람은 스탈린으로부터 이식받은 소위 "민족의 태양, 대원수, 정치범수용소, 관리소, 수령, 계급통제, 노력동원, 중공업 우선, 군사시스템" 등을 전수받았다는 것조차 모르고 있다. 단지 당시 북한내부에서 소련으로 유학했던 엘리트 지배계급만 이를 인지하고 있을 따름이다. 소련 스탈린은 70여 년 전 당시 소련체제 그대로 북한의 김일성체제를 이식했다. 김일성 3대는 또 하나의 분신한 스탈린이다.

## 6. 북한체제, 폭압 기관 보위성 보안성

### 가. 독재체제 폭압 기관

유엔북한인권이사회는 정기적으로 북한체제의 인권탄압 폭압통치 실태를 조사하고 있다. 유엔북한인권이사회는 "탈북자들이 관리소와 수용소 수감자들은 더 이상 등록된 공민이 아니며, 때문에 처벌을 내리기 위해 어떠한 법도 필요하지도 않고, 국가안전보위부(현 보위성)의 요원들이 그들을 살려둘지 처형할 것인지를 결정한다고 증언했다"[36]고 보고하고 있다.

전체주의 독재자들은 '가혹한 지배는 반란을 잠재운다'는 역사적인 사실을 이미 터득하고 이를 거침없이 시행하고 있다. 미 하버드대교수 스카치폴[37]은 프랑스, 러시아, 중국혁명을 비교역사분석기법으로 연구했다. 그녀는 '혁명의 발생과 폭압 기관의 역할'에 대해 "경제가 피폐하고 민심이 이반 되어 있어도 강력한 사회 통제력이 작동하고 있으면 체제를 붕괴시키는 혁명이 성공하기 어렵다. 체제붕괴가 되는 결정적 요인은 독재정권이 얼마나 강력한 강압수단 능력을 유지할 수 있는가 여부에 달려 있다"라고 분석했다.

또한, 메스키타, 스미스도 '최악의 독재자들의 통치원칙'[38]에 대해 "독재자는 끔찍한 행동하는 데 있어서 거침이 없어야 한다. 주민들에게 규칙을 어기면 곧바로 죽음이라는 확신을 심어놓은 정권에서는 반란이 발생하지 않는다. 나치 히틀러, 소련 스탈린 등 독재자들이 반란을 모면했던 근본적인 이유가 여기에 있었다."고 평가하고 있다.

이들은 또한 "독재자는 시위 초기 즉시 그 싹을 자른다. 가장 먼저 시위에 나서는 자는 즉시 처형된다. 이후 더 이상 반란은 없게 된다. 이를 독재자는 경험적으로 안다. 독재자의 통치 최고 목표는, 자신의 생존이지, 주민들의 현재와 미래의 행복과 아무 상관이 없다. 현재 주민들에 대한 자유의 제공과 개인적 부의 축적의 허용은 자신에게 결코 유리하지 않다. 독재자는 당연히 절대부패를 하게 되고 절대부패는 절대권력을 제공한다"고 주장한다.

이어 "독재자는 폭압기관인 충성집단에 대해 선별적 경쟁적 보상을 시행하며 필요한 통치자금 확보에 총력을 기울인다. 무소불위의 불법행위가 성행된다. 혜택을 받은 부패한 충성집단은 그 대가로 잔악한 통치행위의 선봉에 서서 독재체재 수호에 앞장선다"고 말한다. 또한 "독재자 잔학행위에 반드시 정치적 비자금이 필요하다. 독재자는 이 현금을 충성집단에 사용하는 데 있어 주저함이 없다. 이 돈줄이 바로 독재자 생명수이자 권력 비호의 중추적 역할"이라고 설명한다.

북한 독재체제는 소련 스탈린, 중국 모택동으로부터 폭압통치 기법을 이식받았다. 북한 김정은 독재체제의 폭압기관을 활용한 통치방법과 통치기관 유지방법은 상기 설명된 내용들과 일치한다. 북한의 대표적인 폭압 기관들인 국가안전보위성과 인민보안성의 주요 대표적 임무 내용들$^{39)}$을 살펴보자.

북한체제 정보기관인 보위성 임무는 주민감시통제, 반체제 사범 색출, 김일성가족 관련 사건 수사, 완전통제구역 정치범수용소 관리, 대간첩작전 수행, 해외정보 수집, 해외공작 업무, 접경지역 경비, 공항항만 통제, 수출입검사밀수 단속, 접경지역출입 관리, 고위간부 경호, 고위층 특별사찰, 북남행사정보수집 공작, 군대장비전투준비 감독, 군사기밀 보호, 군사범죄예방 수사, 군사간첩 적발, 군정치적범죄 내사, 외화벌이업체 운영 등이다. 보위성 업무 최우선 핵심은 보다 전문화되고 수준 높은 단계에서 북한 김일성 3대의 세습독재 독재체제를 유지하는 것이다.

유엔북한인권이사회는 북한체제 보위성에 대해 "국가안전보위부(현 보위성)는 사실상 반인도범죄에 해당하는 모든 조직적이고 광범위한 중대한 인권 침해에 연루되어 있다. 1972년 설립되어 모든 기관들, 모든 사회의 부분들에 배치된 거대한 정보원의 네트워크를 포함한 수만 명의 지도원들을 보유하고 있다. …… 국가안전보위부는 5만 명 이상의 요원들을 보유하고 있으며, 북한사람 100명당 1명 이상의 정보원을 운영하고 있으며 북한사람 약 30만 명이 국가안전보위부 유급정보원"$^{40)}$이라고 보고하고 있다. 북한 인구 대비 과도한 숫자가 독재체제 폭압 기관에 종사 중임을 알 수 있다.

북한체제의 경찰 역할을 하는 보안성 임무는 김정은 결사옹호 보위,

노동당체제보안사업 총괄수행, 인민재산생명 보호, 사회적치안질서 유지, 주민사상동향 감시, 주민성분 분류, 시설건설도로 관리, 소방사업, 지진관리, 지하철 관리, 교화사업, 외화벌이 등이다. 보안성은 북한체제의 안정을 위해 보다 일반적인 대중적인 주민관리 업무들이 주류를 이룬다.

유엔북한인권이사회는 북한체제 보안성에 대해 "인민보안부(현 보안성)는 국내치안, 사회통제와 기본적인 경찰기능을 수행한다. 인민보안부는 폭동 진압에 대한 역할도 맡는다. 인민보안부는 모든 작은 마을, 시의 지역에서 보안서를 운영하고 있다. 시 군 도 및 국가적 차원에서는 더 큰 심문 구금 시설들을 운영 중에 있다. 인민보안부는 20만 명 이상 상임 직원들을 보유하고 있다. 인민보안부는 반인도적 범죄를 수반하는 중대한 인권 침해가 범해지고 있는 곳이다. 일반감옥과 단기 노동 구금 시설을 관리한다. 인민보안부는 몇몇 정치범수용소를 관리한다"[41]라고 보고하고 있다.

독재자들은 충성집단에 대해 상대적 특혜를 주어 체제를 유지하고 있다. 이와 관련 북한 독재체제가 보위성원들, 보안성원들에 대해 어떤 특혜를 주고 있는지 살펴보자.[42] 보위성원들과 보안성원들은 북한 내부에서 군인 신분이다. 북한군과 동일한 피복과 식량을 지급 받는다. 현재는 일반주민에게 중단된 북한 식량공급도, 90년대말 경제난이 극심했던 일정기간 외 현재도 공안 기관원들에게는 우선적으로 식량 배급이 진행되고 있다. 특히 보위원들은 일반 군인이나 보안원보다 1계급씩 더 높게 특별 대우를 받는다. 동일 계급보다 봉급이 130% 정도 더 수령한다. 복무기간도 70세까지 특혜를 준다. 보위원은 중국접경지역을 수시 통행할 수 있는 국경상시 통행증도 있다. 범죄현장에서 수사할 수 있는 긴급수사원증도 발급받는다. 개인 비리도 정치적인 범죄가 아닌 경우 대부분 아무 처벌도 받지 않고 면책이 된다.

## 나. 정치적 함의

모든 독재자들은 유사시를 대비하여 스스로를 위한 비자금을 반드시 숨겨둔다. 정치적 통치자금을 사적으로 운영하는 시스템이 있다. 따라서 모든 독재자는 소수 선택된 충성집단에 사용할 자금 확보를 우선시한다. 독재체제 내 어느 경제활동의 이익보다 이를 더 중시한다.

북한독재체제의 장기간 경제난은 폭압기관 통치에 누수를 발생시키고 있다. 북한독재체제 폭압 기관원들은 1990년대 말 이전까지 김일성 부자에 대해 세뇌받은 그대로 충성심과 혁명관이 가장 강한 집단들이었다. 그러나 극심한 식량난을 겪게 되자 충성심이 흔들리고 있다. 한국에 귀순한 북한 보위성원 윤대일은 그의 저서에서 "1990년대 말 당시 식량난으로 배급이 끊겨 가족들까지 굶는 것을 경험했다. 이때에 가족과 자신을 먼저 생각하게 되었고, 수령과 당에 대한 배신감까지 생겼다"고 말하고 있다.

이는 시사하는 바가 매우 크다. 북한 내 소위 '고난의 행군' 이전 시절은 충성심이 정치적인 신념에 의거했지만, 장기간의 경제난이 심화되어 생존의 위협에 처하자 이들조차 충성심이 흔들리고 있음을 알 수 있다. 2015년 2월 25일 데일리NK는 2월 24일 국회 정보위 보고를 인용하며 탈북자와 관련해 김정은이 "튀다 튀다 이제는 보위부까지 튀냐?"고 말했다고 보도했다.

독재체제 독재자의 통치자금을 차단하는 것은 독재자의 목을 실제로 죄는 것과 같다. 독재체제 재정위기는 곧 정치적 내부 체제붕괴 위기를 의미한다. 독재자는 통치 재화가 없으면 제일 먼저 체제 내 주민들의 돈을 훔친다. 이는 국가경제 파괴를 이끈다. 이 단계에서 충분한 돈을 확보하지 못하면 내부 체제붕괴의 정치적 위기에 처한다. 따라서 국제사회는 자유민주 인권중시 차원에서 전체주의 독재자에 대해 금융 구제를 해서는 절대 안된다. 독재체제 폭압기관들의 자력갱생 대외경제 활동들도 보다 적극 차단해야 한다.

유엔북한인권조사위는 탈북한 보위부요원이 "모든 기관에게 매년 벌어야만 하는 외화 할당량이 주어졌다. 당국은 돈이 어디서 오는지 신경쓰지 않았다. 요원들은 무슨 짓이든 하지 않을 수 없었다. 북한당국의 마약공장 창고에서 무기와 마약을 획득해 중국에 넘겼다"고 진술했다[43]고 보고하고 있다. 북한 독재자는 이미 폭압기관들을 지원할 자금 여력을 잃어가고 있는 중이다.

# 7. 북한체제, 폭력통제 인권침해

## 가. 폭력통제 사상강국

정치학자 C. Merriam은 독재체제의 정치적 물리적 강제력에 대해 "폭력 행사는 권위의 최고 표시가 아니라, 현재 시점의 최대의 실정을 고백하는 것"[44]이라고 평가했다. 이성을 가진 인간을 지속적으로 폭력적으로 강제해 나가는 것은, 이미 정상적인 정치체제가 아니기 때문이다.

독재체제 통치자들은 소수 정적은 은밀히 또는 각종 죄목을 만들어 공개적으로 제거한다. 또한 다수 반대진영에 있는 주민들에 대해서는 군대, 경찰을 통한 물리적 폭력을 동원해 체포하여, 정치범수용소나 교도소에 장기간 감금 하는 등 정치적 통제방법을 사용한다. 독재체제에 반대하는 반항자들에 대해 정치적 경제적 사회적 지위를 박탈하고 벌금을 부과한다. 이를 통해 생활 기반을 붕괴시켜 개인의 가치들을 제거하는 등 징벌적 조치들을 단행한다.

또한 독재자들은 정치적인 카리스마를 조작하고, 대중심리를 활용한 대규모 정치행사를 진행한다. 측근 체제보위 통제기관들에게 무소불위의 대주민들 폭력통제를 공공연히 허용한다. 따라서 독재체제 주민들은 심리적으로 매우 위축된다. 군중심리에 의해 복종이 강행되는 현상이 일어나지만, 대부분 주민들은 이런 현상들을 의식조차 못하게 된다.

어떤 독재체제가, 인류 보편적 가치관과 무관하게, 강제적 폭력적 물리적인 힘을 동원, 상시적으로 주민들을 통제해 나간다면 합리적 합법적 정치권력이 이미 아니다. 특별 상황도 아닌데 주민 일상적 생활을 통제하는 정치체제는, 그 권력에 대한 위기와 한계가 이미 최고점에 도달했다는 것을 자인하는 것이다.

유엔북한인권조사위원회(COI)는 매년 북한독재체제의 인권유린 폭력통제에 대한 최종 보고서를 발표하고 있다. 보고서는 "북한에서 현재도 고문, 가혹행위, 정치범수용소, 강제실종 등 인권유린이 지속되고 있다. 이런 폭력적 통제는 북한 최고위층이 수립한 정책에 따른 것이다"라고 명시하고 있다. 또한 "북한 경찰과 보안요원들은 중대한 인권침해에 해당하는 폭력 처벌을 조직적으로 행사한다. 공포 분위기를 조성해, 북한체제와 이를 뒷받침하는 이념에 대한 어떤 도전도 사전에 제거한다. 여기에 관련된 기관이나 관계자들은 이러한 인권침해에 대해 어떠한 책임도 지지 않으며 처벌도 받지 않는다"고 지적하고 있다.

이어 "구금 처형 실종을 포함한 북한의 중대한 인권침해는 북한보안기관의 다양한 하위조직이 고도로 중앙에 집중되어 있기 때문에 발생한다. 국가안전보위부(현 보위성), 인민보안부(현 보안성), 인민군보위사령부(현 보위국)는 정기적으로 정치범혐의로 기소된 사람을 자의적으로 체포하거나 장기간 독방에 감금시킨다. 가족들은 이들 행방, 운명에 대해 전혀 알 수 없다. 따라서 정치범으로 수감 된 사람들은 강제실종 피해자가 된다. 피의자를 행방불명 처리해 버리는 것은 주민 공포감을 주입시키려는 의도적 조치"[45]라고 보고하고 있다.

미국의 국무부[46]는 "북한 인권상황은 세계 최악이며, 수감시설에서 고문이 자행되며, 여건이 매우 열악해 생명을 위협하는 수준이다. …… 북한법률은 자의적 체포구금을 금지한다고 되어있으나 준수되지 않는다. 피구금자 구금 적법성에 대한 이의 제기나 공정한 재판을 받을 장치도 없다. …… 북한체제의 사생활에 대한 자의적인 개입과 검열, 평화적 집회결사 권리의 간섭 등 주민생활 많은 부분이 엄격히 통제되고, 종교자유, 이동자유, 정치참여 자유도 심각하게 제한 중에 있다"고 밝혔다.

최근 북한체제는 보위성원들에게 사안에 따라 주민들을 즉결 처분할 수 있는 권한도 부여하고 있다고 언론에 보도되고 있다. 보위성원들 마음대로 주민들을 사살하거나 구금할 수 있다는 말이다. 이는 공포정치의 최고 수준을 보여주는 것이다. 북한 독재자가 체제보위기관원에게, 물론 사안별로 다르지만, 즉결 처분을 허용했다는 것은, 북한체제가 이미 심각한 수준의 비정상 체제상황에 직면했음을 방증한다.

## 나. 정치적 함의

북한사람들 2,300만 명은 이미 개인의 행복추구권이 없다. 인간적 존엄성조차 없다. 이들은 북쪽에 태어났다는 그 한 가지 이유로 오직 독재자 1인을 위해 운명적으로 살아야만 한다. 자유도 없다. 개인이 가고자 희망하는 곳, 갖고자 하는 직업, 원하는 모든 것을 마음대로 할 수 없다. 심지어 이를 비관해 자살하는 경우에도, 살아있는 그 가족조차 '반동분자의 가족'이라는 명분으로 연좌책임의 고통을 당하게 한다.

"저는 북한 공훈체육인으로서 북한에서 먹고 살만했어요. 아내와 결혼하려고만 탈북한 것은 아니고요. 나중에 내 아이를 여기(북한)에서 낳아 키울 수 없겠다는 생각에 나온(탈북)거죠. 내 힘으로 내 인생을 살 수 없는 곳이니까"(출처, 2020.4.11. 조선일보 B1, 탈북 북한 유도 남자선수 이창수 증언)

북한 독재체제는 북한사람을 정치권력으로 효율적으로 통제하기 위해 과거 소련이 이식한 그 방식 그대로, 사회 전체를 당과 기관과 근로단체와 인민반으로 세분한 조직들을 운영하고 있다. 북한사람들은 이미 차려진 조직들에서 신민화된 정치의식으로 살아가야 한다. 신체적 뇌수가 되는 독재자를 위해, 수족이 되는 주민들은 주인인 독재자를 위해 주어진 일만 충성해야만 한다.

북한 김정은 독재체제는 선대로부터 이어져 온 주민들에 대한 폭력통제를 지속 중이다. 이는 북한체제가 여전히 정치적인 정통성이 없다는 것을 자인하는 것이다. 문제는 70년 이상 북한사람들이 대외적 비교의식 없이 통제되고 차단되는 상황이 지속된 결과 이를 자연스럽게 받아들이고 있다는 점이다. 이 결과 역설적으로 북한체제는 이제 자신들이 스스로 "사상강국이 되었다"고 세계에 자랑하고 있는 지경에 이르렀다.

그러나 인간은 인간이다. 사상교육을 통해 완벽하게 인간들을 개조하기는 불가능하다. 그런 역사적인 사례는 찾을 수 없다. 만약 완전한 개조가 된다면 이는 인간이 아니다. 더구나 잘못된 내용을 물리력 폭력을 통해 교육하는 것도 그 한계가 있기 때문이다. 그러나 이 문제에서 북한은 자유롭지 못하다.

미국 국무부가 최근 발표한 바와 같이 북한은 세계 최고의 폭력통제 인권침해 전체주의 체제이다. 북한체제는 주민들을 공포심을 조장해 통제한다. 북한체제는 정당하지 못한 지배이데올로기인 김일성김정일주의를 태어나서 죽을 때까지 강요하며 이를 내걸고 모든 사람들을 통제한다. 10대원칙을 통해 주민들 일상의 생활지침에 대한 정치의식도 강요한다. 모든 것은 유일사상과 혁명적수령관의 체화에 있다. 물리적 정신적 폭력이 동시에 진행되고 있다. 주민들은 김일성 3대에 대한 충성심에 따라 생사 여부가 결정된다. 소위 반동계급은 가장 먼저 식량부터 통제된다. 북한 사회 곳곳에서 강압과 공포와 처벌이 일상화되었으며 공개처형이 수시로 진행되고 있다. 일반 자유민주체제 국가들에서는 상상조차 할 수 없는 일이 일상적으로 일어나고 있다.

인류 보편적 시각으로 우리는 북한사람들을 구해내야 한다. 북한사람은 이미 다른 정치의식을 지닌 지 오래되었다. 외모와 언어 등은 같지만 이미 모든 면에서 전혀 다른 사람들이다. 유엔과 한국과 미국은 북한체제의 책임자 독재자에게 북한사람들에 대한 반인도적 범죄를 그만두도록 압력을 가해야 한다. 수시적·정기적으로 이를 제기하고 검증하는 등 압박을 지속해 나가야 한다.

북한인권기록보존소를 통해 북한 내 인권침해 사범들에 대한 형사소추 처벌에 필요한 자료들의 기록도 보존해 나가야 한다. 그리고 이를 대내외에 알려 견제해 나감으로써 북한사람들의 생명을 한 명이라도 더 구제해야 한다. 남북대화 등을 비롯한 각종 대북회담에서 폭압통제와 인권침해 문제를 의제화하고 압박을 가해야 한다. 북한 독재자도 궁지에 몰리면 살기 위해 움직일 수밖에 없다. 이는 역사적으로 전체주의 독재체제 통치자들의 특성이었다.

아울러 북한 내부에 인권의식을 전파하고, 정기적인 유엔인권이사회 현장조사 인력도 투입되도록 조치해야 한다. 러시아 중국도 더 이상 방관자이자 비협조적 자세를 견지하지 못하도록 여타 국제사회가 협력해야 한다. 종교자유가 보장되도록 압박을 가해야 하며, 폭압기관들에 대한 견제장치도 강구 해야 한다. 인도적인 식량권이 보장되도록 지원하되 주민들 접근권이 허용되도록 해야만 한다.

그간 국제사회는 북한에 대해 위와 같은 내용들을 일부 시도해 왔지만 아직 그 실행 효과들이 미미하다. 오히려 북한이 이를 경제적 이익 추구 창구로 활용중에 있다.

## 8. 북한체제, 종교특성 도용

### 가. 공산주의 체제, 종교적 특성 도용

마르크스는 "종교는 불행에 억눌린 인간의 한숨이며, 무정한 세계에 대한 감상이다. 종교는 민중의 아편이다"라고 비난했다. **김일성도 "종교는 일종의 미신입니다. 예수를 믿든 불교를 믿든 그것은 역사적으로 다 미신입니다. ······종교는 지배계급 수중에 장악돼 인민을 기만하며 착취 억압하는 도구로 이용되었고, 근대에 들어 제국주의자들이 후진국가 인민을 침략하는 사상적 도구로 이용되었습니다."** [47]라고 매도했다.

이와 같이 종교를 근본적으로 부정하는 이런 행태에도 불구하고 공산주의 이념을 지향하는 체제들은 한결같이 제도적 측면에서 종교적 특성을 그대로 도용했다. 여기서는 Marcin Kula[48]의 『종교로서의 공산주의』[49] 주요 관점을 북한 신정체제와 유추적으로 비교 분석하였다.

역사적 시간적 관점에서 봤을 때, 공산주의는 많은 부분 종교를 닮았다. 공산주의는 종교를 매우 탄압했음에도, 다양한 측면에서 오히려 종교 시스템을 차용 활용한 것은 매우 역설적이다. 종교에 '인간들의 운명이 신의 예정된 의지에 따른다'는 예정설이 있다. 공산주의도 '인류의 목적이 원시에서 노예제로 봉건제로 자본주의로 사회주의 순서대로 진전되는 역사적 예정 계획 수행'을 주장한다. 종교의 '희생을 통한 인류구원'이라는 종교역사철학과 대응해, 공산주의는 '혁명을 통한 사회주의 지상낙원 도래'를 제시한다.

진리의 독점과 권위의 독점 면에서, 종교에서 초신자는 누군가를 통해 일정 기간 궤도에 이를 때까지 단계별로 인도해 주는 제도가 있다. 공산주의도 입문 초기에, 공산주의 사상에 대한 이론적 설명 대신, 환경에 익숙해지도록 일정 기간 이끌어 주는 초기과정들이 있다. 종교는 교리에서 순종과 영혼을 내놓는 것을 당연시한다. 공산주의도 당원들에게 무조건적 복종을 똑같이 강요한다. 종교는 추론과 결정 과정에서 합리적 근거가 부족한 것을 확실한 종교 교리로써 이를 보전한다. 이런 면은 공산주의도 마찬가지이다. 종교는 종교 진리를 전 세계를 대상으로 전도하는 것이 목표이다. 공산주의도 전 세계 공산화를 공공연히 제시한다. 종교는 이단 교리에 대해 매우 부정적이다. 공산주의도 당노선에 다른 입장을 지닌 분열주의자에 대해 가혹하다. 종교는 하나님 은혜 가운데 거듭난 인간으로 이전과 다른 삶을 사는 새로운 인간을 강조한다. 공산주의도 공산주의 혁명의식으로 무장된 혁명전사로 사는 것을 목표하는 새로운 인간상을 주창한다.

공동체와 교단 규율 면에서 종교는 국내적 국제적 교구안에서 신자 공동체 구성을 이룬다. 공산주의도 세계 각국의 공산주의 체제 내 다양한 공동체의 건설을 통해 활동하고 있다. 종교는 신자들 상호간에 형제자매로 지칭한다. 공산주의도 조직에서 형제애 감정을 수시로 강조한다. 종교는 순종과 희생과 헌신을 규정하여 이를 준행한다. 공산주의도 공산주의 규율과 조직에 무조건 복종할 것을 요구한다. 종교에서는 종교를 믿다 그만두는 경우도 발생한다. 공산주의 역시 투쟁 과정에서 탈당하는 일이 발생한다.

성인(聖人)의 숭배 면에서, 종교는 순교자를 찬양하고 이를 기리는 예배를 진행한다. 공산주의도 레닌과 스탈린을 신과 같이 경배하며 공산혁명 영웅을 양산해 이를 따라 배울 것을 강조한다. 카톨릭에 '죽은 자가 우리와 함께한다'는 교리가 있다. 공산주의도 소위 위인들 우상화로 '죽은 자가 산자를 인도하는' 정치를 하고 있다. 카톨릭은 성인들 유해를 받들어 모신다. 공산주의도 역시 시신을 방부처리 해 보관한다. 모스크바의 레닌, 소피아의 드미트로프, 프라하의 고트발트, 하노이의 호치민, 베이징의 마오쩌뚱, 평양의 김일성김정일 부자 등이 있다. 레닌의 묘는 공산주의자들에게 예수님의 무덤과 같은 성지(聖地)역할을 하고 있다. 공산주의 유물론에 의하면, '시신은 단지 물질'일 수밖에 없다. 그럼에도 이에 대해 집착하는 것은, '유해를 소유하고 있는 자에게 정치적 정통성을 부여해 주는' 역할을 하기 때문이다.

기념일과 기도서 면에서, 종교는 유월절 수난절 부활절 등 예배력이 존재한다. 공산주의도 소련공산당약사에 의거 노동자절 어린이절 교사의 날 등 축일을 기념한다. 카톨릭은 종교축제 때 성자들의 유골함을 들고 행진한다. 공산주의도 노동자절에 지도자 초상화들을 들고 행진한다. 종교에서 예배 시 집단적인 신앙고백을 한다. 공산주의도 당대회 시 참석자들이 기계적 암기연설과 복창을 진행한다.

이러한 종교와 공산주의 체제 간 유사성을 지니게 된 근본 원인들은 선과 악, 광명과 암흑, 하나님과 사탄 등 인간사고 속 대립자들 간 투쟁에 대한 비전에서 비롯되었다고 분석된다. 종교는 내세의 영원한 천국을 지향하지만, 공산주의는 현세의 지상천국을 목표로 한다. 그럼에도 불구하고 공산주의는 종교를 극렬하게 탄압했다. 역설적으로 공산주의는 이 과정에서 오히려 종교의 많은 부분들을 도용, 차용, 전용하는 모습들을 보인다.

일반적으로 종교의 구성요소는 신조(信條 creed), 의식(儀式 cult), 법전(法典 code), 공동체(共同體 community)로 되어 있다.[50] 기독교 구성요소를 기준으로 북한체제의 종교적 특성의 도용 내용을 분석해 보자.

기독교에서 신조는 "신앙의 핵심 내용인 기독교 교의를 말하며, 교회에서 공식적이고 권위 있게 가르치고 고백하게 해야 할 참된 진술을 가리킨다. 신조는 신학적 문서로 교리교육용 성격이 강하다"[51]라고 정의하고 있다. 북한체제에서 신조는 유일적영도체계확립10대원칙, 주체사상과 그 해설서, 선군사상과 그 해설서, 노동당원규범, 소년단 등 단체가입선서, 인민군10대준수사항 등으로 볼 수 있다. 북한체제는 이런 신조들을 정치의식 사상교육을 통해, 독재자 수령에 충성하는 인간들의 양성을 목표로 한다.

기독교에서 의식은 예배를 지칭한다. 성경 요한복음 4장 20절에는 "예배는 하나님을 향한 존경과 경외심이 수반된 엄숙한 섬김과 교제의 행위"라고 기록되어 있다. 또한 "유일한 예배대상인 하나님을 의식하며 전인격에서 우러나오는 경외심을 가지고 경배하고 하나님의 높으심과 그 은총을 찬양하며 섬기며 순종하고 교제하는 거룩한 행위"[52]라고 정의한다. 북한에서 가장 중요한 의식은 소위 1호행사이다. 김일성김정일 김정은 동정과 연계된 최고 수준 행사이다. 즉 중앙보고대회, 현지지도 등 외부 행사이다. 소위 김일성 생일 태양절, 김정일 생일 광명성절 등 독재자 관련 각종 절기와도 관련된다. 이때 북한사람들은 김일성과 김정일에 대한 찬양곡을 부르고 손뼉 치고 공경의식을 엄정하게 진행한다. 사회자는 엄숙하고 장중한 음성으로 시종 독재자들의 지난 행적을 극존칭을 사용해 미화 칭송하고 생전 교시와 말씀을 따라 배우고 실천할 것을 강조하고 맹세한다. 북한사람 가정, 직장 등 일상생활에서 발생하는 김일성 3대 관련 모든 행위들은 종교적 예배의식과 같다고 볼 수 있다.

법전의 일반적인 의미는 국가가 정한 체계적인 성문 법규집을 의미한다. 기독교에서 법전은 성경 출애굽기 21장 1절과 31절에 "의로우신 하나님이 세상을 다스리시는 규범으로서 법과 그 법이 정한 규례 곧 율례"라고 기록되어 있다. 북한체제에서 법전은 주체사상에 기초한 소위 수령론의 영도예술론과 비교된다. 주체사상에서 수령의 영도예술 내용은 "영도예술은 전투적 구호 제시, 대중운동의 조직과 지도, 혁명적 사업방법, 인민적 사업작풍 등 대중동원의 위력한 방법들로 구성되어 있다"고 주장한다. 또한 "영도예술은 김일성동지가 민족해방투쟁, 민주주의혁명, 사회주의혁명, 사회주의건설 등 모든 단계 혁명투쟁, 사회개조,

자연개조, 인간개조를 위한 모든 분야 투쟁을 승리적으로 영도하며 창조한 영도예술, 지하혁명활동, 무장투쟁, 당과 국가, 경제기관 근로단체, 사업과 정치·경제·문화·군사 등 모든 사업을 몸소 진두지휘하며 확립했다"[53]고 선전한다. 즉 우상화로 미화 찬양된 수령의 과거 행적 자체가 북한을 통치하는 법전의 근거이다.

공동체에 대해 기독교는 "생활과 운명을 같이하는 조직체, 혈연이나 지연 또는 공동의 이해관계나 목적을 바탕으로 이루어진 사회집단으로 공동사회, 예수그리스도를 중심으로 하나 된 사람들 연합체 혹은 교회"[54]라고 정의한다. 북한에서 종교적 의미 공동체는 북한 자체라고 말할 수 있다. 일찍이 북한은 북한이 '사회주의 대가족체제, 같은 식솔'이라고 지속적으로 선전해왔다. 북한 내부에서 가장 대표적인 것은 김일성유일사상 신정정치교육을 체제 차원에서 지속적으로 교육 중인 김일성김정일주의연구실이라고 할 수 있다. 북한 내 모든 기관들이 자체적으로 자신들이 김일성의 가장 충실한 조직이라고 충성 경쟁하고 있다. 북한 모든 기관들은 당적 지도를 받는다. 당적 지도란 궁극적으로 김일성김정일김정은의 지도를 말한다.

## 나. 정치적 함의

신정정치의 사전적 의미는 정치적 권력과 종교적 권력의 결합을 의미한다. 즉 이를 달리 표현하면 통치자의 명령이 곧 법이라는 말이다. 피통치자는 외적인 통제대상이 되는데 그치지 않고 내적인 정치의식까지

지배당하게 된다. 신정적 통제에는 통치자와 피통치자를 아우르는 가장 중요한 경전이 필요하다. 북한체제에서 주체사상은 성경과 같은 역할을 한다. 주체사상은 김일성사상, 김일성주의, 김일성김정일주의로 지칭되며 북한사람들의 의식과 행동을 철저하게 통제하는 기준이 되고 있다. 유일사상을 강조하며 김일성을 신격화한 것은, 실제 유일신을 믿는 기독교를 참칭하는 것과 같다.

북한에 종교의 자유가 없다. 여기에 재론의 여지가 아예 없다. 그런데 대외선전용으로 평양에 봉수교회 칠골교회 등 교회 3개와 북한 전역에 520여개 가정예배소를 운영하고 있다. 종교의 자유와 교회가 있다는 것은 전혀 다른 의미라는 것을 북한 스스로 전 세계에 보여주고 있다. 북한의 헌법 68조에는 대외선전용으로, 신앙의 자유를 명시하고 있다. 그러나 이는 사실이 아니다. 신앙의 자유는 없다. 탈북자들은 북한에 교회가 있다는 사실조차도 모른다. 북한사람들은 심지어 종교라는 말조차 모른다. 그럼에도 북한체제는 종교적 특성을 도용중에 있다.

북한체제의 '신정통치적 3대 특징'[55]을 분석해 보면 다음과 같다. 우선 북한독재체제는 '김일성중심론'이라는 점이다. 이는 북한의 모든 문제에 김일성 3대가 중심이라는 관점이다. 세계와 달리 주체 연호의 사용, 정치 경제 사회 군사 문화 체육 등은 물론 모든 피통치자 북한사람들 의식세계까지 김일성이 그 중심에 있다. 이는 기독교의 하나님께서 모든 우주 만물과 인간 세상의 생사화복을 주관하시고 역사하시는 중심에 하나님이 계신 것과 같다고 비교할 수 있다. 기독교 신학의 핵심은 하나님

중심이다. 북한체제의 핵심도 소위 북한의 신 김일성중심이다.

둘째는 '북한식 삼위일체'에 있다. 신적 경지의 김일성은 김정일이며 김정은이라는 표현이다. 북한은 실제 내부적으로 공공연히 "김정은이 김일성이고 김정일"이라고 정치교양한다. 북한은 "대를 이어 계속되는 혁명의 길에서 수령이 생존해 계실 때나 수령이 서거한 후에나 변함이 없는 절대적인 충정의 마음을 안고 수령을 영원히 높이 모시는 여기에 수령에 대한 참다운 충실성이 있으며 수령의 사상과 위업을 끝까지 충직하게 받들어 나가는 혁명전사의 근본자세와 립장이 있다. …… 경애하는 김정은동지는 곧 오늘의 위대한 수령 김일성동지이시며 위대한 령도자 김정일동지"[56)]라고 선전선동 중이다.

기독교에서 하나님 예수님 성령님 즉 3위께서는 한분이시며 일체이시다. 기독교에서 신정통치는 하나님의 통치이고 그리스도 예수님의 통치이고 성령님의 통치를 의미한다. 현재 북한체제 김정은의 통치는 마치 김일성과 김정일이 살아서 통치하는 것을 의미한다. 북한사람들 의식 속에 김일성 3대가 그대로 각인되어 최면적인 후광효과를 내고 있다. 죽은 자가 산 자를 통치하는 데 아무 거리낌이 없도록 북한체제가 정교하게 조작됐다고 볼 수 있다. 김일성과 김정일은 북한주민들 정치의식속에 정치종교적 신정정치적으로 영생하고 있다.

셋째는 소위 '북한식 영생론'이다. 주체사상에 사회정치적생명체론이 있다. 이는 김정일이 주체사상에서 "개인의 육체적 생명은 끝이 나지만 수령을 위해 목숨을 바친 사람들의 사회정치적생명은 사회정치적생명체와 같이 더불어 영생하게 된다"[57]는 논리이다. 이 말은 김일성 3대를 위해 주민들이 목숨을 희생하라는 다른 표현이다.

칼빈은 『기독교강요』에서 "인간은 두 부분으로 구성되어 있으며, 이것은 영혼과 육체이다. 인간이 죽게 되는 경우 육체는 영혼의 부산물로써 일시적 피난처이다, 영혼은 거룩하게 불멸하게 된다. 육체는 한시적 정치적 질서이며 영혼은 영원한 영적 질서이다. 정치적 질서는 영적 질서를 위해 존재한다"고 설명했다. 칼빈은 인간 세상에서 영적 통치와 정치적 통치가 결합하면 온갖 권력 남용이 가져올 수 있다고 경고한다. 정치적 통치가 영적인 통치까지 침범해서는 절대 안된다고 말한다[58]. 그러나 북한 독재 신정체제는 북한사람들을 영적 통치와 정치적 통치를 결합, 실생활에서 가혹하게 신정통치 중에 있다.

# 제2장 북한사람 대남대적 정치의식

## 9. 북한 대남대적, 폭력혁명 김일성 교시

### 가. 폭력혁명 교시

북한에 체제를 이식한 소련의 스탈린은 폭력혁명에 대해, "폭력혁명이 없이, 프롤레타리아 독재가 없고, 낡은 부르조아 제도를 근본적으로 개조할 수 없다. …… 부르조아 민주주의 테두리 안에서 혁명을 평화적으로 수행할 수 있다고 생각하는 것은 정상적인 인간들이 아니다."[1]라고 교시했다.

북한은 70년 이상 스탈린 방식 폭력혁명을 계속 고수하고 있다. 북한은 6.25동란 침범과 이어 장기간 대남테러와 무력도발을 이어가고 있다. 그러면서 자신들이 한반도에서 유일한 평화세력이라며 대남 선전선동 중이다.

김일성은 이미 **"노예적 굴종이 가져다주는 평화는 평화가 아니다. 평화의 파괴자들을 반대하여 투쟁하며, 노예의 평화를 반대하여 억압자들의 통치를 뒤집어 엎지 않고서는 진정한 평화를 달성할 수 없다."** [2]라고 말했다. 소위 제국주의 미국을 "평화의 파괴자"로 호도하면서 주한미군을 한국에서 철수시키고 대남 무력침략을 이루려는 저의를 공공연하게 교시했다.

김일성은 **"폭력투쟁 없이 그 어떤 평화적 방법으로 남조선 인민들이 주권을 쥘 수 있다고 생각한다면 그것은 어리석은 환상에 지나지 않는다. 역사는 아직까지 그 어떤 식민지통치자나 반동지배층도 혁명적 폭력에 의하여 타도됨이 없이 스스로 인민 대중에 대한 자기의 지배를 포기하고 정권을 내놓은 실예를 알지 못하고 있다"** [3]고 말했다. 김일성은 오직 폭력을 통해 대한민국 체제를 붕괴시킬 것을 북한 내부에 유훈으로 남겼다.

또한, 김일성은 **"무장을 들어야 정권을 잡을 수 있다. 무장을 들지 않고서는 정권을 잡을 수 없다.…… 주권을 쥘려면 무장투쟁을 해야 하며 선거놀음을 해가지고서는 정권을 잡을 수 없다. …… 모든 투쟁 형태들 가운데서 가장 적극적이며 가장 결정적인 투쟁 형태는 조직적 폭력투쟁, 무장투쟁, 민족해방투쟁"** [4]이라고 말했다. 여기서 주목해야 할 김일성 언급 내용은 가장 결정적 투쟁 형태가 무력민족해방투쟁이라는 것이다. 이는 북한의 대남 무력침략을 지칭한다. 북한체제의 궁극적 대남목표는 전쟁방식 무력통일이다.

이어 김일성은 "전쟁을 두려워하는 것은 부르조아 평화주의의 표현이며, 수정주의적 사상조류입니다. 수정주의 사상에 물젖으면, 누구든지 염전(厭戰)사상에 빠질 수 있으며 제국주의자들 앞에 투항할 수 있다"[5]고 부언했다. 김일성은 평화 대신 전쟁을 우선으로 하는 대남 무력혁명을 북한체제에 독려했다.

북한에서 영웅 칭호를 받은 바 있는 자수한 남파공작원 김용규는 저서[6]에서 김일성이 1972년 8월 "계급적 원쑤들과 타협이라는 것이 있을 수 없습니다. 우리가 남조선 당국자들과 대화를 하는 것은, 대화를 통해서 유리한 고지를 점령하자는 데 목적이 있는 것이지, 그들과 타협을 해서 현상을 유지하자는 것이 아닙니다. 그리고 대화가 결렬될 경우에는 그 책임을 적들에게 넘겨씌워야 합니다. 동무들은 항상 이 점을 명심해야 합니다"라고 말했다고 전한다.

김용규가 수십 년이나 지난 김일성교시를 이렇게 정확하게 기억하는 것은 북한 사회이기에 가능한 일이다. 김일성교시에 대한 학습 내용을 수백 번, 수천 번 반복하여 자신의 신념으로 체화해야만 살 수 있는 곳이 북한이다. 교시를 내 것으로 적극 수용하는 것은 북한사람들에게 생사의 문제이다. 단순 정치사상교양 학습 차원의 문제가 이미 아니다.

북한이 매년 1월 1일 발표하는 김일성 3대 신년사는 노동신문에 게재되자마자 북한 전역에서 신년사 전체를 암송하는 자들이 며칠내 속출한다. 북한 내 각 기관들은 신년사 관철 결의대회를 모두 개최하며, 주민

들이 이를 체화하도록 강요한다. 상기 김용규와 같이 선별된 대남혁명
투사들은 상대적으로 이에 대해 더욱 철저할 수 밖에 없다.

## 나. 폭력혁명 정치의식 제고

북한에서 김일성교시는 모든 업무 중 최우선으로 관철해야만 한다.
여기에 예외가 없다. 북한은 이를 당의유일적령도체계확립10대원칙에
이것을 명문화했다. 북한사람은 철저히 암기하고 일상생활에서 이를 실
행해야 한다.

10대원칙 5번째 항목에는 "위대한 수령 김일성동지와 김정일동지의
유훈, 당의 로선과 방침관철에서 무조건성의 원칙을 철저히 지켜야 한
다. 위대한 수령님과 장군님의 유훈, 당의 로선과 방침을 무조건 철저히
관철하는 것은 당과 수령에 대한 충실성의 기본요구이며 강성대국 건설
의 승리를 위한 결정적 조건이다"라고 명시하고 있다.

그리고 세부 사항 첫 번째에 "1)위대한 수령님과 장군님의 유훈, 당의
로선과 방침, 지시를 법으로 지상의 명령으로 여기고 사소한 리유와 구
실도 없이 무한한 헌신성과 희생성을 발휘하여 무조건 철저히 관철하여
야 한다"[7]고 되어 있다. 김일성교시 폭력혁명은 북한체제가 현재 실행해
야 할 지상명령이다.

북한 김일성은 **"혁명의 길에서는 살아도 영광이며 죽어도 영광이**

다.······ **혁명적 절개를 꿋꿋하게 지키고 혁명가답게 장렬하게 최후를 마쳐야 한다**"[8]라고 교시했다. 북한 내 상기 10대원칙 10번째 세부조항에 "당중앙을 목숨으로 사수하여 영원히 우리 당과 생사운명을 같이 하여야 한다."라고 명시하고 있다. 당 중앙은 김일성 3대를 말한다. 현재 북한 당 중앙은 김정은이다.

북한이 이렇게 주민들에게 김일성 3대를 위해 목숨을 버릴 것을 장려하는 것은 폭력 추구 이슬람원리주의자들 행태와 유추된다. 이슬람경전 꾸란 4장 74절은 "저들(신자) 중 알라를 위한 내세의 싸움을 위해, 이 세상에서의 삶을 파는 자들, 그리고 누구든 알라를 위해 싸우며 그 가운데서 죽거나 승리를 취하는 자들에게, 우리는 크나큰 보상을 내릴 것"이라고 되어 있다. 호전적인 일부 이슬람 원리주의자들은 알라를 위해 목숨을 바칠 것을 요구하고 있다.

북한사람은 모든 조직에 반드시 포함되어야 한다. 그 조직들은 당의 지침에 따라 김일성 3대 세습 폭력혁명 지시를 철저하게 반복 하달한다. 유일사상에 준거한 사상투쟁의 전개와 비타협적 상호비판이 일상화되어 있다. 북한 내 김일성 교시와 김정일김정은 말씀은 모든 북한사람 행동의 기준이 된다.

북한사람은 매일 김일성 3대 초상화 앞에서 대를 이어 충성할 것을 맹세하는 것이 일상화되어 있다. 매일 직장별로 업무 시작 전후에 과업수행성과평가총화를 하며 귀가 후에 동네마다 마련된 김일성김정일주의연구실에서 일주일에 3일간 정치사상교양을 의무적으로 이수해야 한다.

또한, 토요일은 생활총화와 정치학습을 4시간씩 받아야 한다. 강연회, 연간학습과제총화, 매일 아침 노동신문독보회, 김일성김정일김정은 덕성발표회, 각종 기념행사, 노력동원 등도 반드시 참석해야 한다. 일상이 사상교양 정치생활이며 그 중심에 김일성 3대가 있다.

### 다. 정치적 함의

북한체제가 이식된 이래 70년 이상 자행된 모든 대남 무력도발 대남 테러의 중심에 김일성 교시가 자리하고 있다. 북한 김일성의 교시는 국제적 시대의 변화와 무관하게 북한체제 북한사람의 정치의식을 지배한다. 문제는 북한체제 자체가 신정정치적 특성으로 인해 이런 문제들을 내부적으로 견제할 장치조차 없다는 데 있다.

북한은 대남 폭력혁명, 대남 테러행위를 자행한 자들에 대해 내부적으로 이를 절대적으로 영웅시한다. 폭력적인 이슬람 원리주의자들과 같다. 북한체제 차원에서 소위 폭력혁명 영웅들의 행적에 대해 정치적으로 사회적으로 미화하고 권장하고 양산하는 시스템을 운영 중이다. 북한 사회는 이를 도덕적으로 정당화하고 모범화하며 소위 혁명가족들에게 상대적으로 파격적인 정치적 경제적 보상도 병행하고 있다.

김일성은, **"전쟁에는 정의의 전쟁과 부정의의 전쟁이 있고, 침략전쟁**

과 해방전쟁이 있습니다. 나쁜 것은 부정의의 전쟁이며 침략전쟁입니다. 그러나 우리는 부르조아 평화주의자가 아닙니다. 우리는 자기 민족을 해방하기 위한 민족해방전쟁과 자기 계급을 해방하기 위한 혁명전쟁같은 정의의 전쟁을 지지합니다"[9]라고 교시했다. 이는 김일성이 자신이 일으킨 6.25동란을 '정의의 전쟁, 민족해방전쟁'으로 미화하고 있는 것이다. 실제로 북한체제는 6.25동란을 소위 남조선이 북침했다고 거짓 주장하면서도 "민족해방전쟁, 조국해방전쟁"으로 지칭한다. 남침 사실을 왜곡하면서도 대내외적으로 이를 정당화시키는 정치사상교양 선전선동교시로 활용하고 있다. 엄중한 문제는 북한체제가 김일성의 교시를 받들어, 70년 이상 변함없이 새로운 이른바 '정의의, 민족해방'의 남침준비에 매진 중이라는 점이다.

1950년 6월 25일 북한이 남침한 6.25동란은 중요한 특징이 있다. 침략자 북한과 중국에 대항하여 한국과 미국 영국 프랑스 등 16개 엽합국이 대항해 전투를 벌였다. 그러나 6.25동란은 세계 여느 전투와 달리, 북한인민군이 짧은 점령 기간 동안, 한국 민간인들 수백만을 살상했다. 이는 북한 군인들이 비무장 한국 민간인을 살상했다는 점에서 세계전쟁사에 유례조차 없는 내용이다. 당시 북한군 사주를 받은 한국 내 좌경분자들이 한국 내 이웃들을 살상하는 데 동조해 나선 것도 특이한 비극적 현상이었다. 수많은 기독교인들과 공무원과 경찰과 군인과 지식인들과 기업인들과 그 가족들이 피해를 당했고 북한으로 납치되었다. 국군포로도 일부만 돌려보내고 아직까지 북한에 남겨두고 있다. 이 모든 것은 당시 김일성교시에 근거하고 있다. 당시 중공군도 미군은 회피하면서도 한국군만 골라서 선택적으로 전투를 벌였었다.

시진핑 중국국가주석, 2020년 10월 19일 베이징 인민혁명군사박물관에서 열린 소위 '항미원조전쟁70주년기념전시회' 개막식에 참석해, "중국 인민지원군이 정의의 기치를 높이 들고 북한 인민 및 군인들과 함께 싸워 항미원조 전쟁에서 위대한 승리를 거뒀으며, 이를 통해 세계평화와 인류의 진보에 큰 공헌을 하였다"[10]고 억지 주장

북한 김일성 교시는 현재진행형이다. 북한 10대원칙 10번째조항은 "김일성동지께서 개척하시고 김일성동지와 김정일동지께서 이끌어 오신 주체혁명위업 선군혁명위업을 대를 이어 끝까지 계승 완성할 것"을 명시하고 있다. 북한은 김일성은 김정일이고 김정은이라고 주창한다. 김일성의 폭력혁명의 교시는 유훈이 되어 대를 이어 가며, 김정은이 이를 현재 실천하고 있다.

"계급교양에서 중요한 것은 반제국주의 교육, 미국의 제국주의와 일본의 군사주의에 대항한 교양을 강화시키는 것이다. 그들은 조선민족의 원수이며 조선혁명의 타도대상이다. 우리는 당원들과 근로자들이 불굴의 의지를 갖고 싸울 수 있도록 반제국 반미항일교육을 강화하여야 한다. 우리는 또한 남조선의 매국자본주의자들과 반동분자관료들, 반인민파시스트적인 정권에 대한 증오심을 품도록 인민을 개조시켜야 하며, 타협의 여지없이 그들과 싸울 수 있는 정신으로 무장해야 한다."[11]

북한은 김일성의 대남폭력혁명 교시를 진척시키기 위한 노력을 지속 중이다. 북한체제는 수십 년간 지속 중인 경제난에도 불구하고 재래식

무기증강, 생화학무기 확충, 핵무기 등 WMD개발에 박차를 가하고 있다. 자유민주와 시장경제체제 대한민국을 전복시키기 위해 군사도발, 사이버테러, 요인암살, 남남갈등 조장 등도 병행하고 있다. 또한, 북한은 대남통일전선 제고차원에서 남북대화와 교류협력에 선별적으로 대응해 오면서, 그 저의를 은닉하고 평화세력으로 위장 호도 중이다.

# 10. 북한 대남대적, 민족주의 김일성 교시

## 가. 민족주의 김일성 교시

북한은 한반도 문제에서, '민족과 민족주의'를 내세우고 있다. 그러나 이율배반적으로 북한 내부에서는 '민족과 민족주의를 반동적 사상'으로 정의하고 있다. 북한 김일성의 '민족주의' 주장은 중국 모택동의 '민족통일전선'을 모방한 대남통일전선공작의 일환이다.

한국은 '민족'에 대해 "일정한 지역에서 장기간에 걸쳐 공동생활을 함으로써 언어 풍습 종교 정치 등 각종 문화 내용을 공유하고 집단귀속 감정에 따라 결합된 인간집단의 최대 단위로서 문화공동체"라고 정의한다. 즉 인간집단의 장기간 일정 지역 공동생활 문화공동체임을 의미한다. 또한 '민족주의'에 대해서는 "민족에 기반을 둔 국가형성을 지상목표로 하고, 이것을 창건 유지 확대하려고 하는 민족정신 상태나 정책원리 또는 활동"[12]으로 정의하고 있다. 민족주의는 민족을 중심으로 한 국가건설의 정신적 활동을 의미한다.

북한은 민족에 대해 "오랜 력사적 기간 자주성을 위한 투쟁을 하여 오는 과정에 언어와 피줄, 령토와 문화 공통성 그리고 경제생활의 공통성에 기초하여 이루어진 사람들의 공고한 집단"이라고 정의하고 있다. 민족을 정치적으로 반제국주의 혁명과, 경제적으로 공산주의 경제적 가치관을 지닌 투쟁의 공동체를 전제로 하고 있다. 민족주의에 대해서는

"부르죠아 사회에서 착취계급의 리익을 민족 전체의 리익인 듯 하면서 다른 민족을 침해하고 민족들 사이 대립과 반목을 조장하는 반동적 사상 …… 프롤레타리아 국제주의 원칙과 어긋나게 자기 민족의 리익을 위한다는 구실 밑에 다른 민족을 멸시하고 배격함으로써 민족들 사이 불화와 반목을 조성하는 반동적 사상"[13]이라 정의한다. 기본적으로 민족주의는 공산주의와 정면 배치됨[14]을 알 수 있다.

북한이 소련 철학사전을 모방하여 만든 북한『철학사전』에는 민족주의에 대해 "민족주의는 계급적 리익을 전민족적 리익으로 가장하여 내세우는 자본가 계급의 사상이다. …… 남조선 미제 앞잡이들이 자기들의 매국배족적 행위를 숨기기 위해 민족성이요 민족주체의식이요 하면서 민족주의 가면을 쓰려고 하나 그 어떤 술책으로도 자기의 반동적 반인민적 정체를 숨길 수 없다"[15]라고 정의하고 있다.

김일성은 대내적으로 민족주의에 대해, **"사회주의적 애국주의는 민족배타주의와 하등 공통성도 없습니다. 사회주의는 본질에 있어 국제주의적입니다"**[16]라고 말했다. 또한 김일성은 **"민족주의는 인민들 간 친선관계를 파괴할 뿐만 아니라 우선 자기 나라 자체의 민족적 이익과 근로대중의 계급적 리익에 배치됩니다"**[17]라고 주장했다.

이어 김일성은 **"우리는 온갖 부르조아 민족주의와 배타주의를 배격합니다. …… 부르조아 민족주의와 배타주의는 프롤레타리아 국제주의 및 사회주의 애국주의에 적대되며 대중 속에서 진정한 애국주의의 건전한**

**발전을 방해합니다"[18]**라고 말했다.

북한은 소련의 영향으로 국제공산주의 세력 확장에 방해가 되는 각국 민족주의를 초창기부터 배제해 오는 데 적극 동조했다. 김일성 말은 북한이 괴뢰정권 초창기부터 근본적으로 민족주의 자체를 부인하고 있었다는 증거다.

그러나 위의 내용들과 정반대로 김일성은 민족주의에 대해, 1991년 4월 대남적으로 소위 '전민족대단결 10대강령'을 작성하여 발표하였다. 같은 해 8월 1일 '우리민족의 대단결을 이룩하자' 제하 담화에서 **"통일을 위해 중요한 것은 첫째도 둘째도 셋째도 민족대단결"**이라고 말했다. 김일성은 자신이 **"공산주의자인 동시에 민족주의자, 국제주의자"**라고 말했다.

또한 김일성은 북한정권수립 43주 기념보고에서 **"통일문제의 본질은 인위적으로 갈라진 민족혈맥을 다시 잇고 민족의 화합을 이룩하는 문제이며, 전국적 범위에서 민족의 자주성을 실현하는 문제"**라고 주장했다. 또한 **"통일을 이룩하자면 개별적 계급과 계층의 이해관계 보다 하나의 민족으로서 민족공동의 단합이 더 중요하다"**고 선전했다.

나. 정치적 함의

과거 중국의 모택동은 대일항전을 내걸고 중국내 모든 계급 계층들에 대해 민족통일전선 공작을 펼쳤다. 이후 군사력을 증강한 후 이들 연합세력들을 하나씩 제거한 후 공산혁명에 성공했다. 북한도 중국 공산당의 과거 사례에 고무되어, 소위 대미항전에 '자주적 민족주의'를 기치로 한국내 반미세력을 통일전선으로 결집시켜, 주한미군을 철수시키려는 책략을 기도 중이다.

또한 북한체제는, 베트남 공산화 과정에서 반미친월맹의 노선에 따라 자국 정부군에 대항해 적극 투쟁했던 당시 베트남 남쪽 베트콩들과 같은 역할이 한국 내부에서도 일어날 수 있도록 은밀히 조장중일 것으로 보인다.

북한의 민족주의 주장은 한국을 적화통일하기 위한 대남통일전선 차원의 화전(和戰)전략의 일환이다. 한국의 정치권과 국민들을 대상으로 한국민들을 통일과 반통일, 평화와 전쟁세력으로 사분오열시키려는 데 그 목적이 있다. 북한은 소위 민족주의를 활용, 과거 중국공산당 모택동식 '민족통일전선'을 획책하려는 저의를 공공연히 선전선동하고 있다.

북한 김일성이 '자주적 민족주의'를 주창하고 나선 저의는 '자신을 한반도 애국적 민족적 지도자로 가장하여, 주한미군을 철수시키고, 남한 내부를 분열시키는 통일전선공작'을 강화하려는 데 있다. 한국민은 역사적 경험으로 공산주의의 계급혁명에 대해 강한 거부감을 갖고 있다. 그러므로 북한은 민족주의를 표방해 속임수를 쓰려는 것이다. 동서냉전의 와해와 공산주의 체제의 몰락으로 더 이상 공산혁명 이데올로기를 표방해서는 대남혁명의 동조세력을 확보할 수 없기 때문이다.

또한 북한은 경제력이 한국에 비해 40배 이상 뒤처지는 등 체제경쟁에서 이미 패배했다. 북한 입장에서 사회주의 체제와 자본주의 체제 간 통일 논리를 더 이상 내세울 여지가 축소됐다. 따라서 북한은 한국 국민들을 대상으로 '반미자주 민족주의'를 앞세워 한국 내부에 이념적 갈등을 증폭시키고 정치적 내부분열을 조장하는 수단으로 활용하고 있다.

북한 내 대남폭력 혁명전략의 중심에 김일성 김정일 김정은이 있다. 북한 세습 3대 독재자들의 공통점은 한반도에 대한 독점적 지배 욕구다. 김일성의 6.25동란 침략도 여기에서 출발했다. 북한체제는 수십 년간 수백만 명 남북한 주민을 살상했다. 이런 북한의 체제 차원 악행이 여전히 현재도 진행 중이다.

## 11. 북한 대남대적, 통일전선 평화회담

### 가. 공산주의 평화회담

공산주의 철학이념과 혁명이론의 고찰을 통해, 북한체제가 주창하는 '평화회담'에 대한 저의와 그 함의를 살펴보기로 한다.

마르크스 이론에 의한 계급투쟁과 폭력혁명은 소련을 비롯 공산주의 국가들이 탄생한 외부적 요인이었다. 즉 공산주의는 계급투쟁과 폭력혁명을 기본으로 한다. 따라서 공산주의는 태생부터 '평화회담' 자체를 부정한다.

그럼에도 불구, 공산주의 역사를 살펴보면 마르크스 공산주의 철학이념과 정반대로 '평화회담'을 정략적으로 활용해 왔다. 과거 제2차 세계대전 당시 연합국 측에 있었던 소련은 미국 등 자유 세계와 일시적 화해 기간을 가졌었다. 그러나 이 기간 소련은 루마니아 불가리아 알바니아 헝가리 체코슬로바키아 등 동구권과 중국 북한 일본북부 등 동북아의 영토를 공산화했다.

소련은 1970년대 데탕트 시대에도 인도차이나 3개국인 캄보디아 라오스 미얀마를 공산화했다. 또한 아프리카 이디오피아 앙골라도 공산화시켰다. 북한 역시 평화적인 남북대화 공세를 제기하면서 1950년 6.25 동란 남침을 은폐했다. 또한, 1970년대에도 남북대화를 제의하며 남침

땅굴 작업을 은밀히 굴설했다.

이런 역사적 사례에서 살펴볼 때 공산주의 체제에서 전용 중인 '평화회담'과 자유민주주의 국가들에서 이해하는 '평화회담'에는 전혀 다른 차원의 의미가 있다. 즉 자유민주 국가들이 공산주의 체제들과 '평화회담'을 통해 데탕트, 군비축소, 군사훈련감축 등 조치를 취할 때 마다, 공산주의 국가들은 이를 더욱 주창하며 오히려 적화세력들을 확장해 나갔다.

우선 공산주의 '철학이념'의 적용을 통한 '평화회담'을 분석해 보기로 한다. 공산주의는 현실정치와 사회 전반에 대한 사물을 보는 기준과 관점들은 변증법적 유물론에 있다.

첫째, 철학 이념중 모순률(矛盾律)[19]을 적용해 보자. 공산주의의 변증법적인 유물론은 "모든 사회에 내재 된 모순들은 사회발전의 저해 요소이므로, 사회발전을 위해서는, 이런 잠재된 모순들을 타협적 방법이나 상호공존이 아닌, 모순들을 타파하는 투쟁과 통일에 의해서만 가능하다"고 강조한다. 그러므로 공산주의와 자본주의 관계는 적대적인 모순적인 대립 관계이므로 이를 척결하는 유일한 방법은 "모순들의 투쟁에 의한 통일 뿐"이라고 주장한다.

이런 면에서 공산주의 체제가 적대적 체제인 자본주의의 모순체(矛盾體)에 대해 타협적이며 상호공존적 소위 '평화회담'을 요청하는 것은, 그 모순을 해결하자는 것이 절대 아님을 스스로 방증한다. 공산주의는 적대세력과 모순투쟁에서 승산이 어렵다고 판단될 때만, 공산주의 자신들의 힘을 증강시키기 위해, 시간을 통한 힘의 축적을 위해, 필요한 것이 정략적인 '평화회담'이다.

공산주의 체제는 적대세력과 투쟁하는 과정에서 자신들 필요에 따라 일시적으로 모순률을 전용해, 이를 '평화회담'으로 위장하고, 타협을 통한 돌파구를 유보하고, 이를 숨기는 전략으로 활용한다. 상대하는 적들의 힘들이 강력하고 자신이 약할 때 공산주의는 소위 '모순의 조화'라는 전략을 들고나와 공산체제 내 자신들의 힘의 열세를 피하고 시간을 확보해, 군사력의 강화를 꾀한다.[20]

과거 김일성은 **"남조선 혁명은 민족적인 모순과 계급적인 모순의 복합체이다. 현 단계에 있어 남조선사회의 기본적 모순은 미제국주의요 그와 결탁한 소지주, 노예자본가, 반동 관료들을 한편으로 하고, 노동자, 농민, 도시부르죠아, 민족자본가들을 한편으로 하는 모순체이다. …… 이 모순체는 대립물의 통일과 투쟁의 문제로서 해결해야 한다"**[21]고 주장했다. 김일성은 남북관계는 '적대적 모순'이므로 이에 대한 해결책은 투쟁밖에 없다'고 강조한 것이다. 현 북한체제는 김일성의 이 절대적 신성불가침 불변의 유훈교시를 전수받아, 이를 체제 내 그 무엇보다 우선하여 실천하고 있다.

중국의 공산당 주석 모택동도, "모든 모순은 적대적 모순과 인민 내부 모순으로 분류된다.[22] 적대적 모순은 투쟁으로 통일이 가능하며, 인민

내부의 모순은 비판과 자기비판으로 해결해야 한다"[23]고 강조했다. 모택동도 소위 '평화회담' 자체를 부정하고 있었음을 알 수 있다.

둘째, 철학이념 중 질양률(質量律)[24]을 적용해 보자. 공산주의 체제들은 소위 '질량의 변화를 요구하는 것'은 다음의 2가지 조건에서 발생된다고 말한다. 첫 번째 조건은 우선 '공산주의라는 질(質)을 견지할 수 있다'는 전제 아래, 각종 '평화회담'이라는 양(量)의 변화를 제공할 수 있을 때이다. 예를 들면 중국의 공산당이 자유중국에 대해 3통 즉 통상 통항 통관 조건 아래 '평화회담'을 요구한 것은 '조국통일'이라는 *質的* 변화를 촉진하는 방법으로, 여기서 질(質)의 변화는 중국이 아니라, 대만의 변화를 의미한다. 두 번째 조건은 질적(質的)인 변화 대신 양적(量的)인 변화를 장악하여, 보다 강한 세력을 확보하려 할 때이다. 이런 경우는 과거 모택동 중국 공산당은, 당시 적대세력인 장개석 국민당의 '삼민주의'를 신봉하겠다고 표방하고, 2차례 국공합작을 통해 내부적으로 시간을 확보한 후, 군사력을 강화하는 계기로 적극 전용해, 중국 전역을 공산화했다.

셋째, 철학이념 중 부정률(否定律)[25]을 적용해 보자. 공산주의 이론에서 부정(否定)의 의미는 "변화를 의미하며 또한 사물의 발전을 가져오는 것"을 지칭한다. 공산주의 체제는 자체적으로 "긍정만 알고 직선적 전진만 하며 곡절과 후퇴를 모르는 것은 좌경모험주의"라 비판한다. 공산주의 체제에서 부정률의 의미는 "더욱 강력한 체제의 도약을 위해 한 걸음을 후퇴하고, 작은 승리의 목전에서조차 퇴각하는 것도, 미래의 큰 공격을 위한 것"을 의미한다. 과거 중국 모택동 공산당이 장개석 국민당에 대해 복종할 것임을 표명한 것들도, 중국 공산당이 자기 부정을 표시한 것이 아니며, 또한 국민당에 투항한다는 것을 표시한 것이 아니었음을, 추후 역사를 통해 증명되고 있다.

다음에는 공산주의 '혁명이론'을 통해 '평화회담'을 분석해 보자. 첫째, 계급투쟁론[26]과 폭력혁명론에서 '평화회담' 적용이다. 마르크스는 공산당선언에서 "공산당원들은 폭력을 통해 사회적인 제도들을 뒤엎어야 하며 이 과정에서 잃는 것은 쇠사슬이고, 이때 오직 얻는 것은 전 세계"[27]라고 주장했다. 마르크스는 공산주의 혁명이론에서도 "폭력은 새로운 사회를 태어나게 하는 산파이면서 혁명의 지렛대"[28]라고 강조했다. 폭력을 통한 공산주의 혁명의 이론적 지침을 제시했다. 이후 마르크스 폭력혁명론은 레닌에게 계승되었다. 레닌은 "공산주의와 자본주의 간 어떤 평화공존의 방법도 있을 수 없다"는 교시적 지침으로 발전하여 전체 공산체제에 강령적인 지침으로 전파되었다. 공산주의 혁명이론과 '평화회담'이 병립할 수 없다는 이론적 근거가 이미 오래전 정립되어 있었다.

둘째, '프롤레타리아(임금노동자 계급) 독재론'[29]의 '평화회담'의 적용이다. 마르크스는 '프롤레타리아 독재'와 관련 "계급투쟁은 반드시 프롤레타리아 독재를 가져오며 모든 계급들을 소멸시켜 종국에 계급없는 사회가 도래한다"[30]고 강조하였다. 레닌은 '프롤레타리아 독재'에 대해 "계급투쟁과 프롤레타리아 독재를 동시에 인정하는 사람만이 진정한 마르크스주의자"[31]라고 말했다. 레닌은 이어 "프롤레타리아 독재는, 계급투쟁이 계속되면서, 법적인 규제가 없는, 폭력에 의한 정권과 조직에 의해 운영되어야 한다"[32]는 것을 재강조했다. 레닌은 '폭력혁명을 정권과 체제 차원에서 혁명적 관점에서 정교하게 구체적으로 운영할 것'을 교시한 것이다.

공산주의 혁명이론에서 '평화회담'은 발붙일 곳이 전혀 없다. 기본적으로 공산주의 혁명은 폭력을 통한 방법이 유일한 방안임을 교시적으로 명확히 하고 있기 때문이다. 이런 가운데 공산주의 철학과 혁명이론을 근거로 이식되어진 북한이, '평화회담, 평화세력'으로 자칭하며 선전선동 중이다.

과거 자유중국 장개석 총통이 '공산주의와 평화회담 관련 자유세계에 대해 경고'[33]하고 있는 내용을 살펴보자. 장개석은 1968년에 출판한 『중국 속의 소련』에서 다음과 같이 진술했다.

△ 일반인은 평화회담을 전쟁에서 평화의 길로 들어가는 것으로 알고 있다. 소련이나 중공이 평화회담을 요구할 때, 자유세계 사람들은 그들이 다시는 전쟁을 하지 않고 평화를 원하는 것으로 인정한다. 그러나 공산당 '평화회담'은 평화의 길이 아니고 전쟁의 한 방법이다.[34]

△ 평화회담은 적으로부터 공격을 늦추는 도구다. 1936년 5월 중공이 제출했던 '정전을 위한 평화회담'이 여기에 속한다.

△ 평화회담은 무장반란을 엄폐할 수 있다. '중일전쟁시기 國共간의 평화회담'은 그의 무장반란의 연막이었다.

△ 평화회담은 중립주의 세력들을 증강시키고 외곽 후비역량을 확장할 수 있다. '중일전쟁 종료후 중경에서 가졌던 평화회담'이 이에 속한다.

△ 평화회담은 상대방 사기에 타격을 준다. '중일전쟁 이후 國共간 평화회담'은 바로 이런 작용을 해 주었다.

△ 평화회담은 '자유세계로 하여금 2개의 중국이 있다'는 인상을 준다.

## 나. 정치적 함의

북한체제의 평화회담 진실게임은 다음과 같은 김일성의 말에서 결정적인 증거가 된다. 김일성은 **"조국의 통일문제는 평화적 방법이 아니라 전쟁에 의하여 해결될 수 있습니다. 만일 제국주의자들이 세계적 범위에서 큰 전쟁을 도발한다면, 불가불 우리는 싸워야 하는 데 그때에는 우리 힘으로도 조선에서 미제국주의자들과 싸워 능히 승리할 수 있습니다. 우리가 단독으로 미제국주의를 상대로 싸우기는 좀 힘들지만 그들이 세계적 범위에서 자기의 힘을 분산시키지 않을 수 없을 때에는 우리도 비교적 쉽게 그들을 타승할 수 있을 것입니다. 이리하여 우리는 조선에서 미제국주의 세력을 소탕하는 과정에서 나라의 통일을 달성하게 될 것입니다. 이것이 조선혁명 발전과 나라의 통일의 다른 하나의 전도입니다"**[35]라고 말했다. 이는 김일성이 1946년 8월 29일 북조선노동당 창당대회에서 한 말이다. 김일성은 실제로 그의 말대로 4년후 6.25동란을 일으켰다. 상기 김일성 교시는 현재에도 북한에서 진행 중이다.

김일성은 미국에 대해 "미제국주의자들은 힘의 정책을 공공연히 추구하면서 다른 한편으로 평화니 협상이니 교류니 하는 갖가지 허울 좋은 간판들을 들고나오고 있으며, 이른바 평화전략에 대하여 떠들어 대고 있습니다. 그러나 이것은 저들의 침략 정체를 가리우며 세계의 이목을 딴데로 돌리기 위한 상투적 기만술책에 지나지 않습니다. 미제의 평화전략이란 곧 뒤집어 놓은 전쟁전략을 의미합니다. 미제국주의자들은 다름 아닌 평화의 미명 밑에 진보적 인민들을 반대하는 야만적인 침략전쟁을 벌여놓고 있으며 또한 평화의 미명밑에 그들은 다른 나라들에 대한 사상정치적 와해책동을 강화하고 있습니다"[36]라며 '도둑이 오히려 몽둥이를 드는 격'인, 적반하장의 논리를 전개했다.

공산주의 독재체제가 프롤레타리아 독재를 견지하면서 자유민주주의, 자본주의 체제와 '평화회담, 평화공존'을 모색하는 것은 어불성설이다. 공산주의는 자본주의와 공존을 절대 용인하지 않는다. 그 철학적 이념과 혁명적 이론, 실천적 측면에서도 공존의 가능성이 근본적으로 없다.

그러나 이 과정에서 일시적인 오해가 발생할 수 있다. 공산체제가 전략·전술 측면에서 자기발전을 위한 전제조건 아래에서 어느 기간 동안 공존상태를 유지하기 위해 '평화회담'을 전용하면서 이를 표방하고 나설 때이다. 이와 관련 레닌은 "평화회담은 전쟁을 준비하는 일종의 잠시

휴식의 방법이다. 또한, 평화조약 목적은 공세를 장악하여 새로운 전쟁을 진행하기 위한 것"[37]이라고 하여 이미 그 공산폭력혁명전략의 속내를 드러냈다.

일시적인 공존상태에서조차 공산주의 체제는 자기 본질은 변화되지 않고 상대방의 본질을 변화시켜 자신에게 유리하게 적용할 수 있다는 확신들이 있을 때만 이를 적극적으로 활용한다. 소련 스탈린은 공세적인 평화정책을 전개하여 군사적인 힘을 비축한 후, 이후 평화조약을 철저히 무시하고 주변 국가들을 공산화했다.

자유민주주의 국가들에서 '평화회담'은 양국 간의 공존을 위한 것이나, 공산주의 이념을 고수 중인 체제들은 전혀 다른 속내를 지닌다. 이들에게는 '모순의 공존이며, 모순의 타협'인 바, '평화회담'이 절대 용인될 수 없다. 공산주의 체제의 '평화회담'은 자신의 발전을 위한 혁명 퇴조기 전략이지 결코 자기 혁명의 질적(質的)인 변화를 의미하는 것이 아니다.

결론적으로 공산주의 체제 '평화회담'은 '보이지 않는 정치군사 폭력 투쟁이자, 경제사회 계급투쟁이며 통일전선공작'의 일환이다. 이런 면에서 철학적 이념적 체제변화가 없는 북한이 한국에 대해 '평화회담, 평화공세'를 운운하는 것은, 진정한 대남적 평화공존이 절대 아니다. 이는 '일정 기간 시간을 쟁취해 상대적 군사적 우위를 점하기 위한 것'이다. 이런 과정에서 '상대방 긴장완화의 유도와 군비견제를 통해 유사시 무

력으로 손쉽게 제압하려는 이중적 적화통일 기도전략의 일환'임을 주시
해야 한다. 북한체제가 김일성의 강령적 지도적 교시 '대남폭력혁명'을
은닉하고, '평화회담'을 제기한다면, 반드시 그 저의와 진정성을 신뢰하
지 말아야 하는 확실한 이유가 여기에 있다.

공산주의 체제의 '평화회담'의 제안과 동참은 이미 숨겨진 전쟁의 새
로운 시작을 의미한다. 한국에게는 남북 평화 분위기 조성 때가 더욱 큰
위기이다. 한국은 이런 때일수록 숨겨진 전쟁에 대비해, 전략적 대북 비
대칭 군사력 강화에 오히려 집중해 나가야 한다.

# 12. 북한 대남대적, 모택동 통일전선 모방

## 가. 북한 김일성, 중국 공산당 모택동 통일전선 혁명전략 모방학습

북한과 중국은 김일성과 모택동이 사망했음에도 불구, 이들의 유훈과 교시가 현재 정치체제에 남아있다. 사망한 절대 지도자의 영향력이 현실 정치 시스템을 움직이고 있다. 이들 체제는 교조적 일당적 독재적이다. 특히 북한은 신정적이고 유일영도체제여서 그 정도가 더욱 심각하다.

김일성은 중국공산당 당원이었으며, 중국식 이름은 '진지첸'이었다[38]. 이때 중국 모택동의 정치적 군사적 영향력을 많이 받았다. 현 북한의 대남전략은 과거 중국 공산당 모택동이 중국 국민당 장개석에 행했던 내용과 매우 유사하다. 북한은 김일성이 모택동의 통일전선공작을 모방한 내용 그대로, 현재 대남전략에서 정치적·군사적으로 활용하고 있다.

왕명귀 저서 『회고록』 (중국 하얼빈인민출판사, 1988)과 호화영 저서 『동북항일연군교도여시말』 (흑룡강당사자료 제10집, 1987)에는 당시 북한 김일성의 중국 공산당 정치 군사전략 학습 과정을 판단할 수 있는 내용들이 있다.

김일성은 19세 때 1931년 중국공산당지역당 '동만주특위' 공산당원이었다.[39] 당시 중국 공산당 당원이었던 김일성은 중국공산당 사상과 모택동 정치군사 사상을 교육받았다. 김일성은, 1930년대 말 소련극동군

정찰국이 김일성이 속한 중국공산당동북항일연군을 신편할 당시에, 중국공산당 당원이었다. 이때는 소련과 일본이 비밀협약을 맺어 중국 공산당 군대가 대일 항전을 못하도록 했다. 특정 지역에서 소련군 감시하에 고립되어 교육 훈련만 치중했던 시기이다. 김일성은 그곳에서 중국공산당정치강령, 중국혁명전략, 모택동유격전략론, 모택동강화, 통일전선전술론등 모택동정치군사전략을 학습했다. 이어 신민주주의론, 레닌주의, 소련공산당사, 마르크스·레닌주의 등도 교육받았다.

## 나. 중국 공산당 모택동의 통일전선 혁명전략

통일전선전술은 공산당이 자신들 세력이 열세할 때 사용하는 전술이다. 이때 궁극적 목표인 공산화 적화전략은 일단 은폐한다. 시기와 환경에 맞는 융통성과 적응성 있는 강령을 우선 내세운다. 그리고 다수를 차지하고 있는 여러 정파와 심지어 정적들과도 일시 연합전선을 형성한다. 일단 다수 힘을 빌려 공동목표를 달성한 후, 내부로부터 일시 연합을 했던 세력들을 하나씩 격파해 나감으로써 종국에 승리를 독식하는 계략이다.

통일전선은 과거 레닌이 만들었다. 통일전선 용어가 공산주의에서 처음 사용된 것은 1921년 개최된 제3차 국제공산당대회였다. 이후 중국공산당 모택동이 이를 활용해 그 타당성을 입증했다. 이는 열세한 공산당이 보다 광범위하게 대중들을 동원하여 적들 세력을 약화시키기 위해 사용하는 전형적인 적화정치전술이다.

모택동은 "귀납통전책략(歸納統戰策略)의 최고지도원칙은 모순을 이용해 다수를 쟁취하며 소수를 반대하고 각개격파하는 데 있다"[40]고 말했다. 공산당은 통일전선을 실행하기 전 당의 세력부터 확장한다. 연합세력들 단결을 부르짖으며 테러작전 등 무장투쟁도 은밀히 진행한다. 이후 목표 달성 후 연합세력들을 차례차례 제거한다. 중국 공산당 모택동혁명전략은 마르크스·엥겔스 '사회혁명론'이나 레닌·스탈린 '볼세비키혁명론'과 다른 '제3의 혁명전략'으로 부른다. 모택동혁명전략은 기본적으로 공산주의 혁명전통은 고수하면서 레닌의 게릴라전을 중국 공산당 정세에 맞게 특화시켰다. 당시 모택동은 장개석 국민당 정부에 대해 정치심리전, 정치협상전, 무력혁명전 등을 활용 배합한 정치전략을 진행했다. 모택동은 정치전·무력전을 변증법적으로 배합한 소위 담담타타(談談打打), 타타담담(打打淡淡), 변담변타(邊談邊打), 변타변담(邊打邊談) 전법을 실행했다.

당시 중국 공산당은 중국 내 반봉건적인 정서와 반식민지적인 정서도 활용했다. 모택동은 우선 부르조아 세력, 민족주의 세력과 연합전선을 결성했다. 이후 통일전선을 통해 공산당 세력을 확장해 종국에 공산사회주의혁명으로 이들을 장악했다. 모택동은 장개석 국민당 정부를 붕괴시키기 위해, 대화를 제의하는 가운데, 비밀리 군병력을 강화해서 무력으로 해방구를 확대해 나갔다. 모택동은 장개석에게 중국 내전 조기종식과 양측의 협의에 따른 민주연합정부수립 등 기만적 평화협상 제의를 지속했다. 이를 통해 확보된 시간들을 활용하여 군사적으로 정치적으로 힘을 비축해 나갔다.

또한 모택동은 중국 내 북경 등 수십 개 주요 도시에서 다수의 학생들을 동원하여 반미운동과 동맹휴학과 납치테러 등을 선동했다. 또한, 미국정부에 대해서도 국민당 장개석 정부와 갈등을 조장시키는 데 총력을 기울였다. 이런 모택동의 철저한 통일전선공작은 결국 당시 중국 공산당보다 군사적으로 우위에 있었던 중국 장개석 국민당 정부를 본토에서 몰아내는 데 성공했다.

"국민당 통치구에 있어 공산당원들은 광범함 항일 민족통일전선 정책을 계속 집행하여야 한다. 어떤 사람이건, 설사 어제까지 우리를 반대하던 사람이라 하더라도 오늘에 와서 우리를 반대하지만 않는다면 그와 합작하여 공동의 목표를 위하여 투쟁하여야 한다. …… 모든 피점령구에 있어서 공산당원들은 가장 광범한 항일 민족통일전선을 집행하여야 한다. 어떤 사람이든 그가 일본침략자와 그의 충실한 주구들을 반대하는 사람이라면 그와 손을 잡고 공동의 원수를 타도하기 위하여 투쟁하여야 한다."[41]

"미제와 장개석의 상술한 반동정책으로 하여 중국의 각 계층 인민은 단결하여 자기를 구하는 입장을 취하지 않으면 안되게 되었다. 여기에는 노동자, 농민, 도시소부르조아지, 민족부르조아지, 기타 애국자, 소수민족 및 해외화교들이 망라되어 있다. 이는 극히 광범한 전민족적 통일전선이다. 그것은 항일시기의 통일전선과 비교하면 그 규모가 마찬가지로 광범할 뿐더러 더욱 튼튼한 기초를 가지고 있다. 당원동지들은 이 통일전선의 공고화와 발전을 위하여 분투하여야 한다."[42]

다. 김일성의 모택동 정치군사 통일전선 혁명전략 모방

김일성이 중국 공산당 모택동 통일전선에 대해 다음 같이 말했다. 김일성은 **"민족통일전선의 좋은 실예를 우리는 중국에서 찾아볼 수 있습니**

다. 일본제국주의가 만주를 강점하고 중국 대륙에 침략의 마수를 뻗치게 되자 중국 공산당은 국민당과 공산당이 합작하고 민족의 모든 역량을 집결하여 항일구국투쟁에 나설 것을 제의하였습니다. 공산당의 이 제의는 국민당 반동파의 완고한 태도로 인하여 오래동안 접수되지 않았습니다. 그러나 중국공산당의 시종일관한 성의 있는 노력은 점차 전 중국 인민의 지지를 받게되었고 중일전쟁이 일어나게 되자 마침내 공산당과 국민당의 합작이 이루어져 항일민족통일 전선이 형성되게 되었습니다. 그처럼 완고하던 국민당 반동파도 민족통일과 항일구국에 대한 중국인민의 한결같은 요구에 못 이겨 부득이 공산당의 제의에 응하지 않을 수 없었던 것입니다"[43]라고 말했다. 김일성이 모택동 사례를 학습효과로, 대남통일전선에 활용하려는 저의를 나타낸 것으로 평가된다.

중국 모택동은 "통일전선, 무장투쟁, 당 건설은 중국혁명에서 중국 공산당이 적에게 승리할 수 있는 3대 법보"[44]라고 말했다. 모택동이 통일전선을 통해 국민당정부 장개석으로부터 승리할 수 있었다는 말이다. 김일성은 모택동의 중국혁명 3대 법보(法寶)를 모방해 정치적 군사적으로 이를 대남혁명에 적용했다. 김일성은 모택동 통일전선을 기반으로 하는 소위 주체혁명전략을 제시했다. 모택동은 장개석과 평화회담을 하면서 군사적으로 해방구를 증가시켜 나갔다. 김일성도 한국에 대해 7.4 공동성명에 동조하며 남북대화를 가장하는 이면에서 남침 땅굴을 굴설하는 등 기습남침 군사력 증강에 총력을 기울였다.

중국 공산당 지도자 모택동은 1945년 장개석 국민당 정부에 대해 '민주 연합정부수립' 위장평화공세도 펼쳤다. 북한 김일성도 6.25동란 남침 위장을 위해 1950년 6월 7일 정당사회단체협의회, 6월13일 조만식과 남로당 거물 공작원 김삼룡 이주하와 맞교환, 6월19일 최고인민회의 평화통일방안을 연속 제안했다. 중국 모택동의 연합정부론은 김일성의 고려연방제의 기초가 되었다. 모택동 정치협의회는 김일성의 북남정치지도자협의회를 탄생시켰다.

현재 중국은 과거 모택동 통일전선 혁명전략에 따라 자유중국 대만에 대해 '하나의 중국'을 내걸고 민족주의 슬로건을 앞세우고 있다. 중국은 대만에 대해 낙엽귀근(落葉歸根), 골육동포(骨肉同胞)등을 선전하면서 군사적으로 위협하는 담담타타(談談打打) 정치적 군사적 통일전선을 펼치고 있다. 북한 역시 한국에 대해 '조선은 하나, 민족주의, 평화통일'등 정치적 선전 공세를 강화 중이다. 그리고 핵무기 개발 등 군사력의 증강에 총력을 감행해 소위 북한식 담담타타(談談打打) 전략을 진행 중이다.

북한 김일성의 모택동 통치행태 모방은 이외에도 많다. 모택동은 "세상의 모든 것 중에서 인간이야말로 최상의 존재이다. 공산당의 지도노선에 따르는 인간만 있으면 어떤 인간세계의 기적도 창조할 수 있다"[45]고 말했다. 이와 관련 김일성도 **"사람은 모든 것의 주인이며 모든 것을 결정하는 것이 주체사상 기초입니다 …… 세상에서 가장 중요한 것은 사람이며 가장 힘 있는 존재도 사람"**[46]이라고 말했다. 북한체제의 통치 이데올로기 김일성 주체사상조차, 중국 공산당 지도자 모택동의 어록과 너무 유사하다. 북한체제가 이식된 이후 쏟아져 나오기 시작한 수많은 김일성선집 교시들은 중국 공산당의 모택동 혁명전략전술 이론논문 사상어록 내용 등과 매우 비슷하다. 심지어 책자들 색상과 편집 등 외형까지도 같다.

## 라. 정치적 함의

북한체제의 운영은 김일성 교시를 기본으로 한다. 여기에 예외가 있을 수 없다. 과거 중국 모택동이 장개석을 몰아낸 통일전선전략에 대한 김일성의 모방적 교시가 현재 북한 대남전략의 기본이다. 현재 북한체제는 이에 대한 확고한 믿음을 지니고 실천 중이다. 베트남 공산화 과정 또한 북한 통일전선 모방 사례 중 하나이다. 북한 김일성은 정권 초창기 과도한 '모택동모방'의 자격지심에서 벗어나기 위해 '항일유격, 주체조선' 등을 조작했다.

한국은 북한 통일전선의 궁극적인 목적이 '소위 대남적화 혁명전쟁의 한 과정임'을 간과해선 안된다. 현재 진행 중인 북한 김정은 체제의 기만적 평화공세인 통일전선 혁명전략 실체는 ①남침을 위한 주한미군 철수 ②한국 내 반미친북세력 강화 등의 군사정치 전략의 일환이다.

김일성의 정치적 스승 모택동의 어록은 그 목적을 결정적으로 방증한다. "우리는 혁명전쟁만능론자이다. …… 우리는 세계 전체를 개조하기 위해 총포에 의존하는 수밖에 없다고 말할 수 있다. 우리는 전쟁 소멸론자이며 전쟁을 원하지 않는다. 그러나 전쟁을 소멸시키기 위해서 전쟁을 통하는 수 밖에 없고, 총을 없애기 위해 반드시 총을 잡아야 한다. …… 중국의 중요한 투쟁형태는 전쟁이며, 중요한 조직형태는 군대이다. 민중조직이나 민중투쟁 역시 전쟁을 위한 것이며 …… 총구로부터 정권이 탄생한다."[47] 이는 통일전선의 궁극적 저의가 전쟁의 승리에 있다는 것을 직접 고백한 것이다.

김일성은 "**우리는 어떤 일이 있어도 민족해방혁명을 끝까지 수행해야 하며 전국적으로 사회주의혁명을 완수해야 합니다. ……우리는 물론 남반부혁명을 남조선 사람들에게만 맡기자는 것이 아닙니다. 미제국주의자들과 그 추종 반동세력을 몰아내고 조국을 통일하는 것은 전체 조선 인민의 공동의 의무입니다**[48]"라고 말했다. 이는 김일성이 통일전선 실행 중 기회가 되면 바로 한국을 무력침략하여 공산혁명을 이루라는 교시이다.

북한은 2010년 노동당규약 전문을 일부 개정했다. 그중 노동당 목적 중 대남혁명과 관련 기존에는 "온 사회의 주체사상화와 공산주의 사회건설"로 되어 있었다. 이를 "온 사회를 주체사상화 하여 인민대중의 자주성을 완전히 실현하는 것"으로 개정했다. 북한체제가 '공산주의 사회건설' 표현을 폐기한 것은 전세계적으로 인정된 공산주의 실패를 은영 중 자인했음을 보여준다. 그러면서도 '인민대중의 자주성을 완전히 실현하는 것'이라고 하여, 한국 내 반미세력 부식과 함께 주한미군 철수를 통한 무력남침 혁명전략이 변하지 않고 있음을 보여준다.

북한체제는 김일성 교시를 지상명령으로 실천하는 정치 시스템이다. 세월이 지나도 김일성 3대가 건재하는 한 이는 불변이다. 우리가 북한을 겉면보다 그 내면을 올바르게 보아야 하는 이유가 여기에 있다.

중국 공산당 모택동은, 중국 국민당 장개석과 국공합작을 했을 때에도 실제는 일본군과 전쟁을 하는 모습만 보이고, 전투를 회피하였다. 이 시기를 이용해 오히려 중국 공산당 군대를 강화하는 데 진력을 다했다. 초기 1만 명이었던 중국 공산당 군대는 이때 100만명으로 늘어났다. 이후 장개석 국민당 군대를 중국의 본토에서 몰아내고, 공산혁명을 완수했다.

자유중국 지도자 장개석은 중국 공산당 모택동 통일전선전술에 패배한 후 이렇게 말했다. "전쟁에 실패하면 그들은 곧 평화공존을 내세우고 힘을 기른 다음 평화회담을 파괴하고 무장반란을 일으킨다. 그들이 평화회담을 시작하는 바로 그때가 그들이 무장반란을 준비하는 시기이다. 그것이 그들이 말하는 '변증법적 모순의 통일과 대립물의 전변'이라는 것이다"[49]라고 폭로했다.

북한의 대남 '평화협상' 선전선동은, 또 다른 전쟁 수행의 예비단계를 의미한다. 의미 없는 정치적 소모적 대화보다 군사적 무력대응 태세를 일층 강화하는 것이 보다 현실적이다. 이는 수십 년 동안 이미 북한의 학습효과를 통해 많은 경험을 했다. 똑같은 잘못된 길에 계속 장단을 맞추며 동행하는 것은, 참여하는 측의 잘못이다.

북한의 대남전략은 전혀 변화하지 않았다. 그러나 2000년 이후 그간 남북교류 행사로, 북한에 대한 우리 사회 대북시각이 점차 변했다. 그래서 북한도 변했을 것으로 생각한다. 그러나 북한사람들은 전혀 변하지 않았다. 남쪽을 방문했던 북한사람들 100%가 대남혁명전사들이다. 그들 미소와 그들의 언행만 보았을 뿐 그들의 숨겨진 정치의식과 김일성 3대에 대한 충성심은 알지도 못했고, 철저하게 많은 부분에서 간과되었다.

　북한은 기존 '합법과 비합법, 폭력과 비폭력 대남전략'에서 여전히 변함이 없다. 북한은 근년 한국 내부에서 상승된 민주화에 편승, 소위 '합법적' 대남혁명을 위해, 정치적 통일전선공작을 암약 시도 중일 것으로 예상된다.

# 13. 북한 대남대적, 중국동북지역 후방기지 밀약

## 가. 북한과 중국, 전쟁 시 중국 동북지역 후방기지 밀약

중국 동북지역은 6.25동란 이전까지만 해도 소련 스탈린의 전략적인 지원으로 인해 북한 영향권에 있었다. 중국 모택동은 6.25동란 때 김일성과 함께 중국 동북지역을 북한군의 후방기지로 제공하여 한국군과 미군 등 유엔군에 대항토록 한 바 있다. 유사시 중국 동북지역 후방기지화는 여전히 유효하다. 북한 핵무장 즈음 중국은 국제사회의 대북제재에 소극적이며, 북한의 실질적 후원자 역할을 하고 있다. 최근 김정은이 연이어 중국을 방문해 양측 관계를 긴밀히 하고 있는 것도 전략적으로 이런 역사적 혈맹적 전통에 뿌리를 두고 있다. 외부의 피상적인 중북관계와 달리, 양측은 여전히 모택동과 김일성 간 특별한 역사적 개인적 정치적 혈맹적 인연 관계에 기반하고 있다.

북한과 중국은 정치적으로 사회주의 일당독재 체제이다. 그 무대와 범위만 다를 뿐 여전히 군사적 무력적 패권을 추구한다. 중국은 세계를 대상으로 북한은 한국에 대해 무력적 패권을 감추지 않고 있다. 양자는 과거 피를 같이 나눈 침략의 역사를 공유한다. 그러나 이들은 대내외에 자신들이 침략당했다며 여전히 거짓 선전선동 중이다. 이를 빌미로 무력강화를 정당화하면서, 대내적으로 후대들 정치사상교육의 일환으로 이를 적극 세뇌시키고 있다.

중국 공산당체제는 역사적으로 조선(북한)과 베트남을 번속국(藩屬國), 보호국으로 인정하고 있다. 중국 공산당이 본토를 공산화한 이후, 가장 중요하게 여기는 주변 체제는 같은 사회주의 길을 걷고 있었던, 북한과 베트남이었다.[50]

모택동이 생전 '중국이 세계 혁명 중심'이라 주창한 구호는 문화대혁명 시기에 중국 전역에서 매우 유행했다. 당시 중국은 당면 아시아 공산화 혁명 과정에서, 미국과 전쟁 중이었던 베트남과 북한을 중시했다. 이들은 중국의 군사적인 후방기지 역할을 했다.

중국의 입장에서 가장 강력한 Super Power 미국과 중국 내륙 밖에서 싸워주고 있던 북한, 베트남은 강력한 보호벽이었다. 북한과 베트남의 제1선은 중국전쟁터나 마찬가지였다. 중국은 동맹국 북한과 베트남에 대해, 여타 사회주의 체제들과 차별되게, 대외적 원조를 상대적으로 많이 지원했다.[51]

중국 모택동과 북한 김일성이 중국 동북지역에 대해서 어떤 행보를 했는지 살펴보자. 첫째, 북한 김일성은 6.25동란이 정전협정으로 일단락된 그해 1953년 말, 소위 국가원수 자격으로 중국을 방문했다. 이때 중국 모택동은 김일성에게 "조선이 제국주의 침략을 저지하는 중국의 제1선의 방어진지"라고 언급했다. 이어 모택동은 김일성에게 "제국주의 침략 반대와 제국주의의 중국침략 반대 투쟁에 있어, 조선 인민은 우리를 도왔다. 조선 인민의 영웅적인 투쟁이 없었다면, 중국은 안전할 수 없었다. … 조선 인민은 제1 방어선에, 우리는 제2 방어선에 있으며, 조선의 후방(後方)이다. 따라서 조선인이 승리하는 것은 우리를 돕는 것이다. 조선의 경제를 회복시키는 것 역시 우리를 돕는 것이다."[52]라고 말했다.

둘째, 중국의 모택동은 1958년 12월 김일성이 다시 방중했을 때, 6.25동란 때와 같이 "유사시 전쟁이 발생되면 중국 전체까지 후방기지화 할 수 있다"고 말했다. 이것은 중국이 향후에도 북한군사문제에 적극 개입할 수 있음을 시사한다. 모택동은 당시 김일성에게 "미국이 조선 침략전쟁을 시작하자마자, 나는 동북은 당신들 후방이며, 모두 당신들 것이라고 말했다. 당신들 기관, 학교, 공군이 거기로 이전하고 싶은 것은 모두 이전할 수 있다. 뿐만 아니라 중국 전체가 조선의 후방이다. 장래 전쟁이 벌어지면, 우리는 무상으로 무기를 제공할 것이며, 조선 군사 장비는 우리가 책임질 것이다."[53]라고 약속했다.

이어 모택동은 김일성에게 동북지역 정세파악은 물론 매년 정치적 군사적 교류까지도 제안했다. 당시 모택동은 김일성에게 "동북지역 전체가 당신들의 후방이다. 귀하들은 동북과 왕래가 잦지 않습니까? 요녕 길림 흑룡강과 더 많이 왕래하고 익숙해져야 하고, 사람을 파견해 연구하고 조사해야 합니다. 장래에 어떤 큰일이 발생할 때, 예를 들어 세계대전이 있을 경우 귀하들은 이 지방을 이용해야 하며, 마땅히 그렇게 해야 합니다."라고 말했다. 이어 "전쟁이 없을 때, 이 성(省)들의 경제 정치 문화 군사, 당, 인민과 익숙해지지 않으면 장래에 손해 볼 수 있습니다.

동시에 그곳의 간부들과도 교류하여 친구가 되어야 합니다. 조선은 군사대표단을 동북으로 파견할 수 있으며, 매년 한 차례씩 파견하는 것이 가장 좋고, 동북 육군 해군 공군을 잘 이해하고 있어야 한다"[54]고 언급했다. 또한 모택동은 "동북지역 전체는 조선의 대후방이며, 장래에 전쟁이 발생하면, 이 대후방을 김일성동지에게 맡겨 '통일지휘'를 하도록 할 것입니다"[55]라고 약속했다. 모택동은 당시 "전쟁시 동북지역의 전체를 김일성이 직접 지휘토록 허락한다"고까지 언급했다.

셋째, 중국 주은래는 1963년 6월 방중한 북한 최고인민회의 삼임위원장 최용건과 함께 동북지역을 시찰했다. 주은래는 "모주석께서 '동북지역은 조선 후방이고, 흑룡강은 후방 중 후방'이라했습니다. 조선은 무슨 일이 발생하면 그들과 직접 연락할 수 있고, 중앙에도 당연히 알려야 합니다. 중국 동북국은 간부들을 조선에 파견하여 현장 학습토록 해야 합니다"[56]라고 말했다. 이는 중국이 모택동의 동북지역에 대한 교시내용을 북한체제와 함께 구체적으로 준행하기 위해, 대표단을 방북시키는 등 구체적 실행단계에 이미 돌입했었음을 방증한다.

상기 관련 북한 조선노동당중앙위원회국제부는 1963년 7월, "중국 동북국, 동북3성 및 안동시 당, 정, 군 책임자를 비밀리에 조선으로 초청하여 휴양과 참관을 하도록 할 것"[57]이라고 중국대사관에 통보했다. 이와 관련 중국 공산당중앙위는 비준을 거쳐, 동북지역 지도 간부들인 '학습방문단'을 구성하여, 2개 조로 나눠 북한을 방문토록 했다. 김일성은 1963년 10월 8일 제1차 조선방문단동북간부들을 접견할 때, **"조선 인민**

은 동북을 영원히 잊을 수 없으며, 자주 동북에 가는 꿈을 꿉니다. 조선과 동북은 더 자주 왕래하고 가까워져야 하며, 우리 역시 사람을 동북에 보내 참관하는 것을 준비하고 있습니다. 내년 일부 부장급 인사들과 함께, 동북을 비공개 방문할 것"[58]이라고 약속했다.

이어 김일성은 1963년 10월 16일 제2차 조선방문단 동북 간부들의 방북 시, "모주석님은 여러차례 동북지역은 조선 후방이라 말했습니다. 이 말은 매우 정확하고 중요합니다. 금후 만일 일이 생기면, 동북은 여전히 조선이 의지할 수 있는 후방입니다. 조선노동당은 이에 대해 매우 확신하고 있으며, 전적으로 믿고 있습니다."[59]고 언급했다.

넷째, 북한의 김일성은 1964년 9월 5일, 방북한 중국대외경제연락위원회 주임 방의(方毅)에게 "중국 동북지역은 우리와 밀접한 관계에 있으며, 우리의 후방으로써 과거 현재 미래도 그럴 것입니다. …… 서로 교류하면 관계가 밀접해지고, 상황을 서로 잘 이해 할수 있습니다. 일이 발생하면, 우리는 어깨를 나란히 하고 싸울 수 있습니다. …… 조국해방전쟁기간 북조선인들은 거의 모두 중국 동북으로 피신했습니다. 아동 부녀 병원도 모두 동북으로 이전했었습니다. 최용건 동지 역시 새 부대 편성을 위해 동북에 갔습니다. 중국 동북은 확실히 후방기지 역할을 훌륭하게 했습니다. 이 일을 조선 인민은 영원토록 기억할 것입니다. 금후 전쟁이 발생하면, 중국 동북은 역시 이 같은 역할을 발휘할 것입니다. 이번에 가면 나는 동북국 동지들에게 잘 부탁할 것입니다. 우리와 중국 동북의 관계는 확실히 친형제, 피를 나눈 관계입니다"[60]라고 말했다. 김일성의 이런 말들은 이후에도 유사시 중국 동북지역이 지속적인 후방기지 역할을 제고 토록 기대하고 있음을 알 수 있다.

결정적으로 북한 김일성은 모택동과 약속한 바와 같이, 1964년 9월 직접 이 지역을 장기간 방문했다. 이 기간 등소평과 3일간 2차례 회담을 하였다. 김일성은 중국측에 대해 **"이번에 온 것은, 귀하들과 만나 '동북은 조선의 후방이며, 쌍방은 밀접하게 교류하여야 한다' 는 모주석 말씀을 실천하기 위해서 였다"**고 말했다. 이와 관련해 등소평은 동북 상황을 소개한 뒤, 김일성에게 "이후 이 지방은 당신들이 통제할 것이고, 어떻게 통제할 것인지는 수상께서 그들에게 직접 분부만 내리면 됩니다. 일단 일이 발생한다면 송임궁(宋任穹) 동지에게 말하고, 동북문제에 대해서는 수상이 명령을 내릴 수 있다"라고 재강조했다. 이어 등소평이 떠난 후, "김일성은 동북국 제1서기 송임궁과 중앙대외연락부 부부장 오수권(伍修權)의 안내로, 심양에서 치치하얼(齊齊哈爾)까지 동북지역을 몇 주간에 걸쳐 시찰하였으며, 매우 기뻐했다"고 전한다.[61]

나. 정치적 함의

북한은, 중국에 대한 6.25동란 지원의 댓가로, 백두산 절반을 포함한 중국 동북지역에 대한 지배권을 완전히 상실했다. 김일성은 **"현대전에서 승패는 전쟁 수행에 필요한 인적 및 물적 자원을 장기적으로 원만히 보장하는가 못하는가에 많이 달려있습니다. 그렇기 때문에 우리는 후방을 공고히 하는 데 깊은 주의를 돌려야 합니다. 특히 군사 전략상 중요**

한 지대들을 잘 꾸리고 군수공업을 발전시키며 필요한 물자의 예비를 조성하여야 합니다. 또한, 일단 유사시에는 모든 경제를 급속히 전시체제로 개편하며 전시에도 생산을 계속 할수 있도록 평상시부터 준비하고 있어야 합니다"[62]라고 말했다. 김일성이 차기 전쟁 준비를 위해 체제 차원에서 후방지역에 대한 준비를 철저히 할 것을 교시한 것이다. 김일성이 언급한 후방지역은 과거 6.25동란시 활용했었던 조선족이 현재 거주 중인 중국 동북지역까지를 포함하고 있다는 것을 알 수 있다.

유사시 중국 동북지역의 후방기지화 전략은 기본적으로 중국과 북한의 필요에 의한 것이다. 미국을 견제하기 위해 북한을 여전히 활용하려는 전략이다. 이런 가운데 북한에게도 중국의 자동개입 지원을 약속받을 수 있는 실질적 안전장치여서 양측 간 이해관계가 일치한 데 따른 것이다.

문제는 북한과 중국의 김일성과 모택동이 이미 사망했음에도 불구하고 이들이 생전 교시했던 내용들이, 종교의 경전과도 같이, 여전히 양측 체제에 정치적 군사적 정책적 기준으로 작동 중이라는 점이다.

한편 위에서 김일성이 언급한, 6.25동란 중 북한사람들의 동북지역 피난과 관련된 내용이 기술된 사례가 있다. 김정일의 전처 성혜림의 언니 성혜랑이 서방권 국가에 망명한 후 저술해 국내에 소개되었던 『등나무 집』에 6.25동란 당시 성혜림과 성혜랑이 함께 중국으로 도피했던 구체적 사실들이 생생하게 같은 책자 216페이지 부터 225페이지에 이르기까지 기록되어 있다. 동란 후 전후복구사업에서 북한이 단기간에 다시 일어선

것도 소련과 중국, 공산권의 전폭적인 지원도 있었지만 중국 동북지역이 피난처로서 후방기지로써 가장 큰 역할을 했었음을 알수 있다.

중국이 현재 점유 중인 동북지역은 과거 한국민족이 살았던 지역이며, 한국 고유의 언어와 문화가 계승되어 오는 중국 국적 조선족 약 200만 명이 살고 있는 곳이다. 중국과 북한은 정치적 군사적으로 일체가 되어 유사시 이 지역을 활용하기 위해 충분한 준비를 비밀리 진행 중이다. 이것은 중국이 북한의 군사적 충돌시 자동 개입하겠다는 또 다른 정치적 장치를 마련한 것이다. 특히 중국이, 미국과 군사적으로 충돌하는 경우에도, 북한을 개입시켜 한국 미국 일본을 대상으로 한 군사행동에 나서도록 해, 한반도가 대리전쟁 유혈지역화 될 수 있는 가능성을 열어 두었다고 볼 수 있다.

> 美 前 대통령 조지 W 부시, "북한 문제는 한국과 중국이 같이 노력하지 않으면 해결책이 없다. 중국이 김정은정권의 존립을 가능하게 하는 역할을 하고 있기 때문이다. 중국은 북한과 국경을 맞닿고 있기 때문에 북한의 불안정한 상태를 걱정한다. 오히려 핵무기보다 그걸 더 우려할 수도 있다."[63]

한국은 중국과 수교한 후 양국 간 무역 규모는 급증했다. 반면 정치적 군사적 교류는 북한에 비해 매우 열세다. 중국이 자유민주체제의 인류 보편적 정치적 가치관을 지향하고 있지 않기 때문이다. 현재 중국체제는 일당독재 전체주의 패권추구 정권이다. 한반도는 북한 핵무기 개발로 인해 어느 때보다 군사적 긴장이 고조돼 있다. 2020년 10월 기준 한국에 체류 중인 외국인 222만 명 중 약 75만 7천 명이 중국 국적자이다.

이들 중 상당수는 중국 국적 조선족이다. 중국과 북한 간 동북지역의 군사적 후방지역 밀약에 대해, 우리는 동맹국과 함께 군사적 정치적 대응 전략을 더욱 제고시켜 나가야 한다.

# 제 3장 북한사람 10대 정치의식

## 14. 북한사람, 김일성김정일주의 이데올로기 정치의식

### 가. 김일성김정일주의 지배이데올로기

이데올로기는 정치적 갈등을 기반으로 한다. 역사적으로 통치집단은 자신과 관계되는 특정 정치상황에 대해 사상적인 요소들을 발굴해 왔다. 통치집단은 자신의 정치적 지배의식을 저해할 우려가 있는 것에 대해 적극 대처해 왔다. 이데올로기는, 집단의 집체적인 무의식성이 특정한 상황 아래, 모든 집단이 진실된 사회실태를 직시하지 못하게 만든다. 통치집단은, 이데올로기를 통해 사회가 은연중에 안정된 것 처럼 보이게 하려는, 의도를 은닉한다.[1]

정치의식은 사람들의 정치 행동을 결정하는 정신작용을 말한다. 정치의식은 정치와 관련된 사람들의 의식의 종합체이다. 인식과 평가와 태도를 말한다. 정치의식이 형성되는 직접적 계기는 정치제도와 권력적 통제이다. 정치적인 규제와 권력적인 통제는 사람들 생활에 큰 영향을 준다. 사람들에게 이익과 불이익을 가져 온다. 정치의식은 같은 집단, 계층, 계급, 연령, 학력, 성별 등과 같이 사회생활 공동체에서 발생하는 공통의식을 공유한다.[2]

북한 김일성은 주체사상을, 김정일은 주체사상에 기초한 선군사상을 내세워 북한체제를 지배했다. 김정은은 주체사상과 선군사상을 기반으로 한 김일성김정일주의라는 지배이데올로기로 북한사람들 정치의식을 통제한다.

북한의 정치제도와 권력적 통제 역시 북한사람의 정치의식 형성에 직접적 영향을 주고 있다. 북한의 정치제도와 권력적 통제에 가장 큰 영향을 주는 핵심적 역할을 하고 있는 것은 김일성이 제기하고 김정일이 심화시킨 주체사상이다. 북한 주체사상은 북한사람들의 의식세계를 권력적으로 통제하도록 작동 중인 지배이데올로기이다.

김일성김정일주의는 현재 북한 지배이데올로기이다. 2014년 4월 김정은이 노동당규약 개정을 통해 김일성김정일주의를 당의 지도적 지침으로 지정했다. 또한, 북한 통치이념이자 지도사상이기도 하다. 북한 김정일은 김일성 사후 김일성혁명사상과 주체사상을 혼합해 '김일성주의'라고 지칭했다. 이후 자신의 소위 선군정치도 김일성 주체사상을 기반으로 한 것이라고 주장했다. 이런 김정일 행태는 세습독재체제에서 '김일성이 곧 김정일'이라는 것을 주입하기 위한 인위적인 표현이다. 김정은도 선대를 본받아서 김일성 주체사상과 김정일 선군사상을 묶어 김일성김정일주의로 지칭했다. 북한 독재자들은 사실상 같은 주체사상에 대해, 세대를 이어가며 명칭돌려막기 중이다.

유엔, "북한체제는 전체주의 국가의 많은 특징을 보인다. 한 개인이 이끄는 일당 통치는 현 최고지도자가 김일성김정일주의라고 일컫는 정교한 지도이념에 기반을 두고있다. 북한체제는 유년시절부터 사상을 주입시키고 공식이념에 의심을 품는 모든 정치적 종교적 의견을 억압하며, 주민들의 이동 및 타국민과는 물론 북한주민들끼리 소통도 통제함으로써 주민들에게 이러한 지도이념을 내재화시킨다. 성별과 성분에 따른 차별을 통해 정치 체제에 대한 도전을 만들 가능성이 거의 없는 엄격한 사회구조가 유지된다."[3]고 보고

이런 과정들은 김일성이 김정일이고 김정일이 김정은이라는 희한한 궤변적 논리로 전변되었다. 실제 북한 사회는 '김정은이 또 한 분의 김일성'이라고 선전선동 중이다. 북한 매체들은 "김정은이 독창성과 정당성이 있는 김일성김정일주의를 제기하여 북한 사회를 새로운 역사적 단계로 올려 놓았다"고 칭송한다. 이는 모든 주민이 김일성에게, 김정일에게 하였듯이 김정은에게도 충성해야만 한다는 또 다른 표현이다.

북한사람 정치의식을 지배 중인 소위 김일성김정일주의의 기원은, 그들 정권 초창기 선전들과 다르다. 북한체제 수립은 마르크스 공산주의 혁명과 전혀 무관하다. 북한은 1945년부터 3년간 진행된 소련 군정에 의해 강제 이식된 단순한 스탈린주의 괴뢰정권이다. 불교와 유교는 발생지보다 오히려 전혀 다른 지역에서 찬란하게 번성하고 있다. 스탈린 체제 역시 발생지 소련보다, 북한에서 70년 이상 장기적으로 현존하고

있다. 이는 북한정권 자체가 그들 선전과 달리, 가장 이율배반적 비주체적 체제임을 역사적으로 스스로 방증하는 것이다.

북한은 일제강점기 이후 곧바로 스탈린체제로 이어졌다. 북한사람은 제2차 세계대전 후 자유민주주의는 차치하고 민족자주 정치의식조차 접하지 못했다. 스탈린은, 북한에 자신과 같은 개인숭배체제 괴뢰정권 수립을 위해, 김일성 우상화를 초기부터 시행했다. 스탈린은 소련 군복을 입은 김일성을 점령군 소련 군대보다 늦게 평양으로 들여보냈다. 30대 초반의 본명 김성주를, 당시 항일 민족 영웅인 진짜 김일성 장군으로 개명시켜 행세하게 만들었다. 약관 김일성은 자신보다 정치경력 인생연배 등에서 한참 위인 현준혁, 조만식, 박헌영, 이승엽, 허가이 등 수많은 정치인들을 제거했다. 이런 역사적 사실들 역시 김일성 자신이 가장 비주체적으로 스탈린에 의해 옹립되었다는 것을 증명해 주고 있다.

북한의 초창기 공식 이데올로기는 스탈린주의에 그 근거를 두고 있다. 스탈린주의는 신적 경지의 독재자가 단일대중정당과 만능의 공식 이데올로기를 통해, 중앙집권적통제를 강제적으로 집행하는 것을 정당화하는 것을 특징으로 한다. 그러나 이후 6.25동란 중이던 1953년 스탈린이 급사하자 소련에서 스탈린 우상화에 대한 격하운동이 발생했다. 이와 관련해 북한 내부에서도 김일성 우상화를 반대하는 소위 '8월종파사건'이 발생했다. 그러나 김일성은 생전의 스탈린과 같이 정치적 테러를 통해 북한 내부 정적들을 철저하게 제거했다.

소련 스탈린과 중공 모택동은 수천만 명 이상의 무고한 사람들을 처형했다. 처형의 명분은 이데올로기에 근거했다. 북한 내부 정치적 기반이 없었던 약관 김일성도 반대파 세력들을 척결하는 데 이들 독재자들의 행태를 모방했다. 김일성은 1958년부터 1960년까지 정치보위부를 통해 '중앙당집중지도'라는 명분 아래 주민성분 분류작업을 시행했다. 이를 통해 반대파와 무고한 수십만 명을 처형했다. 살아남은 자들은 정치범수용소로 보냈다. 숙청 과정에서 주창되었던 이데올로기는 소위 '재등록, 인민의 적'으로 지칭되었던 북한판 스탈린주의였다. 그러나 이는 말뿐이고 실제 처형에 합당한 이유조차도 없었다. 정치적 목적에서 자행된 시범적 처형들은, 이후 수십 년간 이를 목격했던 기억들이 남아 있는 북한 군중들을 순종적인 소와 같은 존재로 만들었다.

스탈린 이후 소련과 공산국가들은 개인지배 대신 집단지도체제를 수립했다. 그러나 북한은 이와 달리, 김일성 우상화를 더욱 강화시켜 나갔다. 이미 살펴본 바와 같이 북한체제와 김일성은 모두 비주체적 특성을 지닌다. 비주체를 가리기 위해 위장된 북한식 주체가 필요했다. 이때 급조된 것이 북한 김일성우상화에 근거한 지배이데올로기였다. 소위 항일빨치산혁명 김일성우상화라는 정치적 조작물이 양산됐다. 김일성 우상화용 이데올로기가 필요했다. 불법 통치행위에 대해 그 정당성을 인정받고, 이를 심화시킬 목적으로 북한판 이데올로기가 창조되었다.

북한 김일성은 기존 공산주의 집단주의 체제를 배격했다. 또한, 소련과 중국의 내정간섭을 회피하기 위해 후에 김일성주의로 지칭되는 주체사상을 급조했다. 그래서 북한은 초창기에 주체사상이 마르크스 레닌주의 일반 원칙을 북한 내부 실정에 맞게 창의적으로 김일성이 적용한 것이라 선전할 수밖에 없었다. 주체사상 핵심은 소위 '혁명과 건설의 주인은 인민대중이며, 혁명과 건설을 추진하는 힘도 인민대중들에 있다'고 주장한다. 주체사상은 '사람이 모든 것의 주인'이라며 인본주의에 근거를 둔 것처럼 선전을 한다. 그러나 북한사람들이 일상에서 주체사상의 내용과 같이 주체적 창의적 의식적으로 생활하는 것은 곧 죽음을 의미한다. 맹목적 복종만 요구된다. 스탈린은 생전에 "위대한 수령의 사상의식이 모든 사람들 행동을 규정한다"며 개인숭배를 진행했다. 모택동도 이것을 이어 받았다. 북한의 김일성과 김정일도 이를 주체사상 수령론에 반영시켰다. 주체사상에 "뇌수인 수령만 사고하고 수족인 인민들은 복종해야만 한다"고 명시했다. 정작 인민의 주체를 주창하지만 가장 비주체적인 것 또한 북한의 주체사상이다.

김정일은 주체사상에 자신의 세습적 후계체제 정당성, 수령을 뇌수로 하는 혁명적수령관이라는 해괴한 논리도 개발했다. 김정일이 주도해 발간한 '주체사상총서'는 총 10권으로 전체 3천 페이지에 달한다. 김정일은 "주체사상으로 인해 전 세계 사상 분야에 위대한 주체세계의 경지가 열었다"고 주장했다.

또한, 주체사상과 함께 북한에서 세대를 이어 가며 주민들에게 세뇌하는 것이 유일사상이다. 유일사상은 김일성사상교육체계를 지칭한다. 유일사상은 '다른 사상은 북한내부에서 용인하지 않겠다'는 선언이다.

유일사상도 해방 후 북한에서 김일성이 반대파들을 제거하는 과정에서 발생했다. 스탈린주의 영향으로 유일사상을 내세워 모든 정적들을 제거했다. 또한 유일사상은 주민들이 평상시 김일성 3대에 대해 무한 충성하고, 유사시 영도자를 위해 목숨을 희생하도록 정치의식을 제고하는 데 그 목적이 있다.

북한 유일사상교육은 다음과 같이 4가지로 구분된다. ①우선 당정책에 관한 교육이다. 주민들이 모든 정치의식 판단에서 당이 결정한 정책을 기준으로 생각하고 행동하도록 하는 것이다. ②다음은 혁명전통에 관한 교육이다. 주민에게 김일성으로부터 비롯되었다는 노동당의 혁명전통을 계승토록 강조하는 것이다. ③또한 계급교양이다. 주민들에게 낡은 사상을 뿌리 뽑고 노동계급, 혁명사상, 공산주의 사상으로 무장시키는 것이다. ④끝으로 사회주의 애국주의 교양이다. 주민에게 김일성 수령을 목숨으로 지키고 수령 의지대로 생각하고 행동할 것을 교양한다. 유일사상의 핵심은 김일성 3대에 대해 맹종하고, 독재자를 위해 목숨을 희생하고, 후계 세습체계를 인정하는 인간들을 양성하는 데 있다.

북한 김일성 세습적 후계자 김정일은 1974년 2월 19일부터 15일간 진행된 '사상부문일꾼강습회'에서 김일성일인독재를 심화시키기 위해 '유일사상체계확립10대원칙'을 제시했다. 10대원칙은 북한사람이 일상적 정치의식을 지배하는 핵심내용이다. 그 주요 내용은 ①김일성혁명사상으로 사회를 일색화 하기 위해 몸 바쳐 투쟁할 것 ②김일성을 높이 받들 것 ③김일성의 권위를 절대화할 것 ④김일성의 교시를 신조화 할 것 ⑤

김일성의 교시 집행에서 무조건성 원칙을 지킬 것 ⑥김일성을 중심으로 전당의 사상의지 통일과 혁명적 단결을 강화할 것 ⑦김일성을 따라 배워 공산주의 풍모와 혁명적 사업방법 인민적 사업 작풍[4]을 소유할 것 ⑧ 김일성이 안겨준 정치생명을 귀중히 간직하고 충성으로 보답할 것 ⑨김일성의 유일영도 밑에 한결같이 움직이는 조직규율을 세울 것 ⑩김일성이 개척한 혁명위업을 대를 이어 계승 완성해 나갈 것 등이다. 상기 10개 조항에는 각기 몇 개씩 준수해야 할 세부 내용들이 각각 있어, 총 65개에 달한다. 10대원칙 핵심은 10번째로 북한사람이 대를 이어 '김정은을 김일성 김정일과 같이 똑같이 여기고 충성하라'는 것이다.

북한에서는 독재자 외 그 누구든 지위 고하에 관계없이 모든 남녀 당원들은 당 조직의 말단조직 당 세포에 소속되어 당 생활을 해야만 한다. 당 세포가 주관하는 생활총화에 반드시 참석해야 한다. 생활총화는 10대원칙, 김일성교시, 김정일말씀 등에 근거한 자아비판을 찾아서 스스로 비판해야만 한다. 10대 원칙은 북한독재자의 유일사상 유일독재를 담보시키는 강력한 통치수단이자 북한헌법 보다 상위의 지위를 지닌다.

10대원칙은, 북한사람의 정치의식을 굴종적 노예상 태로 만들어, 김일성 3대 세습에 맹종, 맹신토록 하는 모든 생활의 지침이다. 북한사람들은 이를 철저하게 암송하고, 시험에 통과해야 하며, 일상생활 중에 실천해야 한다. 수시적 정기적으로 자아비판과 상호비판을 통해 정치의식도 검증받는다. 김정은은 2013년 8월 39년만에 '유일사상10대원칙'을

'유일적영도체계확립10대원칙'으로 개칭했다. 그 내용 중 극히 일부만 수정해 오늘에 이르고 있다.

## 나. 정치적 함의

북한 김일성은 1955년 12월 28일 도시군당선동원대회연설에서 최초로 주체사상을 언급했다. 주체사상이 나오게 된 배경은 첫째, 6.25동란 후 전후복구사업에서 김일성이 중공업 우선 정책을 펼치자 소련파와 연안파가 이를 반대하고 나섰다. 그러자 김일성은 이를 교조주의자 사대주의자 수정주의자 기회주의자 등으로 몰아세우고 주체 자주를 명분으로 정적들을 제거하는 데 활용했다. 둘째, 1960년대 초기 구체화 된 중소이념분쟁으로 말미암아 사회주의 진영이 분열되고 분파들이 생겨나자 김일성이 궁여지책으로 자주를 들고 나왔다.

김일성은 주체사상의 본질에 대해 **"자기운명의 주인은 자기자신이며 자기 운명을 개척하는 힘도 자기자신에 있다는 사상"**이라고 1973년 8월 12일 일본 마이니찌신문 편집국장 질문에 답변한 바 있다. 북한체제는 주체사상의 구현원칙에 대해 "사상에서 주체, 정치에서 자주, 경제에서 자립, 국방에서 자위"원칙을 구현하는 것이라고 선전한다. 그러나 이 모든 원칙들은 세계의 모든 국가들이 대내외정책에서 확고하게 견지하고 있는 일반적인 원칙일 따름이다. 또한, 북한체제는 어용학자들을 동원해 주체사상 기원이 1920년대 김일성이 창시되었다고 선전하고 있다.

그렇다면 북한의 김일성은 어찌하여 1945년 12월 미소공동위 모스크바 3상회의에서 결정한 신탁통치안을 소련의 지시에 따라 찬성하고 나섰는지 그 이유를 설명하지 못한다. 그리고 1955년 이전의 노동당 역사에서 조차 주체라는 단어를 찾아볼 수 없다. 그리고 1970년 이전까지 마르크스 레닌주의를 당 지도적 지침으로 한다고 되어 있다. 북한 주체사상은 마르크스 레닌 공산주의 사상들과도 괴리가 있다. 주체사상은 자체의 논리적 모순조차도 설명을 못한다. 주체사상은 김일성 유일지배와 유일사상으로 무장시키기 위한 급조 조작된 북한체제 이데올로기에 불과하다.

모든 북한사람의 행동들은 이데올로기란 이름으로, 이데올로기 척도에 근거해야만 한다. 북한 주민 정치의식은 김일성김정일주의 아래 철저하게 종속된다. 공산권 붕괴로 공산주의 이데올로기는 이미 종말을 고했다. 그러나 북한은 해괴한 김일성김정일주의라는 지배이데올로기가 체제 차원에서 진행 중이다. 북한주민들 정치의식을 지배중인 김일성김정일주의는 많은 면에서 스탈린주의의 토대에서 벗어나지 못하고 있다. 현재 북한 세습독재자인 김정은은 오히려 북한체제를 사상강국 운운하며 이를 더욱 강화 중이다.

북한 문제는 북한사람들 문제이다. 북한사람들 문제는 북한사람들 정치의식문제이다. 북한사람 정치의식 중심에는 세습 독재 3대 김일성김정일김정은이 자리하고 있다. 북한의 3대세습 독재가 이어지는 만큼 북한사람의 정치의식도 대를 이어가며 심각하게 왜곡되었다. 북한사람은 스탈린체제 아래 70년 이상 살고 있다. 북한체제와 북한사람 정치의식은 동거한다. 북한사람에게 이것은 이미 살고 죽는 문제이다. 북한사람은 초기에는 이를 강압에 의해 이를 받아들였지만, 이후 스스로 체화되어 이를 축복으로 찬양 중이다. 이미 무의식 자발적 협조적 의식 수준에 이르렀다. 여기에 예외가 없다. 우리가 북한사람의 정치의식을 엄중히 주시해야만 하는 이유이다.

> "독일통일 이후 동독지역의 체제전환과정에서 서독과 동독주민들간 심리적인 분단이 강화되는 역설적인 현상이 발생되었다. 통일이 되고 난 후에야 동독인과 서독인이 얼마나 다른지를 비로소 깨달았다는 말이 통일독일에서 공공연히 나오고 있다. …… 기존 연구 방법론은 사회주의 인간형 자체에 대한 연구였을 뿐이라는 한계 때문에 독일의 통일과 동구권의 체제전환 상황에 대한 분석이 제대로 이루어 질수 없었다."[5]

# 15. 북한사람, 신정적 신민적 정치의식

## 가. 신정적(神政的) 정치의식

북한 김일성이 개발한 지배이데올로기 주체사상은 북한사람들로 하여금 자신들과 세계에 대한 왜곡된 정치의식을 갖도록 하는 역할을 하고 있다. 북한체제가 70년 이상 지탱되는 핵심적 역할을 하는 이면에는 북한사람의 정신을 지배하는 주체사상과 함께 신체를 구속하는 혹독한 공포통치에 기인한다.

북한 주체사상의 핵심 내용인 수령론에는 "혁명력량을 꾸리는 데서 중요한 것은 인민대중을 의식화 조직화하여 혁명의 정치적 역량을 꾸리고 그에 의거하여 경제적 역량과 군사적 역량을 꾸리는 것이다"라고 되어 있다. 이는 북한체제가 북한사람들을 가장 먼저 정치적으로 의식화 시켜 정치역량을 강화한 후에 경제적 군사적 목적으로 활용하려는 저의를 공공연히 나타낸 것으로 볼 수 있다.

김현희[6] 대한항공 폭파범은 "성경이 어쩌면 그렇게도 주체사상과 비슷한지 모르겠어요. 성경을 먼저 공부하고 주체사상을 배우면 이해가 빠를 것 같아요. 성경에 나와 있는 예수님이란 이름 대신 김일성이란 이름을 집어넣어도 될 것 같아요."라고 증언했다. 이는 북한 김일성 3대가 주체사상을 교리로 하는 신정정치를 하고 있다는 방증이다. 북한사람에게 김일성 3대는 실제 신과 같은 존재로 인식된다.

김현희는 "김일성의 명령만 떨어진다면 수백만 북한 젊은이들이 남조선혁명과 조국통일에 대한 종교적 열정으로 마치 순교자처럼 생명을 던지고 남쪽으로 쳐내려올 준비가 되어 있어요."라고 말했다. 이는 북한사람들이 신정정치하에서 광신도적 정치의식을 지니고 있다는 증거이다. 실제 북한에서는 김일성의 명령을 준행하는 것을 지상명령으로 하고 있으며, 체제 차원에서 이를 위해 목숨을 기꺼이 바치도록 적극 독려하고 있다.

김현희는 "북쪽에서는 인간은 두 가지 생명이 있다고 가르칩니다. 하나는 부모가 주신 육체적 생명, 다른 하나는 수령님이 주신 정치적 생명입니다. 육체적 생명은 죽음으로써 끝나지만 정치적 생명은 다른 사람들의 머릿속에 영원히 남아있다고 합니다. 노동당에 입당함으로써 정치적 생명을 얻게 된다고 해요. 영원한 정치적 생명을 얻기 위해서는 일시적인 육체적 생명을 버려야 한다고 가르칩니다. 그쪽에서는 종교라는 소리를 들으면서 저 자신부터 무시무시해지고 속이 뒤틀릴 정도로 종교를 악선전을 하였는데 알고보니 같지 뭡니까?"라고 말하고 있다. 김현희가 증언한 '수령이 주는 정치적 생명'은 주체사상의 '사회정치적생명체론'을 의미한다.

이는 기독교 교리를 유추 도용한 것이다. 상기 내용은 기독교 조직신학 구원론과 비교된다. 기독교 구원론은 성령의 인격과 사역을 다룬다. 특히 소명, 회개, 회심, 믿음, 칭의, 중생, 성화, 견인, 영화 등 '구원의 서정'을 주제로 한다. 하나님의 택함을 받고 죄를 용서받은 '하나님의 구원의 서정' 가운데 있는 기독교인은 새 생명을 얻어 영원히 죽지 않는다고 믿는다. 북한 주체사상은 많은 면에서 기독교 조직신학인 신론, 인간론, 기독론, 구원론, 교회론, 종말론을 도용하여 구차한 북한 신정정치 지배논리를 개발했다.[7]

이어 김현희는 "성경에 10계명이 있는 것처럼 주체사상에는 10대원칙이란 것이 있어 늘 외우도록 하며, 매주 드리는 주일예배는 북쪽에서 하는 주간생활총화, 자아비판과 매우 비슷해요. 성령, 성자, 성부의 삼위일체와 당, 인민, 수령의 전일제도 비슷하고 김일성의 무오류성은 하나님의 전지전능과 같습니다."라고 말하고 있다. 이는 북한주민들의 일상생활 자체가 기독교 교회공동체 생활과 같은 방식으로 운영되고 있음을 증언한다.

김신조[8]는 청와대를 습격하고 유일하게 생존한 무장공비 출신이다. 한국에서 목사로 활동 중이다. 김신조는 "내 경험으로 볼 때 김일성이란 존재를 극복하는 것은 오랜 시간이 걸리는 문제로 귀순자들이 정말 김일성을 극복했다고 보기 어렵다고 봅니다. 하나님 하니까 자꾸 김일성이 생각나는 겁니다. 예수님 하니까 또 김정일이 생각나요. 우리가 김일성을 신으로 섬겼거든요."라고 증언한다. 이는 북한을 탈출하여 한국에 정착한 탈북자들도 상당 기간 북한사람의 정치의식을 여전히 지니고 있을 가능성을 의미한다.

김신조는 "김정일도 '아버지의 아들'이거든요. 북한에서 구역예배는 당세포 회의와 같고, 구역장은 세포위원장(책임비서)과 같고, 회개는 자아비판과 같고, 학습과 생활총화로 잘 짜여진 북한사회는 기독교와 비슷한 점이 많아요."라고 말한다. 김신조의 증언은 김현희와 동일하다. 김신조는 1968년 1월에, 김현희는 1987년 11월 각각 한국에 오기까지 약 20년의 차이가 있지만, 이들의 정치의식은 완벽하게 같다. 이는 북한 사회가 전체주의 체제라는 특성을 지니고 있기 때문이다. 하나가 전체와 같이 전체가 하나와 같이 모두 같은 정치의식을 공유하도록 공포통치를 강요당하는 사회이기에 가능하다.

모든 북한사람들은 김일성 3대의 신을 위해 존재한다. 김일성의 사고대로 행동하는 객체가 되어야 한다. 북한체제는 정치교양에서 주체사상을 강조한다. 그러나 주체사상은 수령은 신체에서 생각하는 뇌수와 같고, 인민은 이를 실행하는 수족이라 말하고 있다. 이것이 주체사상 핵심인 '수령론'이다. 주체사상은 이런 면에서 가장 비논리적이며 가장 비주체적인 사상이다.

안명철[9]은 정치범수용소 완전통제구역의 경비대원 출신이다. 안명철은 김현희, 김신조와 같이 북한에서 선별된 엘리트가 아니었다. 그럼에도 불구 하고 탈북 시 겪은 다음의 증언내용은 일반 북한사람의 '김일성에 대한 무의식적 정치의식'의 단면들을 보여주고 있어, 매우 충격적이다.

안명철은 "북한을 탈출한지 이틀 만에 하얼빈으로 가는 기차 안에 있었다. 돈도 떨어지고 지리도 모르고 아는 사람도 없었다. 중국공안과 북한보위부 추격으로 언제 잡힐지 모르는 신세가 되었다. 길림역 새벽 기차 안은 한가했는데 조선족 중 나이가 60정도 되는 할아버지 한명이 있었다. 그에게 내 상황을 이야기 하고 도와줄 것을 부탁했다. 무조건 남조선으로 가야하니 남조선 사람을 만나게 해달라고 말했다. 할아버지는 '도와주겠다' 면서 '한국사람을 만난다고 하여 모두 한국에 가는 것이 아니'라고 말했다."고 진술하고 있다.

이어 안명철은 "할아버지는 '나도 북한에 친척이 많고 한국에도 친척이 많지만 김일성은 정말 나쁜 놈이다. 그놈 하나 때문에 수천만이 고생한다'고 하면서 김일성 수령을 욕하는 것이었다. 순식간에 나는 나도 모르게 그 할아버지 뺨을 후려쳤다. 맞은 할아버지도 당황했고 나도 내가 왜 그랬는지 당황했다. 나를 도와주겠다고 하는 할아버지가 김일성, 김정일을 욕하자마자 나도 모르게 뇌리에 박혀있던 사상교육의 잔재를 드러낸 것이다. 참으로 황당했다. 나를 살려주겠다고 하는 은인을 김일성을 욕했다고 패다니! 기가 막힌 노릇이었다. 나는 할아버지에게 연신 죄송하다고 하였다. 한참만에 노여움을 푼 할아버지가 '네가 잘못 한 것이 아니다. 다 그놈들 때문이다'라고 하며 오상현에 있는 자기 집으로 나를 데려갔다." 라고 진술했다.

북한 김정일은 김일성에 대한 주민들 일상적 정치생활지침을 1974년 4월 제정했다. 북한의 '당의유일사상체계확립10대원칙'이 바로 그것이다. 이후 39년만인 2013년 8월 김정은이 '당의유일적영도체계확립10대원칙'으로 개칭하여 이를 다시 발표하였다. 여기에 '수령에 대한 권위 훼

손 시 이를 묵과하지 말고 비상사건화 할 것'을 여전히 명시하고 있다. 10대원칙은 10개 조항 65개 세부항목으로 되어 있고, 북한사람이면 누구나 이를 암기하여 그대로 실천해야만 살 수 있다. 예외가 있을 수 없다. 안명철 입장에서는 아주 당연한 행동을 하였고, 북한사람 그 누구도 안명철과 같이 행동했을 것이다.

2003년 8월 대구유니버시아드대회때 소위 '북한미녀응원단'이 달리는 버스에서 뛰어내려 비 맞는 김정일의 초상화를 끌어안고 통곡한 사건이 있었다. 이것은 김정일에 대한 단순 충성심의 표출이 전에 그들에게는 죽느냐 사느냐 하는 원초적인 문제였다. 문제는 무의식적으로 이런 행동이 집단적으로 자연스럽게 나왔다는 점이다. 이는 북한사람의 정치의식이 그 교육받은 내용들의 진실 여부를 떠나 심각한 수준에 달하였음을 방증한다. 북한체제 선전대로 신정체제의 소위 '사상강국'이 되어 있다. 북한사람들이 무의식적으로 행동에 나설 수 있을 정도로 세뇌되었음을 증명하고 있다. 북한사람의 정치의식을 경계해야만 하는 이유가 여기에 있다. 북한체제는 이미 '김일성 김정일 김정은 3대 수령을 높이 모시기 위한 5대원칙'을 정해 놓고 있다. 5대 원칙은 "①신념화 ②신조화 ③신격화 ④절대화 ⑤무조건 복종"이 그것이다.

나. 신민적(臣民的) 정치의식

신동혁[10]은 소위 정치범수용소를 탈출한 탈북자이다. 신동혁의 증언은 북한사람들의 신민적인 정치의식을 보여주고 있어 충격적이다. 북한

사람 스스로 독자적 의식형성에 한계가 있다는 것을 보여준다.

신동혁은 "내가 탈출을 한 것도 수용소 체제에 불만이 있어서 나온 것이 아니라 그냥 일이 힘들고 지쳐서 나온 것이다. 부모가 지은 죄도 내가 감당해야 한다고 생각했다. 비록 수용인원이 몇만 명이나 되고 경비병의 수가 얼마 되지 않아도 폭동은 일어날 수 없다. 감시 신고 체계가 확실히 잡혀있기 때문에 폭동이나 저항은 엄두를 못낸다. 관리소 수용자들은 담당보위원 개인에게 불만을 가질 수 있지만, 수용소 체제 자체에 대한 불만은 없다. 설령 보위지도원에 대한 불만이 있어도 참고 넘기지 반항은 꿈도 못꾼다. 수용소 내에서 폭동이 일어나는 것은 불가능하다."라고 말하고 있다.

이어 신동혁은 "어떤 책에서 폭동 관련 내용이 나오는 데 그건 있을수 없는 일이라고 생각한다. 수용소에서는 기본적으로 사람들을 먹는 것으로 통제한다. 누군가 다른 사람의 탈출이나 폭동계획을 알게 된다면 바로 신고할 생각부터 하지 폭동에 가담한다는 것은 불가능하다. 수용자들은 기본적으로 그런 사고체계를 갖고 있기 때문에 폭동은 절대일어날 수 없다. 신고에 대한 포상이 확실하진 않지만 대개 신고한 대가로 처벌받은 사람의 밥을 자기가 먹을 수 있기 때문에 모두 그렇게 신고한다. 나도 신고를 해보기도 하고 신고를 당해 보기도 했는데 신고를 한사람에게 주어지는 것이라곤 기껏해야 신고당한 사람의 밥 세 숟가락 정도를 뺏어 먹을 수 있는 것이었다. 이외에 특별한 신고 포상은 없다."라고 증언하고 있다.

신동혁의 증언은 북한체제하 수용소 단면을 극적으로 보여 준다. 원초적인, 극단적인, 동물적인 인간 이하 수준의 생활상을 보여준다. 신동혁뿐만 아니라 여타 북한 탈북자들 증언에서도 마찬가지다. 수용소 외 북한 내 일상생활도 여기와 진배없다. 다른 정치의식을 지니는 것은 죽음을 의미한다. 그렇게 70년 이상 길들여 왔다. 전체주의 공산사회주의 독재체제의 일상적 특징은 일정한 기간 일정한 인원을 상대로 처형을 정례화 하여, 체제저항 정치의식 의지의 싹을 아예 자르는 것이다. 이를 가장 모범적으로 실행한 자가 독재자 스탈린이었다. 북한은 아직도 철저하게 스탈린 방식을 실행하고 있다.

김혜숙[11]은 정치범수용소에서 28년 동안이나 갇혀 있었다. 김혜숙 증언도 북한사람의 정치의식 수준을 가늠해 준다. 김혜숙은 "한국으로 온 나는 북한의 북창수용소 최장기수로서 북한의 실상을 알리는 일을 하며 살아가고 있다. 또한 북한에서 겪은 참상을 그림으로 그려 한국은 물론 해외에 알리고 있다. 그들 중에는 내가 증언하고 그린 그림의 내용이 사실이냐며 믿기 힘들어하는 사람들도 있다. 그도 그럴 것이 상상도 해보지 못한 처참한 북한 주민들의 인권유린과 죽음은 충격 그 자체이기 때문이다."라고 말한다.

김혜숙은 "누구나 누려야 할 '인권'이 무엇인지도 모르고 살아가는 북한의 동포들, 그들은 가난한 북한이라는 나라에서 태어났다는 이유만으로 어쩔 수 없이 굶주리며 살아가고 있다. 인간이 누려야 할 인권이 존재한다는 사실을 나는 한평생 모르고 살았다. 김정일정권은 체제 유지를 위해 주민들을 억압하고 철저하게 세뇌시키고 있다. 아직 북한에 살고있는 동포들은 자유의 소중함을 모른 채 살아가고 있다."고 증언한다.

김혜숙의 진술은 북한 내부에 인권이 존재하지 않음을 의미한다. 탈북 이후에 비로소 '인권의 진정한 의미'를 알았다는 말이다. 북한은 대외적으로 인권에 대해 "사회주의 조국인 북조선에서만 진정한 의미의 인권이 있다"고 강변하고 있다. 김현희는 "북한 인민들은 자기 인생을 사는 것이 아니라 김일성과 김정일의 인생을 대신 살아주고 있습니다. 김일성이 저주스럽고 인민들이 불쌍합니다"[12]라고 말한다. 이는 북한사람들의 정치의식이 김일성체제에 대해 매우 굴종적이며 신민적(臣民的)임을 의미한다.

## 다. 정치적 함의

북한 김일성은 **"사회의 주인인 사람들을 공산주의적으로 교양 개조하여야 공산주의 건설의 근본문제를 해결할 수 있으며 물질적 요새도 성과적으로 점령할 수 있습니다. 그러므로 노동계급의 당과 국가는 자본주의로부터 사회주의에로의 과도기에 사람들을 공산주의적으로 교양 개조하여 사상적 요새를 점령하는 데 선차적 힘을 넣어야 합니다"**[13]라고 말했다. 이는 김일성이 북한사람을 의식화시키기 위해 어떻게 교육사업을 해야 하는지를 지적하는 과정에서 나온 말이다. 체제 차원에서 교육시스템을 통해 전체 주민들을 아동기부터 철저하게 사상교양을 시켜서 공산주의적 정치의식을 지니도록 교시하고 있음을 알 수 있다.

북한체제는 70년 이상 북한사람 정치의식을 마비시켜 마치 '가공할 힘이 있는 소가 연약한 주인에게 대들지 못하고 순종하도록' 만들었다. 북한은 가장 주체적인 인간을 만들었다고 선전하지만 실제는 '인간 소들'을 만들어 놓았다. 이런 표현을 쓸 수밖에 없어 안타깝다. 그러나 이것은 팩트이다.

> "한 탈북자는 일본 북한연구학자들에게 북한정치가 저질러온 온갖 학정을 소상히 설명해 주었다. 그러자 '그러면 북한 민중들은 왜 반항을 하지 않습니까?' 라고 질문하자, 이에 대한 대답은 간단명료했다. '소입니다. 북한에서는 모든 인민을 소처럼 길들여 놓았습니다. 소가 자기 주인에게 대드는 것 보았습니까?' 좌중은 정곡을 찌른 그의 대답에 모두 수긍했다."[14]

북한사람 정치의식에서 부정적 문제 중 하나는 주민들 스스로 생각하지 못하도록 제도적으로 만든 것이다. 주체사상이 그것이다. 북한은 주체사상에 대해 인간이 자주성, 창조성, 의식성을 가지도록 김일성이 창안했고 김정일이 이를 발전시켰다고 선전한다. 그러나 주체사상에서 생각하는 뇌수는 수령인 김일성이고, 인민들은 이를 실천하는 지체라고 수령론에서 정확하게 제시하고 있다[15]. 이것이 주체사상의 실체이다. 주체를 주장하면서 가장 비주체적인 체계를 만들어 소위 주체적 생각을 못하도록 강제하고 있다.

다음 김현희의 증언은 북한사람들 의식세계를 대변해 주고 있다. "지금 생각하면 저쪽에서 어떻게 살았나? 하지만 그때는 완전히 외부세계와 차단된 속에서 어떤 비교도 불가능했기 때문에 의심, 비판, 분석을 할 수가 없었습니다. 김일성의 인생을 대신 살아주는 인생인데도 어떤 것이 자유인 줄 모르고, 당에서 선전하는 대로 일제시대 보다 잘 사니까 행복하다고 믿었습니다. 저쪽 사람들은 김일성 유일체제 때문에 창발심과 탐구력이 억제되고 있습니다"[16]라고 말하고 있다. 북한에서 수령과 다른 생각을 하는 것은 죽음을 의미한다. 전체주의 독재체제 하에서 수령의 지시대로 사는 길만이 죽지않고 사는 길임을 분명히 제시하고 있다.[17]

북한사람 정치의식 형성 이면에는 북한 독재체제 특유의 김일성 3대 신정체제, 1인 독재, 전체주의, 권력 통제가 자리하고 있다. 우리는 남북관계에서 북한사람의 정치의식 문제를 우선시해야 한다. 북한 문제는 북한사람 문제이며 북한사람 문제는 북한사람 정치의식 문제이기 때문이다.

기독교 신자가 된 김현희는 "북한사람에게 김일성에 대한 외경심은 변하지 않고 있습니다. 김일성에 대한 비난은 기독교 신자가 예수님을 욕하는 것과 같은 배교적인 행위이며 내면적 정리 과정을 거치지 않고는 쉽게 나타나지 않습니다[18]"라고 말하고 있다. 북한사람의 70년 이상 경사된 정치의식 전환 문제는, 광신적인 이교도 집단을 개종시키는 것과 같은 지난한 과정이 될 것임을 암시한다.

김현희는 "북한에서는 사랑 때문에 자살했다는 이야기를 들어 본 적이 없습니다. 의리와 사랑이라는 개인적인 감정보다는 수령님에 대한 무조건적인 사랑, 즉 충실성을 최고의 미덕으로 칩니다. 내가 배웠고 실천한 인간으로서 덕성은 '수령과 당에 대한 충실성, 인민과 조국에 대한 애국심, 고매한 공산주의 품성에 기초한 혁명적 사업방법과 인민적 사업작풍, 계급적 원쑤(원수)들에 대한 불타는 증오심, 자력갱생의 혁명정신'이었습니다"[19]라고 말한다. 전체 북한사람들은 여기에서 절대 벗어나거나 자유로울 수 없다.

Raymond Aron은 『지식인(知識人)의 아편(阿片)』에서 "배고픈 사람은 신의 은혜를 믿을 수 없으며, 억압을 받는 사람은 신의 전능을 믿을 수 없다"라고 기술하고 있다. 이를 달리 표현하면 북한사람들을 굶길 수 있거나 밥을 줄 수 있는 사람이 신이 될 수 있다는 다른 표현이다. 북한사람들을 억압할 수 있거나 풀어 줄 수 있는 자도 신이 될 수 있다. 북한에서 이 모든 조건을 충족시키는 자가 김일성 3대이다. 북한에서는 김일성이 김정일이며 김정일이 김정은이다. 북한체제가 이를 주장 할 뿐만 아니라 실제 그렇다. 문제는 북한사람 대부분은 이를 의식하지도 못한다. 오히려 무의식적 찬양과 행동으로 나서는 지경에 이르고 있다.

북한 문제 핵심에, 북한사람 정치의식 문제 중심에, 김일성 3대가 자리하고 있다. 북한사람 정치의식을 바꾸는 문제는 북한사람들이 김일성 3대에 대한 잘못된 신정적 신민적 정치의식에서 벗어나는 것을 의미한다. 국제사회가 정의로운 대북압박을 통해 이런 김일성 3대의 잘못된 신성 타파에 주력해야 만 하는 정의로운 이유가 여기에 있다.

# 16. 북한사람, 김일성 사회주의운동 항일무장투쟁 맹신

## 가. 소위 김일성 '사회주의 운동'

북한체제는 김일성을 우상화하는 핵심 수단 중 하나로 1930년대 국제사회주의운동을 왜곡하여 선전하고 있다. 북한은 북한사람에게 '김일성이 레닌, 스탈린, 티토, 모택동을 능가하는 1930년대 국제사회주의운동의 세계적 1세대 혁명가'라고 교육한다.

북한은 "위대한 수령 김일성동지는 벌써 10대의 젊으신 나이에 맑스 레닌주의 고전을 비롯한 동서고금의 모든 사상과 문화에 정통하실 수 있었다"[20]고 주창한다. 또한 "조선혁명의 위대한 수령 김일성동지께서는 1930년대 초에 우리나라 공산주의운동과 반일민족해방투쟁에서 일대 전환의 새로운 력사적 단계를 열어 놓으셨다[21]고 선전한다.

일부 국내 서적도 "김일성 주석은 레닌, 스탈린, 티토, 모택동, 호지명 등과 함께 명실공히 혁명사 1세대이다. …… 김일성 주석은 대국인 중국혁명의 지도자 모택동보다도 훌륭한 점이 있으며 베트남 호지명에 절대로 뒤지는 인물이 아닌 제3세계적 혁명가"[22]라고 주장하고 있다.

그러나 김일성은 결코 세계적인 사회주의 혁명 1세대가 될 수 없다. 아무리 북한이 이를 주창해도 이는 어불성설이다. 결정적으로 북한은 일반적 상식을 거스르는 잘못을 저지르고 있기 때문이다. 북한 주장은 거짓된 선전선동에다 기본적으로 상식적인 요건조차 충족시키지 못하고 있다.

레닌은 1870년생이며 1905년 러시아혁명을 시작했을 때 35세였다. 스탈린은 1879년생이며 러시아혁명 당시 26세였다. 1912년생인 북한의 김일성은 태어나지도 않았다. 레닌과 스탈린이 볼세비키 10월혁명을 성공한 것은 1917년이었으며 당시 레닌은 47세였고, 스탈린은 38세였다. 김일성은 겨우 5세인 아동이었다.

중국 공산당의 모택동은 1893년생이며 중국 공산당이 창립된 1921년에 28세였다. 북한 김일성은 그때 9세 어린이였다. 그리고 베트남의 호지명은 1890년생이며, 30세 때인 1920년에 프랑스 공산당원이 되어 국제반식민지연합을 창설했다. 이때 김일성의 나이는 8세였다.

크로아티아(당시 유고슬라비아) 티토는 1892년생으로 지하 공산당원 활동을 1920년 개시했을 때 28세였다. 역시 김일성의 나이는 8세였다. 북한체제와 이를 추종하는 세력들은 여전히 이런 상식적 범위를 벗어나, 역사적 사실을 가리고 반역사적인 허위선전을, 장기간 세대를 이어가며 진행 중이다.

### 나. 소위 김일성 항일무장투쟁

북한체제는 북한사람에게 "김일성이 20대 초반부터 중국의 만주 일대에서 항일무장게릴라를 지휘한 독립운동가"라고 세뇌 교육 중이다. 북한사람은 1930년대 소위 김일성이 항일무장투쟁을 대대적으로 한 결과 일본으로부터 항복을 받아내 광복을 이끈 것으로, 이를 의심없이 전적으로 믿고 있다.

북한은 "김일성동지께서는 주체19(1930)년 7월 6일 이동현 고유수에서 조선혁명군을 결성하시였다. …… 주체20(1931)년 봄 돈화에서 조선혁명군성원들과 혁명조직원들을 위한 강습을 조직하시였다. 강습에서는 항일 무장투쟁 준비를 본격적으로 다그쳐 나가기 위한 과업과 방도, 기층당 조직들에 대한 통일적 지도를 보장하는 데서 나서는 원칙적 문제들과 분산된 혁명군중을 조직적으로 결속하는 문제들을 취급하시였다[23]"고 교육한다.

국내 어느 교수는 "김일성은 우리나라 항일무장투쟁 중심 세력이다[24]라고 주장했다. 또한 00의원조차 "김일성은 1937년 6월 4일 보천보습격사건에서 수적이나 장비 면에서 월등하게 우세한 일본군과 친일 조선인 1,500명을 살상했다[25]고 말했다.

북한체제가 1930년대 김일성이 단독으로 항일투쟁을 전개했다고 주장하는 것 또한 전적으로 다른 내용이다. 1920년대부터 1930년대는 중국공산당 동북항일유격대 소속 김일성과 조선족 청년들은, 선대와 본인들이 중국으로 귀화하여, 법적으로 이미 중국인이었다.

당시 한국을 강점 중이었던 일본제국주의는 한국민을 대상으로 만주 이주 정책을 시행중이었다. 또한, 이 과정에서 상당 수 한국인들이 생계를 위해 자진해서 중국으로 이주해 중국 국적을 취득했다. 그래서 8.15 해방 이후 귀국하지 못한 조선족 후예들이 길림성 연변, 장백현 등에서 조선족자치주를 형성하여 현재에 이르고 있다.

당시 중국 동북항일유격대 소속 김일성은 중국인 신분이었다. 김일성은 중국 공산당 지시에 따라 법적 조국인 중국 독립을 위해, 일본을 대상으로 유격대 전투에 종사한 것 뿐이다. 이와 관련한 한국 내 북한 문제 전문도서도 "중국 공산당은 1930년대 중반 만주지역의 장개석 정부 잔존 세력, 마적단, 비적단, 항일소수민족, 만주지역탈주자 등을 강제로 징집해, 항일유격대 조직인 '동북인민혁명군'을 결성했다"[26]고 기술하고 있다.

중국 공산당과 소련공산당의 당시 1920년대부터 1940년대까지 각종 문서들에 소위 '김일성항일무장투쟁'에 대한 어떠한 내용도 없다. 만약 이런 유사한 문서 하나라도 있다면 북한체제가 이를 선전선동에 사용하지 않았을 이유가 전혀 없다.

북한체제는 1960년대부터 본격적으로 김일성의 우상화를 진행했다. 이때 김일성을 '1930년대 1940년대 조선인민혁명군 최고사령관'으로 조작을 했다. 북한체제가 주창하는 '조선인민혁명군'은 중국 공산당 동북항일혁명역사에도 없는 유령 군사조직이다.

소련 극동지역반일혁명역사에서도 소련의 만주 국경 지역에서 1930 부터 1940년대까지 활동했다고 주창하는 북한 김일성의 조선인민혁명군 기록이 전혀 없다. 당시 소련문서에 의하면 1940년대 김일성의 상관이자 소련극동군제88정찰여단 여단장 주보중도, '조국(중국)의 혁명승리를 위해 싸우고 싶다'고 언급했다. 당시 중국 한족, 그외 소수민족은 소련군에 무장해제 되어 소련 극동군정찰국 특별제88정찰여단에 편입되었었다. 주보중은 중국공산당 동북지역 지방간부로서 소련극동군 총사령관 비실리예프 원수에게 보낸 보고서에서 "88여단은 붉은 군대와 협동으로 조속히 중국 동북지역 만주로 진출해 옛 연고지를 해방하고 파괴된 당 조직을 재건해 조국 중국의 혁명승리를 위해 싸우고 싶다"[27]고 말했다.

즉 김일성이 편입된 군사조직은 소련과 중국의 영향력 아래 놓여 있었다. 이후 소련 스탈린은 북한을 군사적 정치적으로 점령하기 위해 1945년 9월 연해주 88정찰여단 내 김일성을 발굴, 대위에서 소좌로 진급시켜, 김일성을 연해주에서 원산으로 이어 평양으로 진입시켰다. 당시 소련 스탈린은 연해주 군관구 군사회의를 통해 김일성을 조선공작단 단장과 소련군 평양시경무부(헌병) 부책임자로 그 임무를 부여했다.

북한체제는 중국 공산당 동북인민혁명군을 빙자하여, 김일성을 소위 조선인민혁명군 사령관으로 연계 왜곡시켜서, 중국과 동등한 항일무장투쟁 영웅으로 미화분식하는 역사 왜곡을 진행하고 있다.

## 다. 정치적 함의

국내외 '김일성평전'에 나오는 김일성의 일제 해방 전까지 주요 행적을 살펴보면 다음과 같다. 김일성은 1912년 4월 15일 평안남도 대동군 만경대에서 출생했다. 본명은 김성주(金成柱)였다. 1926년 만주 길림성 육문(毓文) 중학교에 입학했으며 재학중 공산청년동맹에 가입했다. 1931년 중국 공산당에 입당하였다. 1934년부터 1937년까지 중국 공산당 동북항일연군의 일원으로 동만주와 남만주 일대에서 항일 유격 활동을 했다. 1941년부터 1945년 8월까지 소련에 들어가 소련군 대위로 근무했다. 1945년 9월 소련군과 함께 평양에 귀환했다. 이상 내용은 공통된 내용들이다.

김일성은 실질적으로 당시 조선이라는 국토와 인민들로부터 떨어져 외국에서 성장한 인물이다. 더구나 중국 공산당에 입당을 하였고 그들의 지시대로 중국의 이익을 위해 투쟁한 임무 외 내세울 것이 없다. 특히 소련군과 함께 평양에 귀환했을 때도 김일성은 소련군 군복 차림이었던 사진들이 있다. 1945년 10월 14일 평양공설운동장에 소련군에 의해 나타난 김일성은 약관의 33세였다. 군중들이 모두 의심했다는 내용은 이미 알려진 내용이다. 최근 연구자료에 의하면 1937년 6월 함북 보천보를 습격한 '진짜 김일성'을 목격했다는 증인들 내용이 있다. 박달, 박금철은 '진짜 김일성'을 대면하고 약도를 그려주었다. 이후 이들은 일본 경찰에 붙잡혀 서대문형무소에 복역했다. 이들은 당시 '진짜 김일성은 키가 작고 안경 쓴 40대였다'고 진술했다.

Alberto Toscano은 『Fanaticism』[28]에서 "광신자들은 똑같은 붕대로 눈을 가리고 있다. …… 광신은 폭력적 신념에 사로잡힌 합리성이라는 틀 바깥에 위치해 있으며, 자신의 생각을 바꿀 수도 없고 주제도 바꾸지 않을 사람들"이라고 지적한다. 북한체제는 폭력적 신념에 사로잡힌 특징을 지니고 있다. 그간 북한 대남도발 행태가 이를 증명한다. 북한 광신체제의 핵심은 김일성 우상화에 있다. 우상화의 핵심적 근간은 소위 '김일성 사회주의운동과 항일무장투쟁'의 허위선전과 역사 왜곡이다. 이 두 가지 허위선전 요소가 북한사람 정치의식을 맹신토록 만들게 하는 중추적 역할을 하고 있다.

또한 Toscano는 "광신은 정치종교로 정의되며 공산주의 같은 전체주의적 운동에 내재한 추동력이다 … 광신자들은 무분별한 분노를 지닌 채 극단적 시도를 일삼기에 이들 실수로 전 인류가 희생될 수 있다"고 경고한다. 북한은 김일성을 교주로 하는 신정정치 체제이다. 북한은 김일성 3대를 세습 교주로 하는 전제적 가족적 세습적 독재체제이다. 북한체제는 강압적인 정치교리의 반복적인 주입이 일상화되었다. 광신적 신정체제 아래에서 '자신들이 미국 등에 의해 희생당하고 있다'는 근거 없는 끝없는 분노를 양산하고 있다. 또한 북한은 스스로 '정의로운 체제'라고 주민들에게 사상교양중에 있다. 침략을 했으면서도 침략을 당했다고 주창한다. 오히려 핵무장을 통한 소위 '역사적 숭고한 복수의 칼'을 갈고 있다. 상기 김일성에 대한 조작된 우상화 허위 선전선동들이 이런 광신적 폭력의 원초적인 동력 역할을 하고 있다.

이어 Toscano는 "광신의 변함없는 특징은 몰역사적이거나 심지어 반역사적이다. …… 광신은 시간의 단절, 시대착오, 불연속, 불개변성을 특징으로 한다. …… 광신은 역사 종속적이면서도 동시에 역사 초월적이며 반정치(anti political)와 극정치(ultra political)를 왕복하는 주체성 형태를 보인다"[29]고 설명한다. 이는 북한 현실을 그대로 반영하고 있다. 북한체제는 세습적 독재체제를 이어가기 위해 김일성을 우상화했다. 이 과정에서 허위선전과 역사 왜곡을 진행시켰고, 장기간의 사상교양으로 2,400만 북한사람이 왜곡된 정치의식을 지니고 있다.

한국에 망명한 북한 황장엽은 주체사상의 기초를 마련하였고 노동당 사상비서로서 김일성통치이론 조작에 직접 관여했다. 황장엽은 그 회고록[30]에서 자신이 독재자에게 아첨하였고 허위선전에 동원되었다고 고백했다.

> 황장엽, "나는 오랫동안 허위와 기만으로 가득 찬 사회에서 살아왔다. 처음에는 그 허위와 기만이 근로대중의 해방을 위해. 즉 착취계급과의 투쟁에서 승리하기 위해 필요한 것이라 생각했다. 그러나 이후에 그것이 독재자의 이기주의와 결부되어 있다는 것을 깨달았다. 독재자 이기주의는 수령 개인숭배 사상에서 집중적으로 표현되었다. 북한은 계급주의와 수령 개인숭배가 가장 심각한 나라이다. 나는 북한 통치체제의 중추부에서 독재자에게 아첨하지 않을 수 없었으며, 허위선전에 동원되지 않을 수 없었다."라고 고백

현재 북한사람은 또 한 명의 김일성을 모시고 살고 있다. 북한은 "오늘 조선인민은 위대한 수령 김일성주석님과 김정일장군님 그대로이신

경애하는 김정은원수님을 조선로동당과 국가, 군대의 최고령도자로 높이 모시고 원수님의 사상과 령도를 충정으로 받들어 나가고 있다"[31]고 사상교양 중이다.

## 17. 북한사람, 공포통치 독재체제 순응

### 가. 독재체제 순응 군중심리

북한사람은 70년 이상 3대 세습 독재체제에서 신음하면서도 이에 대해 적극 저항하지 못하고 있다. 그것은 북한체제의 상상을 초월하는 강압적 조직적 탄압과 함께 주민들의 신민적 정치의식이 혼재하기 때문이다. 이런 가운데 그 이면을 살펴보면 독재체제 특유 통치술로 인해 북한사람의 저항 의지가 억제당하면서, 체제에 순응하는 군중심리가 잠재하고 있기 때문이다.

Richard Over[32]의 『독재체제 군중심리』 내용을 참고해 보자. 독재체제에서 주민들이 봉기하지 못하는 것은 공포통치와 잔악한 지배력에 있다. 독재체제는 항상 반대파들이 사회적 갈등의 원인이니 반드시 몰아내야 한다고 주장한다. 이를 방치하면 경제적 위기, 정치적 불안, 사회적 갈등이 증폭될 것이라 말한다. 이를 위해 갈등 없는 대중합의체를 이뤄야 한다. 이 합의체가 바로 독재체제 태동의 정치적 배경이다. 이 과정에서 군중합의체에 대해 반대 입장을 표명하는 것은 용납될 수 없다. 반대 의사 표명은 곧 독재체제 탄압의 대상이 되는 것을 의미한다.

히틀러와 스탈린은 각각 '민족통합, 사회통합'을 내세워서 독일과 소련을 극악무도한 독재체제로 만들었다. 반대파들은 민족과 사회를 배반한 죄목으로 처형되었다. 독재체제의 수립 과정에서 군중은 소위 '민족통합과 사회통합'에 동의하고 순응하는 것은 숭고한 의무로 정착했다. 군중은 이러한 '동의, 순응'의 과정에 익숙하게 되며, 반대하는 군중은 정치범수용소에 격리하도록 제도화되었다. 독재체제하 반대 의사 표명은 자신이 이미 정치범이 되었다는 것을 의미한다. 반대 의사표시는, 내용상 경중에 관계없이 생사의 문제이며, 처형당할 가능성 선상에 있음을 말한다.

여기서 구별되는 것은 독재체제 아래 어떤 주민이 반대 의사를 일시적으로 표시했다면 이는 그 개인과 체제 간 어떤 사안에 대한 부분적 문제일 수 있다. 독재체제에 대한 반대가 아니다. 이런 경우 시간이 경과하면 체제에 대한 열광에서 불확실로, 이후 다시 열광으로 회귀한다. 독재체제 주민들은 용감할 수도 없고 어느 순간 미몽에 빠졌다가 다시 회복된다. 이후 체제와 화해하는 방안들을 선택하는 방법들을 모색한다.

독재체제 하 군중은 체제압력에 대항해, 자신의 양심의 가책, 가족의 염려와 자신에게 닥칠 수치심, 공적인 비난 등을 함께 의식한다. 따라서 체제에 대한 반대 의사는 그 범위와 내용이 매우 복합적이다. 1945년 솔제니친이, 자신이 편지에 쓴 무심한 말로 인해 체포되었을 당시, 자신은 포병장교로서 체제를 위해 열심히 군 복무 중이었다. 이는 독재체제 하 군중들 모두 체제에 전적으로 동의하며 살고 있다는 것을 의미하지 않는다는 것을 방증한다. 정치적 반대 의사를 명확하게 하지 않았다는 것과 찬성했다는 증거만으로, 군중들이 당시 독재체제를 전적으로 지지했다고 간주할 수 없다.

또한, 이런 군중심리를 간파한 독재체제 공안기관들은 주민들을 더욱 강력하게 통제하게 된다. 독재체재에서 자유로운 의사표시는 체제에 대한 반대를 의미한다. 이것은 독재자에 대한 정치적 반대의 또 다른 표현이 된다. 자유의사를 허가하지 않는다는 것은 정치적 반대를 허가하지 않는다는 말이다. 결국 완벽히 철저하게 찬성하지 않는 것은 반대를 의미하며 처형의 대상이 된다. 독재체제는 이들을 시범적으로 처형하여 전체 주민을 용이하게 통제하는 방법을 이미 알고 있다. 물론 이들에 대해 정치, 경제, 사회적으로 매우 불리한 차별적 대우를 병행하여 다수 주민들의 정치의식을 체제에 순응토록 길들인다.

독재체제 하 주민들이 체제에 대해 정치적으로 순응하는 것은, 자신들에게 있어서 조국, 가족, 직업, 지위, 생활을 영위하기 위한 것이며 살아가는 방법이다. 그러나 이는 결국 시간이 지남에 따라 독재체제와 군중 간 공모 행위가 된다. 이를 통해 독재체제는 장기간 지속되고 군중들도 통제사회에서 자신의 일상생활을 영위하게 된다. 역사적으로 군중들의 이런 기회주의적 정치적인 태도는 생존의 문제였다. 어느 면에서 매우 정치적이지만 단순한 정치적인 문제만이 아니다. 보다 복합적이다. 군중들의 이런 숨겨진 본심은 독재체제가 없어지는 순간 바로 사라졌기 때문이다.

나. 정치적 함의

스탈린은 1936년 스탈린헌법(소련연방헌법)을 제정하면서 "모든 나라의 공산당은 당기구의 구성원을 주기적으로 재등록해야 한다"고 명기했다. 재등록은 당원들에 대한 숙청을 의미했다. 스탈린은 1936년부터 1938년까지 '피의 숙청'을 단행했다. 스탈린은 비밀리 10월혁명 이전의 입당자 90%, 그 후 입당자 50%, 군장성급 60% 이상을 처형하였다. 당시 비밀경찰 수장 예조프가 스탈린에게 보고한 사형자 명단을 기록한 책이 383권이었다. 이런 내용은 스탈린이 1953년 3월 5일 급사하자, 1956년 2월 흐루시초프가 제20차 당대회에서 행한 스탈린 비판 연설에서 폭로되었다.

스탈린의 '피의 숙청'의 목적은 ①소위 '인민의 적'으로 지칭된 반대파들을 손쉽게 제거 ②공포 분위기 조성으로 저항 의지 싹을 제거 ③유능한 정적의 출현을 막아 종신 1인 독재체제를 강화한 것으로 평가된다. 레닌은 1922년 정기 당대회 서한과 1923년 서한에서 "스탈린은 난폭하여 서기장 직책을 맡아서는 안된다"고 경고한 바 있다. 문제는 당시 소련국민들이 스탈린의 이런 '피의 숙청'에 대해 아주 열광하고 순응했다는 점이다. 물론 정교한 이데올로기를 통한 처형의 정당성 제시와 선전선동을 통한 정치사상교양도 병행되었다. 그러나 추후 스탈린 사후 발생한 스탈린의 비판 이후에도 일부 소련국민들은 스탈린에 대한 외경심을 지니고 있었다는 내용들이 조사되고 있다. 이는 극심한 공포통치 독재체제 하에서 순응 중인 주민들의 이중적인 정치의식의 단면을 보여주는 역설적인 사례이다.

Richard Over의 독재체제 군중심리는 히틀러와 스탈린의 당시 정치, 경제, 사회 특성을 방증한다. 북한은 보다 더 장기적, 폐쇄적, 신정적, 유교적 요소가 가미된 특수성을 지닌다. 그러나 근본적으로 독재체제 하의 반체제적 군중심리는 유사하다고 볼 수 있다. 북한의 경우 위와 같은 특수한 구조 때문에 독재체제에 적극 동조하고 충성하는 주민들이 상대적으로 점유율이 높을 수밖에 없는 구조이다. 북한은 70년 이상 세계 최장기 3대 세습 독재체제가 유지되고 있다. 북한은 군대식 병영통제 시스템 아래 살아남은 자들의 자신들도 3대째 대를 이어 충성하는 신분세습 사회구조가 뿌리를 내렸다.

북한사람은 이미 김일성 3대에 대한 비판은 차치하고 자신들의 체제 비판적 생각과 의식과 행동자체를, 신정체제 하에서 율법을 어긴 것과 같은 죄의식에 사로잡혀 있다. 탈북자들은 북한에 있을 때 당에서 지시한 내용을 어겼을 경우, 단속되지도 않았음에도 불구하고, 자신의 양심에 비추어 김일성 3대에 대한 죄의식에서 벗어날 수 없었다고 말한다. 북한체제는 오래전부터 북한이 사상강국, 정치강국이라 주장해오고 있다. 이는 현실이자 팩트다. 북한 김일성 3대 동상 사진을 보며 행복감 안도감을 느끼는 절대다수의 사람들이 한국 땅 북쪽을 불법 점유 중이다. 북한 문제에서 2,400만 북한사람들의 정치의식을 주시해야 하는 이유가 여기에 있다.

"수용소 사람들이 집단저항을 못하는 것은 관리소 경비병과 통제체제 때문이겠지만, 무엇보다 수용자 스스로 자신이 죄를 지어 이곳에 있다고 생각하기 때문이다. 수용자들은 저항의식이 없고, 죄를 지은 사람은 마땅히 이렇게 살아야 한다고 생각한다. 나도 수용소에서 그렇게 생각하며 살았고, 나뿐 아니라 수용소 90% 이상이 자신이 죄를 지어 그렇게 산다고 생각한다. 관리소 내 환경이 사람들을 그렇게 생각하게 만든다."[33]

## 18. 북한사람, 우상화 정치신화 최면상태

### 가. 정치신화

신화(mythos)의 사전적 의미는 여러 신들과 자연, 우주, 인간의 성질이나 의미 등에 관한 이야기를 지칭한다. 북한체제는 수십년 이상 김일성 3대에 대한 정치신화를 양산해 오고 있다. 이 과정에서 북한사람들의 정치의식은 북한체제 차원의 선전선동대로 생성되었고, 이를 그대로 믿고 있다.

미 정치학자 Ernst Cassirer는 『국가의 신화』에서 "현대 정치에서 신화적 사고가 이성적 사고보다 우세하며, 현대인은 과학적 지식과 기술의 정복에도 불구하고 인간 실제 생활과 사생활에서, 신화적 사고에 의해 지배당하고 있다"고 설명한다.[34]

프랑스 사회사상가 Georges Sorel은 『폭력론』에서 "정치인 신화는 사실에 대한 서술이 아니라 행동하려는 결의를 표현한 것이다. 신화 근저에는 어떤 사회적 대운동에 참가하는 집단의 신념이 있고, 자기들의 마음속에 그려서 이를 행동을 통해 승리하도록 관철시키려는 것"이라고 말했다.[35]

정치신화에서 폭력은 개인과 집단 그 자체로서 매우 큰 폭발성을 지니고 있다. 체제 차원에서 정치적 목적을 위해 이를 권장하거나 정교하게 조작해 이를 영웅시하면 그 폭발력이 증폭된다. 대적(對敵) 개념으로 정교하게 사상교양된 정치신화 폭력은 그 집단에 최면효과를 가져온다. 심리적 만족감, 연대감, 긴장감을 증폭시킬 수 있다. 북한체제의 폭력적 대남도발도 북한사람에게 무한 결속력, 충성심을 유도하는 수단이다. 북한은 대남폭력혁명을 김일성교시로 하고 있다. 북한사람에게 김일성김정일김정은은 소위 빨치산 대장이자 제국주의와 그 주구들을 소멸시키는 군사적 최고사령관, 정치적 영생불멸의 수령이다. 그들은 '수령님만 있으면 우리는 반드시 이긴다'고 주창하며 이를 실천한다. 내면적으로 신념화하여 이를 철석같이 믿고 있다.

미 사회학자 R.M. MacIver[36]는 『정부론』에서 "정치신화는 인간 생존의 근거와 목적이 되는 가치들을 내포하는 신념"이라고 말했다.[37]

한국에 정착한 한 탈북민은 "북조선에 있을 때 수령님이 자나 깨나 나를 지켜보고 있다는 생각뿐이었다"고 말한 바 있다. 북한체제가 정치신화 조작을 통해 북한사람의 정신의식을 통제중임을 알 수 있다. 북한사람에게 신화조작 내용들은 자신들 삶의 목표이자 모든 것이 되었다. 많은 탈북자가 한국에 도착한 이후에도 김일성에 대한 존경심을 완전히 버리지 못했음을 고백하는 정치의식 설문조사 결과들도 있다.

미 경제학자 John K. Galbraith[38]는 『불확실성의 시대』[39]에서 "정치신화는 위기 때 더 강렬하게 그 기능을 발휘한다. 현대와 같은 불확실성 시대일수록 더 많은 정치의식과 상징조작으로 신화를 연출한다. 이를 통하여 사람들에게 정치적 정열을 불러일으키게 된다"고 말했다.

북한체제는 북한사람들을 신정정치 사제로서 집사로서 혁명적 인간으로서 김일성 3대에 충성을 다하도록 의식화, 신념화시켰다. 평생 진행되는 각종 신정정치적 의식의 참여를 통하여 체제 전체를 한 가족으로 만들었다. 김일성김정일김정은은 북한사람의 수령이자 부모이다. 주민들은 북한 독재자에 대해 '어버이 수령님'으로 지칭한다. 북한 주민들은 독재자의 조작된 정치신화에 대해 사명감과 정의감으로 승화되어 있다. 체제 차원에서 정교하게 가공된 우상화 상징물, 수만 명이 모이는 중앙보고대회, 야간횃불행진 등은 그것만으로도 군중최면효과가 있다. 이는 과거 히틀러가 빈번하게 활용했던 방식을 모방한 것이다.

### 나. 우상화 신화조작

북한 문예출판사에서 1987년 발행한 김일성 정치신화 조작『백두산전설집』에 게재된 내용 중 일부이다.[40)]

"김일성장군님께서 왜놈들을 치실 때는 장군별을 하늘에 띄워 놓으시고 적들을 몽땅 골짜기에 몰아넣고 잡으시기도 하고 구름을 타고 적진에 들어가서 놈들과 싸워서 죽게 하신다". (『백두산의 장군별』)

"장군님께서 술법을 쓰시어 산과 바위를 요새로 만들고 나무와 모래알이 총이 되고 총알이 되어 불을 뿜게 하신 것이라고 하셨다. 얼마 후 장군님께서는 대원들과 함께 구름을 타시고 멀리 백두산으로 날아가시었다". (『장군바위』)

"장군님께서 겉보기 천천히 걸으시는 것 같은데 실상은 어찌나 빨리 가시는지 놈들이 기를 쓰고 따라가도 도저히 따라갈 수가 없었다. 김일 성장군님이 축지법을 쓴다더니 이것이 바로 축지법이 아니야"(『신기한 종이장』)

다음은 김정일의 정치신화 조작 관련 1993년 발행된 『아흔아홉가지 축시법』에 게재된 내용 일부이다.

"성지로 오래동안 보관되어 있던 백두산에 드디어 3대 위인이 내리셨 으니 바로 위대한 수령 김일성장군님께서 항일전의 해불을 높이 추켜드 시였고, 불요불굴의 혁명투사이신 김정숙동지께서 백두의 험준한 산발 에 투쟁의 거룩한 자욱을 옮기시였으며, 절세의 위인 공산주의 찬란한 향도성이신 친애하는 김정일동지께서 탄생하시였던 것이다"(『3대 위인 이 내린 성산』)

"친애하는 지도자 동지께서는 세월을 주름잡는 술법인 축시법을 쓰 신다는 이야기가 우리 인민들 속에서 많이 전해지고 있다. 한꺼번에 열 가지, 백 가지 일을 해제끼는 이것이 바로 축시법이다. 그이께서 축시법 을 쓰시는 구나". (『금시계』)

"씨를 뿌린 지 하루가 지난 강냉이밭들에 파릇파릇 새싹들이 일시에

돈아난 것이었다. 열흘이 지나자 무릎을 치고 한 달이 지나자 허리를 덮었다. 사람들은 평양의 하늘가를 우러러 뜨거운 눈물을 삼키었다. 친애하는 지도자동지께서 가을이 되자 우박피해를 입었던 이 마을에 만풍년이 들게 하시었다. 축시법을 쓰시어 늦게 심은 강냉이가 빨리 자라도록 조화를 부리시었다."(『신기한 씨앗』)

다음은 김정은의 정치신화조작과 관련 2019년 4월 12일 평양출판사가 펴낸 『위대한 인간 김정은』에 수록된 내용 중 일부이다.

"경애하는 원수님께서는 일찍부터 사고와 행동이 남달리 통이 크고 용맹무쌍, 영웅 남아다운 성품과 기질, 모든 것에 능통한 비범한 식견, 천리혜안의 예지와 과학적인 분석력, 비상한 통찰력을 지녔다. …… 그이께서는 승마 운동을 할 때는 최대 속력을 내어 거침없이 질주하셨고, 바다에 나가시면 쾌속정을 몰아 파도 위를 날듯이 달리셨으며 땅크(탱크)를 타시면 조종간을 틀어쥐시고 무쇠철마를 질풍노도와 같이 몰고 가셨다. …… 경애하는 원수님의 담력과 배짱은 이 세상 그 어느 위인도 따를 수 없는 말 그대로 무비(無比)의 것이다. …… 참으로 그이의 인간상은 '하늘이 내신 분'이라고 밖에 달리 표현하지 않을 수 없을 정도로 완벽하고 황홀하다"고 주장하고 있다. 또한 북한은 김정은에 대해 후계자 시절부터 "세 살 때부터 총을 잡고 1초 간격으로 목표물을 10개를 소멸했으며, 한문으로 된 시를 쓰고, 7개 국어를 정복했다"고 선전했었다. 이상은 2019년 4월 17일 조선일보가 인용보도한 내용이다.

상기 사례들은 극히 일부분에 불과하다. 북한체제는 모든 북한사람이 지도자의 사고대로 생각하고 행동하도록 강요되는 전체주의 정치체제이다. 북한사람 모두가 독재자 한 사람의 의도대로 생각하고 실천해야만 한다. 여기에 정치적 신화가 가장 핵심적 역할을 하는 구심점이다. 김일성 3대 관련 정치신화 조작은 독재체제를 지탱해 온 중추적 요인이다. 북한체제의 정치신화 조작은 북한주민 정치의식을 제고시키는 중심적 역할을 하고 있다.

북한체제는 정치신화 조작과정에서 시각적으로 김일성 3대 우상화를 위해 물리적인 시설, 건물, 용품 등을 만들어 냈다.

대표적 시설들로써 사망한 김일성김정일묘지 김일성김정일태양궁전, 김일성김정일영생탑, 김일성김정일동상, 김일성김정일뱃지, 김일성김정일휘장, 김일성김정일깃발, 김일성김정일일화, 김일성김정일학교, 김일성김정일주의연구실, 김일성상, 김일성김정일생가, 김일성배움의천리길, 김일성광복의천리길, 김일성김정일김정은현지지도기념비시설건물, 김일성구호나무, 김일성김정일국제친선전람관, 단군릉, 백두산우상화시설, 백두산밀영, 천재지변 자연현상 우상화, 백두산정일봉, 우상화교과서, 방송출판매체 우상화 보도, 주민들 정치선전선동교양자료 등을 제시할 수 있다.

또한, 보다 중요한 측면에서 북한사람들의 정치의식을 지배 중인, 김일성 3대 우상화의 정치신화에 관련된 주요 내용들이다.

김일성김정일의 생일 즈음 태양절과 광명성절, 유일적영도체계확립 10대원칙, 김일성직계방계조상탄생기념일, 김일성가계가족명행정구역명, 김일성김정일주의, 김일성김정일민족주의, 김일성김정일중심의조선역사혁명역사, 정치경제사회군사문화의김일성김정일교시말씀지침, 대동강중심문화혁명, 김일성김정일계급혁명론, 고려민주련방공화국통일방안, 주체사상선군사상, 김일성김정일주의지배이데올로기, 핵경제병진정책통치이데올로기 등이다.

또한 김일성조선항일투쟁혁명역사, 타도제국주의혁명론, 김일성조선노동당, 조선노동당규약, 각종법률들, 김일성세계혁명이론, 정치우상화신화사건조작, 김일성김정일김정은신적천재성, 김일성중심한반도역사조작, 김일성중심세계사상조작, 총대철학, 김일성표준어, 김일성김정일정치용어, 수령결사용위정신, 총폭탄정신, 붉은기사상, 중앙보고대회, 김일성김정일김정은정치사상교양, 정치경제사회군사문화우상화행사, 정치사상교양총화, 김일성3대덕성실기따라배우기 등이다.

또한, 북한 노동당은 김일성혁명사상을 학교 교육에서 집중적으로 교육하도록 각종 지침을 내리고 있다. 또한, 학생들에게 혁명전통교양도 강화할 것을 지도하고 있다. 학생들에게 김일성의 혁명역사를 학습시켜서 학생들이 소위 수령의 혁명사상과 영도성을 체득하여 소위 항일유격대와 같이 김일성에게 충성토록 교양한다. 노동당은 북한 내 교육시스템을 통해 학생들을 혁명전통의 계승자로 육성하는 것을 교육의 목표로 한다. 북한 김일성의 소위 혁명역사는 수많은 각종 김일성김정일 정치신화들로 편성되어 있다.

북한은 학교 교육 교과편성에서 소위 백두산 3대 장군인 김일성 김정일 김정숙과 김정은의 위대성 교육을 가장 중요시한다. 북한 소학교 5년 동안 상기 3대 장군들 '어린시절'에 대해 주당 1시간씩, 초급중학교에서는 '혁명활동'에 대해 주당 1~2시간씩, 고급중학교에서는 '혁명력사'에 대해 주당 1~4시간씩 의무적 수업시간이 배정된다. 중요한 것은 나이가 들어 학년이 올라갈수록 상기 과목에 대한 내용이 고도화되고 주당 학습 의무 시간들이 증가한다는 점이다. 또한, 고급중학교 3학년은 '위대한 령도자 김정일 대원수님 혁명력사'를 주 4시간씩 이수해야 한다. 대학교육과정도 정치사상 교과목이 25~35%를 차지해 전공인 10~15% 보다도 많이 편성된다.[41]

전공 실력보다 더욱 중요한 것이 수령에 대한 충성심이다. 직장에서 진급도 수령에 대한 정치적 충실성이 가장 우선한다. 북한은 학교 교육을 통해 북한사람들이 수령에 대해 충성하는 인간으로서 집단주의 가치관을 지니도록 하는 것을 목표로 한다.

우상화 관련 북한 중앙TV는 매시간마다 수백 명의 조선인민군공훈합창단의 우렁찬 김일성김정일 찬양곡을 방영한다. 신정체제 북한에서 김일성교 북한 신도 2,400만 주민들이 부르는 찬송가와 같다.

"아침에 비 내려도 인민을 찾으시고 깊은 밤 눈 내려도 온 나라 돌보시네. 수령님

좋은 날에 오시여도 되시련만 오신 길 또 오시여 사랑만 베푸시네. 어버이 마음 속엔 언제나 인민 있고 인민을 위한 길에 기쁨을 찾으시네. 수령님 평생 로고 푸 셨으면 좋으련만 공산주의 그날까지 우릴 모두 이끄시네" (우리 수령님)

"품고 있는 생각도 모두 다 말을 하고 움터나는 희망도 터놓습니다. 하늘처럼 믿 고 삽니다. 장군님을 믿고 삽니다. 천년세월 흐른대도 김정일장군님만을 온 나라 가 운명을 맡기고 삽니다. 온 세상이 미래를 의탁합니다. 하늘처럼 믿고 삽니다. 장군님을 믿고 삽니다. 천년세월 흐른대도 김정일 장군님만을" (하늘처럼 믿고 삽 니다)

"압록강 기슭에서 남해의 끝까지 인민은 노래하네. 친근한 이름 조선을 책임지신 김정일동지. 천만년 따르리 길이 받들리" (김정일동지께 드리는 노래)

"행복한 내 나라 한 지붕 아래 화목한 대가정을 꾸며주셨네. 인민을 친형제로 키 워주신 분 그 이름 우리의 김정일동지. 아 우리의 김정일동지" (우리의 김정일동 지)[42]

## 다. 정치적 함의

북한체제는 70년 이상, 북한사람들을 고립시키고 일방적인 정치세뇌 우상화 신화조작을 강행해 왔다. 김일성 3대에 대해 상식을 뛰어넘는 정치신화를 조작하고 있다. 김일성은 이미 북한에서 영원한 신이다. 그 래서 북한체제는"위대한 수령 김일성동지와 김정일동지는 영원히 우리 와 함께 계신다"라는 내용의 영생탑 수만 개를 북한 전역에 건설했다. 현재 살아있는 주민들의 정치의식을 죽은 김일성김정일이 지배하고 있 다. 이것이 북한 현실이다. 북한사람들에게 합리주의, 주지주의, 과학적 사고, 기술적 발전을 이야기할 수 없는 이유이다. 신의 이야기를 하고 있기 때문이다. 물론 주민은 개인생활에 있어서는 합리성을 지닌 인간으로 행동할 수 있지만, 김일성김정일 관련 정치적 문제에서는, 비합리적 정치의식이 모든 것에 우선한다.

북한체제는 김일성 신화를 체제 내에 제도화시켜 세습적 권력 장악을 정당화시키고 있다. 이를 주민들 정치사상 의식화로 연계하여, 일상 정치생활을 통제한다. 북한체제의 조작된 정치신화는 대내적 대외적 어려움과 무관하게, 실정에 대한 책임을 회피하는 수단으로도 활용 중이다. 오히려 이를 통해 체제를 내부적으로 결속시키는 도구로 활용한다.

북한은 위에서 언급한 바와 같이 전체주의 체제이다. 북한사람 한 사람에게 어떤 정치적 질문을 하여 얻은 답변은, 여타 북한사람들과 똑같다. 전체주의 사회이기 때문이다. 얼마 전 북한사람이었던 탈북자 정치의식은 현재 북한사람 정치의식을 그대로 반영한다. 북한사람은 북한체제가 조작한 정치신화를 맹종, 맹신하고 있다. 우리가 북한사람 정치의식을 직시할 때 북한 문제가 보다 더 명확해진다. 북한체제는 죽은 김일성이 살아있는 북한사람을 통치하는 신정체제이다. 북한 전체주의 체제는, 김일성 3대의 행동과 사고대로, 북한사람들이 똑같이 행동하고 사고하도록 하는 아바타(Avatar)체제이다.

"한 증언자는 공공시설에 대한 외국관리들의 시설 참관이 예정되었을 때 그녀와 다른 직원들도 이해하기 어려운 대본을 외워야 했던 일에 대해 이야기 했다. 당비서가 그 외국 관리들을 동행할 것으로 예정되어 있었기 때문에 모두 두려움을 안고 실수를 하지 않기 위해 주어진 대본을 반복해서 연습하였다.

또 다른 증언자는 선전부에서 일하던 친구에 대해 설명을 했다. 그의 친구는 남북회담 또는 다른 국가와의 회담이 있을 때 그 자리에 참석하는 북한 관리들에게 선전부가 대본을 제공한다고 그에게 이야기해 주었다. 누군가가 대본에서 벗어나면 그 회담은 중단되고 그 사람은 질책을 당한다."[43]

북한사람 정치의식 속에는 소위 남조선과 미국은 소위 척결되어야 할 타락한 원쑤(원수)들일 뿐이다. 자신들은 한없이 도덕적으로 정의로운 한반도 내 유일한 자랑스런 김일성민족임을 사명감과 자부심을 지니고 생을 살고 있다. 지금의 경제적 어려움도 일시적이고 이 모든 것은 남조선과 미국 때문이라 생각한다. 이런 연유로 한국에 정착한 엘리트 탈북자들조차 "한국에서 가장 힘들었던 것은, 북한이 한국을 침범하여 6.25 동란을 일으켰다는 역사적 사실을, 비로소 인정할 때였다"고 고백하고 있다.

> "북한보다 남한에서 더 많이 살았으니 이제 알고 있지만, 처음에 6.25전쟁을 북한이 일으켰다는 소리를 듣고 도저히 받아들일 수 없었다" (출처 : 2016.9.21, 귀순용사 안찬일 세계북한연구센터회장, 문화일보 인터뷰)

수십 년간 믿었던 내용들이 상기 엘리트 탈북자 말과 같이, 북한 내부에서 거짓으로 판명될 때 어떤 일이 발생할까? 이때는 김일성 3대 신이 인간이 되는 시점이다. 북한 내 신들은 오래전부터 인간이었었다. 북한사람만 이를 모르고 있다. 단지 시간문제일 뿐이다. 70년 이상 속여 왔다. 북한체제가 외부세계의 정보를 극렬하게 통제하는 결정적 이유이다.

# 19. 북한사람, 수시처형 경쟁적 찬양 정치의식

## 가. 처형의 정치학

정치 권력의 지배수단은 설득적인 방법과 강제적인 방법이 있다. 이 중 강제적인 방법은 권력자가 피통치자에 대해 가치를 박탈하거나 심리적인 폭력을 가하거나 물리적인 폭력을 행사하는 것이다. 가치의 박탈은 경제적인 손해, 조세정책, 면직이나 설득과 회유 등이 있다. 심리적인 폭력에는 과장과 공포조성과 위협 등이 있다. 권력자가 물리적인 폭력을 행사하는 것은 정치권력 지배수단에서 최고 권위를 가질 수 없다. 왜냐하면 독재자가 자신의 정치적 책임을 스스로 적대 세력에게 전가하는 비겁한 행위이기 때문이다.

정치적인 리더십은 민주주의적 유형, 전체주의적 유형, 권위주의적 유형, 관료주의적 유형 등으로 구분한다. 이중 전체주의적 리더십은 군중심리 즉 공격성향을 정치적으로 활용한다. 또한, 전체주의 체제 내 정부조직인 선전선동부를 동원하여 사회에 공포분위기를 조성한다. 그리고 긴장을 대내와 대외 요인으로 확대하고, 이 과정에서 군중을 대규모 집회 등에 동원한다.

독재자들은 정치적인 군중집회에서 일반군중과 전혀 다른 차원의 위상을 지니게 된다. 독재자들은 이런 군중집회 개최를 통해 자신의 정치적 특권적 위상을 더욱 강화하는 수단으로 활용한다. 이 과정에서 피통치자들은 이를 인지하지도 못한다. 오히려 자신들에게 닥쳐오는 것은 독재자에 대한 온몸을 다해 찬양을 해야 하는 의무뿐이다. 이런 경쟁적인 찬양의 정치적 이면에는 군중들을 옥죄는 제도화된 잔인한 처형의 정치학이 존재한다.

전체주의 독재체제는 일반적으로 6가지의 중요한 특징을 지니고 있다. 이를 살펴보면 ①독재체제 내 관제 이데올로기 ②일당독재 시스템 ③충성스런 비밀경찰 ④독재체제를 미화분식하는 독점 매스컴 ⑤체제를 무력으로 지탱하는 독점적 군사력 ⑥중앙통제적 경제시스템을 지닌다.[44]

특히 전체주의 독재자들은 예외 없이 독재자들 자신 개인 친위대, 비밀경찰제도를 구축한다. 이를 정치 권력 물리적 지배수단으로 활용한다. 이들 친위대와 비밀경찰은 소위 영웅적 독재자들의 명령대로 세계 어느 지역 누구든 무소불위의 정치적인 살인과 테러행위 등을 진행한다.

Richard Overy는 "전체주의 독재자가 행하는 처형은 헌법적 사법절차가 아니며 소위 '당의 자기 수양' 명분으로 제거하는 통치행위이고, 살아남은 자들이 계속 열정적으로 정치활동에 헌신해야 한다는 것을 보여주기 위한 계획된 정식절차"라고 말한다. 또한 "독재자들은 처형의 제도적 장치를 마련하고, 선전선동을 동원해 대중들이 조금도 의심하지 않도록 하면서, 증오와 분노를 분출시켜 소위 적들을 단호히 처형한다"[45]고 설명한다.

또한 "독재자의 폭력적 리더십은 단순한 정치적인 통제수단이 아닌 체제의 본질적 요소가 되며, 체제에서 통용되는 가운데 사회구성원도 이를 불가피한 제도로 받아들이게 된다"고 말한다. 그리고 "독재자의 체제 내 처형제도 운용은 도덕적으로도 문제가 되지 않으며, 폭력을 통한 행위 자체를, 정치적으로 의롭고 역사적으로 필요하다는 신념까지도 생성시키게 된다."[46]고 역설한다.

유엔, "북한의 거의 모든 사람들은 처형을 지켜본 목격자들이다. 이는 처형이 중심지에서 공개적으로 집행되기 때문이다. 많은 경우 처형이 집행되는 곳에 거주하는 아이들을 포함한 모든 사람들이 그 집행과정을 지켜보도록 동원되었다. 다른 경우에는 경기장이나 큰 공연장에서 조금 더 선별된 관중들 앞에서 처형이 집행되었다."[47]고 보고

과거 소련의 스탈린과 독일의 히틀러는 자신들이 행한 폭력행위를 자신이 수행한 '불가피한 정치적인 사명'으로 인식하였다. 또한, 혁명투쟁은 혁명을 반대하는 세력들을 물리적으로 제압하는 자연스런 과정의 하나로 보았으며, 이 과정에서 폭력은 본능적이면서도 무자비했다.

## 나. 북한사람, 공포통치 아래 경쟁적 찬양

유엔북한인권조사위는 "북한이탈주민들 증언 조사를 통해 북한에서 2005년부터 2012년간 510번의 공개처형이 집행되었다고 발표했다. 북중 접경지역과 더 떨어진 지역은 상대적으로 적은 수가 탈북에 성공하였다는 것을 감안할 때 정확한 수치는 더 높을 것"[48]이라고 보고했다. 또

한, 유엔보고서는 "북한 정치범수용소들에서는 굶주림, 강제노동, 고문 처형, 성폭행 등이 진행되어왔고, 지난 50년간 수용소들에서 수십만 명의 정치범들이 죽어갔을 것으로 추정되며, 이곳들에서 가해지는 끔찍한 참상은 20세기 전체주의국가 수용소에서 벌어졌던 비극들과 유사하다"고 보도했다.

북한 김정일 사망 이후 등장한 김정은은 집권 이래 리영호, 장성택, 현영철, 김용진, 김원홍 등 고위층은 물론, 중하위층을 포함하여 공개 또는 비공개로 수시 처형하고 있다. 리영호 총참모장을 2012년 7월 반당반혁명종파 혐의로 숙청했다. 친척인 고모부 장성택 당행정부장은 2013년 12월 반당국가전복 혐의로 총살했다. 현영철 인민무력부장은 2015년 4월 반역 및 회의 때 졸았다는 명목으로, 김용진 내각부총리도 2016년 7월 반역 및 회의 자세 불량 혐의로 숙청했다. 그리고 김원홍 국가안전보위상은 2017년 1월 고문과 월권 혐의로 해임했다.[49]

소련 스탈린은 권력 장악 과정에서 계획을 세운 뒤 절차에 따라 당간부들을 제거했다. 스탈린으로부터 정치교육을 전수받은 북한 김일성 역시 집권 초기 수많은 정적들을 테러를 통해 제거했다. 아들 김정일도 승계 시 심화조 사건을 통해 권력 기반을 공고히 한 바 있다. 북한 김정은 역시 김일성과 김정일을 그대로 빼닮았다. 집권 초기 처형을 통해 정권 기반을 다지는 방안을 여전히 진행 중이다.

즉 김일성 3대는 스탈린 방식의 집권 초기 처형의 정치학을 철저하게 추종했고 진행 중이다. 정치적 처형에 대한 계획을 가지고, 저항의 싹을 조기에 자른다. 이 과정에서 기관들 간 피 튀기는 충성 경쟁을 시킨다. 고위층은 물론 중하위층 모두, 독재체제 하 정치적 경험을 통해, 김정은 정권에 자발적으로 순응하는 경쟁적 찬양대열에 혼신을 다해 적극 나서고 있다.

소련 스탈린은 공포통치로 다수의 주민들이 정치적 통제, 경제적 결핍으로 고생하고 있을 때에도 "전세계의 혜택받지 못한 자들과 착취당하는 자들의 승리를 위해 싸우고 있다"[50]고 주장했었다. 북한도 역시 70년 이상 "미제의 식민지하에 고생하고 있는 남조선 혁명을 완수하기 위해, 인민이 기와집에 살면서 이밥(쌀밥)도 먹지 못하고 있다"고 선전하고 있다. 스탈린과 같이 북한 독재자 3대는 북한사람에게 자신들의 정치적 책임은 회피하면서, 공포통치의 정당성을 강조하고, 오히려 이를 당연히 받아들여 도덕적 신념으로 체화되도록 하고 있다.

전체주의 독재체제가 성립되는 시기는 "대중의 뒤떨어진 관념형태를 이용하면서 초월적인 관념에 의해서 현실의 권력 관계를 은폐하고 …… 그 권력 구조를 제도적으로 고정화 시킬 때"[51]로 정의하고 있다. 북한 독재체제 역시 독일의 나치즘, 이탈리아의 파시즘, 일본의 군국주의, 소련의 스탈린주의와 같이 대중을 외부 정치이념과 격리시키고 있다. 주체사상 지배이데올로기와 선군정치 통치이데올로기 등 관념형태 사상교양을 시키고 있다. 또한, 정치적 비정통성을 은폐하고, 처형과 숙청을 제도화하여 이를 준거로 활용하는 등 세습적 전체주의 공포통치를 시행하고 있다. 북한체제 정치적 폭력성에 대한 접근은, 북한 정권이 근본적으로 소련 스탈린 방식 '공산주의적 폭력혁명론'에 근거를 둔 '처형의 제도화'에서 탄생했음을 간과해서는 안된다.

북한 정치범수용소 출신으로 탈북해 한국에서 언론인이 된 강철환 기자는 북한 수시처형에 대해 "북한에서 처형을 공개적으로 시행하는 것은 수용된 자들에게 겁을 주어 반항이나 도망갈 생각을 못하도록 하려는 것"[52] 이라고 진술한 바 있다.

이 과정에 독재자가 마련한 체제 차원의 정교한 장치들에 의해 수시처형이 자행되고 있다. 북한사람들 대부분은 이에 대해서 의심하지 않으며 오히려 처형당한 자들에 대해 증오하고 분노하는 대열에 앞장서 있다. 죄를 지었기 때문에 처형당하는 것이 당연하며, 수시 처형제도 자체에 아무 문제도 없고 도덕적으로 거리낌도 없다. 오히려 이를 시행하는 독재자를 적극 찬양 중에 있다. 자유 세계로 탈출한 탈북자들 역시 '북한에 있었을 당시 수시처형에 대해 이를 아주 당연히 받아들였었다'고 증언하고 있다.

### 다. 정치적 함의

독재자들은 자신의 정치적 실패에 대해 책임지는 대신, 오히려 이를 자신의 정적들을 탄압하고 처형하는 데 활용했다. 독재자들은 자신의 권력을 인민주권 독재체제원리로 전변시켜 통치행위의 무오류성을 강조해 왔다. 이 과정에서 권력에 비판하거나 반항하는 자들을, 이 논리를 활용해, 정당하게 수시 처형했다.[53]

대부분의 독재자들은 역사적으로 볼 때 "독재자에게 죽기 전까지 평화로운 은퇴가 없으며, 독재자는 제거되거나, 해외 망명을 하거나, 살해되거나, 투옥되거나 하는 위험에 직면할 수밖에 없다"[54]고 조사되고 있다. 북한 김정은 체제 역시 여기에서 자유로울 수 없다. 김정은 공포정치 행태 역시 독재자 자신의 최후를 막기 위한 방편이다. 이는 북한 독재자가 실제는 두려움과 불확실성에 처해 있다는 의미이다. 북한사람들은 김일성〉김정일〉김정은 순으로 선호하는 것으로 외신은 전한다. 김정은 체제 수시처형이 선대에 비해 더 강해지고 있다는 또 다른 방증이 될 수 있다.

북한 독재체제의 수시처형 공포정치를 적극 견제해야 한다. 북한사람들의 생명을 우선 보호해야 한다. 대북정책 목표 중 하나가 되어야 한다. 문제는 북한의 독재자가 전제적, 신정적 통치행위로 수시처형을 자행하고 있음에도 불구하고 북한사람들은 이를 정치적으로 자각하지 못하고 있다는 점이다. 오히려 이에 적극 동조하고 찬양하는 정치의식 수준을 지니고 있다. 전체주의체제 하 극악한 현실정치 이면에 또 다른 어두운 진실이 실존하고 있다.

"남한 국민들이 독재와의 피어린 혈투 속에서 민주의 봄 자유의 봄을 위해 젊음의 선혈을 뿌리고 뿌릴 때, 북한의 인민들은 만세를 불렀다. 300만이 굶어 죽으면서도 김정일 만세만을 부르다 갔다. ……

더 이상 북한의 무고한 백성들이 세뇌의 만세 속에 굶어 죽게 할 순 없습니다. 통일보다 시급한 것이 북한의 굶주린 백성들을 구하는 것이거니 굶어 죽고 맞아 죽고 얼어 죽고 부관참시까지 되는 저 북한을 더 이상 지켜보고만 계실 순 없습니다. ……

오늘도 만세의 함성은 도도히 울린다. 먹지 못해 피골이 상접한 모습들이 마지막 젖 먹던 힘까지 다해 부르고 또 부른다. 만세, 만세 김정일장군 만세! 무엇이 과연 무엇이 그들로 하여금 이렇듯 굶어 쓰러지면서도 만세의 열창을 하게 하며 세계적인 최악의 열악 상황에서도 어떻게 북한 정권은 유지되고 있을까? ……"[55]
(출처, 남북정상회담 북한경호원 출신)

## 20. 북한사람, 스탈린방식 독재체제 공모협조

### 가. 스탈린체제 방식에 대한 공모협조 정치의식

Friedrich A. Hayek는 저서 『노예의 길』에서 "전체주의체제가 효율적으로 작동하기 위해서는 강제적으로 모든 사람으로 하여금 동일한 목적을 위해 일하게 하는 것만으로는 충분하지 않다, 사람들이 이 목적들을 자기자신의 목적으로 삼도록 만드는 것이 필수적이다"라고 말했다. 또한 "이 신념들은 그들 자신의 신념, 즉 독재자가 원하는 방식으로 개인들을 최대한 자발적으로 행동하게 하는 일반적인 신조가 되어야 한다"[56]라고 말했다. 이는 전체주의체제 아래 주민들이 독재자의 강제적 지시 이행을 뛰어넘어, 자신들이 스스로 이를 신념으로 체화하여, 체제에 적극 공모 협조하는 단계에 이르는 정치의식을 의미한다.

과거 소련 스탈린이 이식한 현재 북한체제는 많은 면에서 스탈린체제와 판박이다. 히틀러체제 하 독일과도 유사하다. Richard James Overy 『독재자 권력작동 비밀』[57]를 참고해, 북한 독재체제 하 주민의 정치의식을 유추 적용 분석해 보기로 한다.

소련스탈린과 독일히틀러 독재체제는 공통적으로 지도자를 신적 존재로 우상 숭배했다. 또한, 수많은 군중들을 동원해 광신적인 체제결속을 도모했다. 그리고 대외적으로 보여주기 위해 수많은 대형 건축물들을 건설했다. 중요하고 사악한 것은 주민들을 세뇌하기 위한 독재체제

하 정치적 이데올로기를 만들어 이들의 정신세계도 지배한 것이다. 이런 면에서 북한체제도 전혀 자유스러울 수 없다. 스탈린과 히틀러가 과거의 일이라면, 북한 독재체제는 현재 진행형이다. 스탈린은 전 세계를 공산화하기 위해 피착취계급들 승리를 위한다면서 소련국민 2천만 명 이상을 희생시켰다. 히틀러 역시 게르만 종족 중심의 이상제국 건설을 기치로 수백만의 주민들을 학살했다. 북한 역시 김일성민족이 중심이 되어 한반도를 무력적화통일하는 것을 지상목표로 하면서 70년 이상 수백만 명 북한과 남한의 주민을 학살하고 있다.

이 과정에서 스탈린과 히틀러는 이후 역사적 재평가를 통해 그 잘못들이 밝혀졌다. 그러나 중요한 것은 그 당시 독재체제들에 대해 양 국가 대중들의 폭발적, 전폭적인 지지가 있었다는 점이다. 현실과 동떨어진 이상적 슬로건이지만, 다양한 정치선전 공세와 함께 폭압적인 통제 시스템의 기제를 동원했다. 이를 통해 주민들의 정치의식이 마비되어, 인간 로봇과 같은 행태들을 보여주었다. 북한사람 대부분은 김일성을 진정으로 흠모하고 존경한다. 죽은 김일성은 영생중인 신적 존재이다. 북한사람은 자신들 개인적인 일상생활을 김일성이 지켜보고 있다고 믿고 있다. 한국에 장기 정착중인 탈북자들까지도 김일성에 대한 트라우마에서 벗어나지 못하고 있다고 고백한다.

무제한적 국가폭력은 독재체재 하 주민들을 적과 동지를 가르는 수단으로 활용된다. 스탈린은 '소련공산당에 안에 있는 가면을 쓴 적을 적발한다'는 목적으로 일정 시기마다 숙청할 인원을 미리 산정하여 내려보냈다. 히틀러도 유대인과 반대계층 등 수백만 명을 무자비하게 처형했다. 독재체제는 기본적으로 피의 숙청을 통해 소위 순수한 혁명의 정통성을 제고해 왔다. 그러나 그 저의는 반대파를 제거하기 위한, 반대파가 나올 싹을 아예 자르는 손쉬운 수단 외 아무것도 아니다. 독재체제 결속을 위해 필요에 따라 시범적인 정기적인 처형이 기계적으로 진행될 뿐이다. 독재자는 폭력적인 통치적인 경험이 축적되면, 그 효용성에 대해 병적으로 더 집착한다. 여기에 인간 존엄성이나 인권의 천부성은 아예 없다. 주목해야 할 것은, 독재체제는 정치적 수사를 통해, 처형이 너무나 당연하다는, 처형당하는 것조차 감사하게 느껴야 한다는 논리들을 주민에게 세뇌시킨다는 것이다. 문제는 당시 주민들이 이를 당연한 귀결로 수용하고 있었다는 점이다.

북한체제도 정권 초기에 정적들을 제거하는 목적으로 각종 테러를 자행했다. 이후에는 주민 불평불만의 소지를 아예 없애는 방법으로 20만 이상을 정치범수용소에 가두어 강제노역을 시키고 있다. 사회적으로도 수시 공개처형을 시범적으로 시행하고 있다. 지구상에서 정권 차원에서 공개처형을 정기적으로 자행중인 체제는 북한이 유일하다. 탈북자들에 의하면 "북한에 있을 때 정치범수용소에 갇히는 사람들의 행위는 당연히 갇힐만한 죄를 지었기 때문으로 생각했다"고 말한다. 수용소에 갇힌 사람도 "자신이 부당한 대우를 받았다고 생각하지 않으며 탈출하려는 시도조차 못했다"고 진술한다. 이는 시대를 떠나 독재체제 하 주민들의 정치의식들이 매우 똑같다는 특징을 보여준다.

스탈린은 자신의 국가사회주의를 세계사적인 관점들로 접근했다. 여기에서 마르크스와 엥겔스의 과학적사회주의가 주요 역할을 하였다. 독일의 히틀러 역시 "독일의 운명이 자신의 운명"이라 주장했다. 히틀러는 대중적 사회생물학, 정치인류학을 이용했다. 선전선동의 공세에서 중요한 역할을 하는 것은 과학을 동원한 정치논리이다. 독재체제 하 정치논리는, 추종자들을 세계사적 혁명가로, 순교자적 사명의식으로 무장시킨다. 주민은 도덕적 가책과 양심적 주저함도 없이 독재자에 대해 적극 충성할 것을 맹세한다. 독재체제는 외부세계에 대해 배타적이며 외부에서 범접하지 못하도록 그들만의 공동체를 구축한다. 이런 면에서 북한체제 북한사람도 예외가 아니다. 강요된 선택이자 자신의 운명적 현실이다. 여기에 선택의 자유가 있을 수 없다. 독재자의 명령을 실천할 것인가 아니면 죽음인가 이것이 현실적 진짜 선택권이다. 북한 역시 김일성은 전 인류 구원자이고 한반도 운명을 이끌 불세출 전설적 영웅이라고 70년 이상 선전하고 있다. 이런 가운데 인류를 위한 가장 과학적 가르침이라며, 김일성주체사상을 종교의 경전과도 같이 활용한다.

스탈린은 수백만의 소련인이 굶어 죽어 가고 있는 중에도 집단농장의 풍요로운 수확물을 전시하면서 국민들을 안심시켰다. 히틀러도 종족적인 차별을 위해 수십만 특정 계층 인종에 대해 강제 불임수술을 시켰다. 당시 소련과 독일 독재 하에서 이상은 현실과 괴리가 크게 벌어졌지만, 독재자도 주민들도 이에 대해 염려하지 않았다. 독재자와 주민들은 잘못된 집단적 논리에 빠져 스스로를 돌아볼 기회조차 없었다. 이런 사실들을 돌아보는 것 자체가 불가능한 것이 독재체제의 특징이다. 독재자는 비현실적 신이 되었으며, 이를 추종하는 주민들도 이를 당연시하며 실제 받아들였다. 따라서 독재자는 외부 정보교류를 적극 차단하는 것이 기본이다. 진실은 가려지고 거짓이 반복되면서 거짓이 진실로 되었다. 지금 북한 교과서에 김일성이 나뭇잎을 타고 강을 건넜으며, 솔방울로 수류탄을 만들어 일본군을 물리쳤다는 내용 등이 있다. 북한의 내부에서 누가 감히 이 내용들에 대해 반박하고, 이의를 제기할 것인가? 김일성의 조작된 신화들에 대해 김정은조차 여기서 전혀 자유스러울 수가 없다. 북한 집단주의 독재체제 근간을 흔드는 문제이기 때문이다.

스탈린과 히틀러 독재체제는 정치논리와 체계적 선전선동을 통해 국민들을 철저하게 기만했다. 독재체제하 빈틈없는 철저한 통제로 국민들에게 보이지 않는 장막을 만들었다. 국제적으로도 정보차단의 벽들을 완벽하게 시행했다. 중요한 것은 스탈린과 히틀러의 철저한 통제와 함께 이에 적극 동조해 나선 대중의식의 문제이다. 대중의 적극적 협조로 인해, 그 당시 그 체제하에서, 일시적인 그들만의 목적이 달성되는 듯이 보였기 때문이다. 외부의 진실과 차단된 내부 당 차원의 선전선동 정보만으로도 주민들은 매우 열광했다. 이에 대해 자긍심까지 있었다. 북한도 이런 면에서 완벽하게 일치한다. 스탈린과 히틀러 독재체제에서 충성했던 당시의 소련과 독일 국민들의 모습은 현 북한 김정은 독재체제하 북한사람들 모습과 매우 같다. 신정정치 아래 북한사람들은 김일성 신의 이름을 영광되게 하는 모든 것들이 허용되고 가능하다고 믿는 광신도적 정치의식들을 지니고 있다. 북한사람들의 삶은 김일성 신의 영광을 위한 삶이다. 개인들의 행복 추구나 개인들의 생활은, 김일성 전체주의 체제에서 전혀 우선시할 수 없다.

## 나. 정치적 함의

소련 공산당 제1 서기 흐루시초프는 스탈린 사후 진행된 제20차 소련 공산당대회 비밀회의 시[58] 스탈린의 비리에 대해 비판했다. 그는 스탈린의 장문의 비리 내용을 보고하면서 당시 소련국민의 정치의식에 대해 특이한 내용도 함께 말했다. 그는 회의에서 "스탈린이 그 만년에 저지른 허다한 불법행위에 죄가 크다는 것은 말할 나위도 없이 모든 사실이 말해주고 있다. 동시에 잊어서 안될 일은 소련국민들이 스탈린이야말로 음모로부터 항상 소련 국가를 수호하고 사회주의를 위하여 싸운 사람인 듯이 생각하고 있다는 점이다"[59]라고 보고했다. 스탈린체제 하 극도의 탄압과 처형 속에서도 독재체제 소련국민들 정치의식은 전혀 다른 행태들을 보여주고 있었다. 당시 소련국민들을 자신을 탄압 중인 스탈린을 광신적으로 옹호하고 있었다.

북한체제 아래 북한사람의 처지를 논의할 때, 북한사람을 단지 극악한 독재체제에 의해 희생 중인 관계 등으로 단순 접근해선 안된다. 왜냐하면 실제로는 북한체제를 적극 지지하고 그 체제를 위해 신명을 다바친 북한주민 다수가 실존해 있기 때문이다. 이를 직시해야 한다. 독재체제에 대해 협조적 자세를 지닐 수밖에 없었던 이유들은, 독재자의 철저한 통치력과 함께 이를 수용하는 과정에서 자신의 이익을 위해 또는 진정한 사명감 등으로 인한 것 등 매우 복합적이기 때문이다. 그 사회에서 살기 위해 어쩔 수 없이 협조할 수밖에 없었다는 평가는 보다 전문적인 견해가 아니다. 장기간동안 체계적으로 정치의식이 변화되어 사람들이 변질되었다는 점을 직시하여야 한다.

> "북한체제가 이렇게 견고하게 유지되어 온 것은 오랫동안 수령절대주의 체제를 구축해 왔기 때문이다. 수령절대주의 체제 구축은 크게 두 축으로 진행해 왔다. 하나는 반대와 저항을 용납하지 않는 극단적이고 폭력적인 억압 때문이다. 다른 하나는 북한주민들의 대다수가 수령에 충성하고 수령의 뜻과 의지대로 사는 것이 가장 인간답고 아름다운 삶이라는 수령절대주의 사상의 노예로 살아가고 있기 때문이다."[60]

공산주의는 "사람을 변화시키는 것"이라고 공공연히 말하고 있다. 북한은 이제 공산주의적인 사람 대신 '김일성김정일주의적 사람'으로 만드는 것이 목적이다. 북한사람 대다수는, 소위 남조선 인민은 미제의 손아귀에서 해방시켜야 할, 김일성민족이 아닌, 자본주의 한심한 또 다른 민족으로 생각하고 있다. 북한사람들은 스스로 자신들을 자랑스런 김일성민족으로 자칭한다. 북한사람 대다수가, 북한체제를 이상적으로 생각하고 있으며 자긍심조차 지니고 있다. 우리는 이를 경계해야 한다. 북한사람들의 일상생활의 준거는 김일성김정일주의에 있다. 김일성 3대 정치적인 슬로건을 현실화 하는 것이 이들의 삶의 목적이다.

소련과 동구권이 몰락한 후 얼마 되지 않아, 많은 사람들이, 현재 자유민주 체제하에서 비교할 수 없는 자유와 행복을 느끼고 있음에도 불구, 과거의 독재체제 향수를 그리워하는 말들을 하고 있다고 전해진다.

이것이 현실이다. 이는 독재체제하 그들만 지닌 소위 고유 매력이, 정서적 유대감 등이 당시에 있었다는 것을 방증한다. 북한독재체제의 문제들을 압제와 피압제의 이분법으로 접근해서는 안되는 이유이다. 북한 김정은 독재체제와 대부분 북한사람은 정치적 경제적 군사적 사회적 많은 관계에서 일정한 소위 공모협조 관계에 있다. 공모 협조적 관계가 아닌 북한사람은 이미 살아 있을 수 없다. 이것이 현재 북한사람들이다.

# 21. 북한사람, 독재체제 인질상태 스톡홀름증후군

## 가. 독재체제 아래 인질적 범죄심리

북한체제의 스탈린적 범죄적인 통제가 70년 이상 지속되는 이면에는 주민의 자발적인 충성이 북한 정권을 실질적으로 돕는 데 있다. 이는 외부와 철저하게 차단되고 고립무원의 상태에서, 생명의 위협을 받고있는 가운데, 선택의 여지가 없다는 점에서, 일면 '스톡홀름증후군'으로 유추할 수 있다.

스톡홀름증후군(Stockholm Syndrome)은, 1973년 8월 23일부터 28일까지 스톡홀름의 크레디트은행을 점거했던 인질범들과 당시 인질 상태였던 은행직원들 간 정서적으로 매우 가까워진 데서 비롯된, 비정상적 인질범죄 심리상태를 지칭한다. 인질이 범인에게 동조하고 감화되는 이런 비이성적인 심리현상을 스톡홀름증후군으로 지칭한다.

납치나 유괴를 당한 인질들은 초기에 죽임을 당할 것을 확신하기 때문에, 인질범이 행하는 아주 조그만 친절에도 원초적, 유아적인 감정이 발생하는 것으로 알려졌다. 인질범이 죽음 대신 삶을 줄 것으로 기대하는 심리에서, 인질들은 인질범들에게 우호적인 태도로 돌변하게 된다고 알려졌다.

선택지가 없는 운명적으로 정해진 북한사람 처지는 스톡홀름증후군과 매우 유사하다. 인질범이 북한체제에 정치적, 경제적, 사회적으로 의존할 수밖에 없는 인질 신세의 북한사람은 가해자에게 전적으로 의존 중이다. 이것이 현실이다. 북한사람들 다수는 오히려 더욱 자발적으로 인질범인 체제에 굴종하고 더욱 열성적으로 충성한다. 북한사람은 인질 범 수장인 김정은에 대한 공포감에 사로잡혀 있는 가운데, 정치적인 소위 친절에 매우 민감하게 감격하는 유아적 행태를 보이고 있다. 오늘 죽이지 않고 생명을 연장해준 것에 대해 감동하고, 자비를 기대하는 심리가 의식적 무의식적으로 지배 중이다.

북한 사회는 현재 인질극이 벌어지고 있는 비상국면에 처해 있다. 인질범에 대항해 인질들을 구출하는 것이 최우선이다. 따라서 인질들이 체제 저항을 통한 자유 획득 추구 등 정치적 행동에 나서기에는 아직 무리다. 현재 북한사람의 가장 중요한 이익은 자체생존하는 것이다. 살아남는 것 외 가장 큰 실질적 이익과 목표가 없다. 인질범 김정은이 어떻게 하든 관계없이 현재의 상황을 수용하고, 가족과 살아남는 것, 오늘을 무사히 지내는 것이 지상목표이다. 여기에 저항의 여지가 자리할 공간은 매우 좁다.

인질범을 무력으로 도와주고 있는 보위성 보안성 등 수십만의 군인 신분의 체제 보위계층이 존재하는 북한독재체제는, 3대 세습 독재자 김정은이 북한사람에 대한 생사여탈권을 쥐고 있다. 전체주의 독재체제 지도자는 신적 경지의 인질범이다. 북한체제는 북한사람을 강압적 방법으로 신체적인 억압을 한 데 이어, 북한사람들의 정신적인 영역까지도 구속하고 있다. 인간은 사육되는 동물들이 아니다. 그러나 체제 차원에서 혹독하게 사육시킨다면 동물보다 못하거나 다를 바가 없다. 북한체제는 인질 범죄적 심리 측면에서, 인질범인 독재자는 이미 신이 되어 있다. 이런 가운데 인질들은 70년 이상 자신들이 인질인 줄 정치적으로 자각도 못 하고 북한체제에 자발적으로 순응 중이다.

## 나. 정치적 함의

북한사람을 생각할 때, 북한사람이 이런 극악한 고통 속에서 자유민주체제의 염원을 버리지 않고 있을 사람들도 있을 수 있다는 가능성을 항상 염두에 두어야 한다. 북한체제에 적극 순응하고 있다 하더라도, 그들이 생명보존을 위한 몸부림이라면, 이를 긍정적으로 이해할 수 있어야 한다. 인질극의 문제는 인질범이 처리됨으로써 해결되며 인질들은 대부분 정상 참작된다.

> 우리는 북한에 거주 이전의 자유가 없어서 불행할 것 같지만, 북한사람들은 그걸 크게 불행하게 여기지 않는다. 그것이 자신이 가질 수 있는 자유와 행복의 범주에 포함되는 줄도 모르고 사는 사람들이 태반이다.…… 우리는 김일성 부자에게 속고 세뇌되어 인간의 진정한 행복이 무엇인지 모르는 북한 주민들이 불쌍하지만 그렇다고 해서 "북한에는 행복이란 존재할 수 없다"는 식의 생각을 갖는다면 그것이야말로 잘사는 사람의 오만이다.[61] (출처, 김일성대 나온 동아일보기자 주성하)

중요한 문제는, 북한사람은 자신들이 구출되기 전까지, 생명을 보전하기 위해, 독재체제 인질범에게 매우 협조적일 수 있고 외부세력의 개입에 대해 적대적일 수 있다는 점이다. 이 현상에 대해 경찰청위기협상 전문위원 황세웅 교수는 "인질들은 자기를 구하러 온 경찰이 오히려 자신을 위험에 빠뜨리고 자기들을 공격해서 죽일 수 있다는 불안감이 들면 경찰에 동조하기보다는 인질범들과 함께 협조해 경찰에 맞서게 된다"[62]고 말한다. 황교수는 "성이 난 사람들이 자신들 목에 칼을 들이대고 있는데, 그 사람들에게 반론을 제기하고 그 사람들의 말을 따르지 않을 사람들은 흔치 않다"고 언급한다.

평화통일 과정에서 이런 문제들이 정치적으로 고려돼야 한다. 이 과정에서 특히 주의해야 할 점이 있다. 1978년 11월 18일 남아메리카 가이아나 정글에 위치한 사이비 종교집단인 '인민사원'에서 미국계 교주 짐 존스가 미국의 압박에 저항해 '혼자 삶을 마감하기 싫어' 신도 914명에게 집단 동반자살토록 한 사건이 있었다. 북한독재체제는 집단주의 광신도적 충성을 요구하는 신정체제이다. 이런 면에서 위의 인민사원 교훈을 반면교사로 삼아야 한다. 핵 무장한 인질범은 끝까지 인질들을 풀어주지 않고, 오히려 인질들을 구하러 온 경찰들을 쓸어버릴 계획을 진행할 것이다.

한반도에서 인질사태 해결은 유일하게 정통성이 있는 한국 정부만 가능하다. 이는 반론의 여지가 없다. 북한사람들에게 '인질범들은 국제사법재판에 처해질 것이며, 주민들은 이제 풀려날 것임'을 공공연히 의연하게 알려야 한다. 이것은 정의의 문제이다. 또한 우리는 북한주민들 스스로 '자신들이 70년 이상 인질로 살고 있다'는 것을 각성토록 유도하는 노력들도 병행해야 한다.

## 22. 북한사람, 대중기억 감시처벌 순종

### 가. 대중기억

프랑스 정치학자 푸코[63]는, 대중은 영화와 같은 매스미디어를 통해 기억된 내용들이 자신의 과거 모습과 전혀 관계가 없다는 것 자체를 전혀 인식하지 못한다고 말했다. 대중은 자신이 자각하지도 못하고 있는 가운데, 그들이 기억해야만 하는 것들만 시청되어지고 교양되어진다는 사실조차 모른다고 분석한 것이다. 정치 연출가들은 조직의 생각을 매스미디어를 통해 반영시켜, 대중들 기억을 계속 변화시키고 유지시켜 나가는 세뇌작업을 진행하고 있다고 설명한다.

푸코 '대중기억' 이론은 현대사회에서 합법적 정치적 선거전략이나 상업적 광고전략 등에서 이미 사용하는 검증된 이론이다. 수많은 정치적인 조직과 대규모 기업들이 엄청난 인력과 재화를 들여 대중언론매체를 통한 정치적 슬로건과 상업적 광고내용을 주입시켜 나가는 이유가 여기에 있다. 장기적으로 대중들 뇌 속에 관련 내용들을 친화시켜 나가는 전략의 일환이다.

장기적으로 체제 차원에서, 세계 각국에 영향을 끼친 선전선동 역사는, 사회주의 공산주의로부터 시작되었다. 그중 공산주의 종주국이었던 구소련이 그 시초라고 말할 수 있다. 과거 소련은 매스컴을 통해 사회주의 이념을 많은 사람들에게 주입시켜 공산화를 정당화하는 도구로써, 그리고 이를 통해 공산주의 체제구축을 공고히 하는 데 활용했다.

사회주의 체제하에서 사회주의 이념이 소프트웨어라면, 매스컴은 그것들을 담아내고 구현하는 하드웨어였다. 마르크스는 "사회는 정치, 법률, 철학, 예술 등 상부구조와 경제라고 하는 하부구조로 되어있으며, 상부구조는 하부구조에 의해 결정된다"고 주장했다. 하부구조인 경제가 사회의 원동력이라고 주장한 것이다. 마르크스는 '하부구조의 상부구조결정론'에 의거하여 매스컴에 소극적이었다. 그러나 러시아 혁명가 레닌은 매스컴을 혁명에 있어서 적극적인 수단으로 활용했다.

레닌은 신문을 통해 언론들을 장악했고, 영화예술 등을 앞세워 사회주의를 교육했다. 그는 공산화 과정에서, 신문과 영화를 이용해 사회주의 이념을 대중에게 주입했다. 이후 레닌과 스탈린의 선전선동 방식은 전 세계 모든 공산정권에 이식되어, 체제 차원의 신문, 영화, 방송 등 매스미디어가 전체주의의 언론통제의 정치적 중요 수단들이 되었다.

북한체제는 스탈린에 의해 사회주의 선전선동 방식을 전수 이식받아, 가장 철저하게 실행중에 있다. 정작 소련에서는 사라졌지만, 현재까지 그 원형을 유지하고 있다. 북한은 스탈린방식의 인간세뇌작업을 여전히 진행하고 있다.

북한은 초창기 마르크스 레닌주의 신봉에서, 김일성 우상화를 위해 주체사상이라는 지배이데올로기로 전변시켰다. 이후 지도자에 대한 절대 충성을 강요하는 유일영도체계를 만들어 이를 70년 이상 지속하여 선전선동 중이다. 북한은 김일성 3대 우상화를 통한 체제 유지가 최대 목표이다. 이를 위해 북한사람에 대한 회유 협박, 사상 교양과 처벌을 체제 차원에서 수행 중이다.

이 과정에서 모든 매스미디어를 총동원하여, 전체 주민을 대상으로 반복적 자발적인 참여를 적극 유도하고 있다. 북한사람에게 무의식중에 세뇌되는 '대중기억' 효과를 적극 조장하고 있다. 기억이란 '과거와 현재의 대화이며, 과거와 현재의 관계이고, 과거가 정치적으로 현재에 살아서 사회적 관계에서 현재에 영향을 주는 것'이다.

북한체제는 과거 소련체제와 같이, 당의 기관지 노동신문과 영화 등을 북한사람들에게 김일성 3대 우상화와 체제선전의 가장 중요한 수단으로 활용 중이다. 북한 전역에서 매일 아침마다 모든 직장에서 당일 노동신문 독보회가 있으며, 이를 통해 전체 주민이 한사람같이 생각하고 행동하도록 강요받고 있다. 그 한사람이란 오직 김일성 김정일 김정은 3대를 말하며, 이들의 소위 '교시와 말씀'을 죽도록 교양받고, 외우고 실천한 후에도 이를 비판 받는 삶을 영위하고 있다.

북한의 영화를 통한 '군중기억' 효과 제고는 김정일이 직접 선전선동부를 초기부터 장악하고 관여하면서 더욱 심화 발전시켰다. 김정일은 정치적으로 후계자 입문 과정에서부터 각종 혁명가극과 김일성 우상화 영상물들 제작에 깊이 관여했다. 각종 김일성 우상화에 대한 영화제작을 통해 자신의 후계체제의 정당성을 유도하였다. 북한영화는 수령을 우상화하는 가장 핵심적 입체적 수단이다. 이것이 북한 조선노동당 문예정책의 목표이자 대중문화 중심이다. 북한영화는 북한체제가 주도하는 북한사람 정치사상교양의 목적을 이루는 중요한 정치도구이다. 즉 북한사람 정치의식의 고양을 위한 정치 활동이다.

## 나. 감시처벌

푸코는 『감시와 처벌, 감금의 역사』[64]에서 "인간을 통제감시 처벌하는 기준으로 사용되는 부정적인 의미의 규율은 특정 시간표와 감시장치 등에 의거한다. 규율은 인간을 길들여 규격화, 표준화시킨다. 교도소, 교육기관, 노동현장 등에 요구되는 규율은 인간의 영혼, 육체, 주체를 재형성시킨다."고 설명한다.

또한 "교도소, 교육기관, 군대 등은 동일한 생활로 조정되고 통제된다. 각 개인은 집합체의 일개 구성물이다. 개인 주체는 정치적으로 조작된 발명품에 불과하며, 주체적이라는 말은 역으로 종속과 복종을 당한다는 이중적 의미"라고 말한다. 즉 "규율을 통하여 개인들은 표준화되며 표준화를 통해 정신적으로 육체적으로 순종 잘하는 주체들이 양산된다"고 분석했다.

또한 "현존하는 권력의 가장 기본적인 도구는 감옥 시스템이다. 감옥은 살아있는 권력의 법이며, 달리 말하면 권력의 합법성을 통해 대중을 상대로 규범을 개발해 내는 장소이다. 육체적 감금은 규율과 감시장치 등을 통해 자연히 정신적인 영향력을 만들어 낸다."고 주장한다. 이어 "감금의 역사를 통해 즉 규율과 통제를 통해 신체에 가해지는 보이지 않는 감시는 결국 인간정신을 개조하기에 이른다. 현대사회에서도 이와 똑같이 감시를 통해서 대중들의 정신개조가 더욱 강화되고 있다"고 말한다.

북한체제가 70년 이상 장기간 유지되는 중요한 요인들 중 하나는 조직적인 체제 차원의 선전선동과 감시처벌에 있다. 북한사람을 선전선동하고 감시 처벌하는 사회통제의 대표적 기구들은 노동당과 국가안전보위성, 인민보안성, 사회주의법무생활지도위원회, 인민반제도가 있다. 이를 달리 말하면 북한사람 전체가 ①노동당세포 ②보위성원 ③보안성원 ④법무생활지도원 ⑤인민반장에 의해 5중의 선전선동 감시처벌을 받고 있다는 뜻이다.

북한 국가안전보위성[65] 핵심 임무는 김일성 가계 세습 독재체제 유지, 북한 주민들의 정치의식과 정치 동향 감시, 체제 위법사범의 색출과 정치범수용소 관리이다. 보위성은 북한사람 통제에 정예요원 3만 명을 투입 중이며 보위성원 1명이 50명의 정보원을 비밀리 임명하여 각 정보원 1명이 20명의 주민들을 감시토록하여 결국 보위성원 1명이 총 1천 명의 주민들을 통제한다. 보위성은 정치범과 국사범을 수용하는 특별독재대상구역관리소를 운영하고 있다.

북한 인민보안성은 주민들을 통제하기 위해 주민들의 성분분류와 주민등록사업의 관리, 공민증의 발급, 거주이전 관리, 이동관리, 인구조사 등 업무를 수행한다. 인민보안성은 공민증의 발급, 거주이전 관리, 이동관리, 인구조사 등의 직무를 수행한다. 또한 일반형사범을 수용하는 교화소와 노동교양소 등도 관리한다.

북한 인민반장은 북한사람을 현장에서 가장 밀착하여 감시한다. 인민반장은 보위성, 보안성 지시를 받아 인민반 주민들의 모든 정치적, 경제적, 사회적, 군사적 동향을 감시 보고하는 최일선에 있다. 북한사람들은 평생 북한체제 내 어느 정치사회조직이든 의무적으로 가입하게 되어 있다. 이들 조직에서 단체생활을 하면서, 노동당에 의한 당적지도와 통제를 받는다.

북한사람은 나이가 들어감에 따라 탁아소, 유치원, 소년단, 김일성김정일주의청년동맹, 조선직업총동맹, 조선농업근로자동맹, 조선녀성동맹에 의무적으로 가입하여 노동당 지도를 받아야만 한다. 북한사람은 '당의유일적영도체계확립10대원칙'을 준수해야 하고, 이 과정에서 개인은 철저하게 충성심과 사상검증을 당하게 된다. 주민들은 성분분류가 되어 핵심계층, 동요계층, 적대계층 중 하나에 분류되며 평생 감시와 통제 속에 있게 된다. 북한체제에 의해 정치적 범죄로 단속된 북한사람은 정치범수용소에서 일생동안 격리·수감된다. 정치범수용소는 운영형태, 운영방법, 관리주체에 따라 마을형태, 완전통제구역, 혁명화구역, 단독수용형태, 가족동반관리소 등으로 구분된다.

## 다. 정치적 함의

유엔북한인권조사위에 조사된 한 탈북자 증언내용은 북한사람의 대중기억 감시처벌 정치의식 실태를 방증한다. 보고서에서 탈북자는 "우리는 세뇌되었습니다. …… 바깥세상에 대해 아는 것이 없습니다. 말을 할 수 있는 탁아소에서부터 교육을 통해 세뇌를 당합니다. 인생 전반에 걸쳐, 사회에서, 심지어 집안에서도 세뇌당합니다. …… 북한은 바깥세상과 차단되어있는 울타리가 쳐진 세상입니다. 울타리 너머로 들어오는 것이 아무것도 없어야 합니다. 라디오도 특정 채널로 국한되어 있습니다. 그들은 북한사람들이 바깥세상에 대해 눈멀고, 귀먹고, 무슨 일이 일어나는지 알 수 없기를 바란다"[66]고 기술하고 있다.

북한체제의 선전선동은, 김일성 3대 독재체제 유지를 위해, 소련 스탈린이 이식한 방식을 원형으로 한다. 북한사람은 북한체제가 전체사회를 대상으로 연출, 기획한 정치연극영화 세트장의 일원이다. 이 세트장은 구경하는 사람이 전혀 없다. 모든 주민이 연출가, 배우, 엑스트라, 기술자 등의 역할을 열심히 하면서도 정작 자신들은 어떤 역할을 하고 있는지 자각조차 못하고 있다.

전체 주민들이 세뇌되어, 자신이 무슨 영화촬영장에 동원되었는지 모른 채 일생을 협동농장, 탄광, 바다위, 채석장 등에서 목숨을 연명하며 살다 생을 마감한다. 여기에 천부적, 인권적, 개인적 인간의 존엄성과 생명의 가치적 개념은 찾아볼 수 없다. 태어나자마자 바로 영화의 세트

장이 차려져 있고, 배역도 출신성분에 따라 이미 정해져 있다. 이 세트 장은, 외부 영화촬영장과 달리, 스턴트맨조차 필요 없다. 소위 혁명적 수령관을 내세워, 수령을 위해 기꺼이 자신의 생명을 내놓는 자폭 영웅 들이 될 것을 강요하는 곳이다.

북한사람은, 그들이 흔히 사용하는 말과 같이 수령을 뇌수로 하면서, 자신들은 세포 역할을 하는 하나의 지체 중 극히 일부분일 뿐이다. 북한 사람 전체가 모두 표준화 규격화되어 있고 여기에 조금 다른 모양을 하 고 있는 세포들은 과감히 즉시 제거된다. 주민들은 지체를 위해, 즉 북 한사람은 자신이 아닌 수령, 김일성 3대만을 위해 살아야 하며, 여기에 선택의 여지가 없다. 신정체제 하 광신도로서, 병영사회의 투철한 전사 로서, 유사시 수령을 위해 자폭할 수 있는 준비가 항상 철저하게 준비되 어 있어야만 한다.

북한체제는 주민들에게 북한이 '가장 주체적인 사회이고, 마르크스나 레닌보다 김일성이 인간중심 주체사상을 세계 최초로 창안했다'고 선전 선동한다. 그러나 매우 역설적으로 북한체제는 인간중심 주체를 강조하 면서 정작 주체사상 '수령론'에서, 수령은 뇌수이므로, 지체인 모든 주 민들은 수령에 맹종할 것을 강요한다. 매우 비주체적인 논리이다. 북한 모든 주민들은 소위 '전체는 하나를 위하여 하나는 전체를 위하여'와 같 이 정치적, 사회적으로 잘 다듬어진 규격화, 표준화된 기계적 부속품들 에 지나지 않는다.

북한사람은 북한체제가 강요하는 주체가 진정한 의미의 주체가 아닌 종속과 복종의 다른 표현임을 인지하지 못하고 있다. 북한 사회는 전체가 병영사회이며 이는 달리 말하면 군대 규율이 사회를 통제한다. 독재자 입장에서 보면, 군부대를 통해 주민들을 가장 합법적, 경제적, 효율적으로 감시와 처벌을 하고 있는 것이다. 또 다른 수용소와 감옥과 진배없다. 대중기억 감시장치와 규율들로 길들여져 규격화되고 표준화된 갇힌 생명체들은 보다 더 넓고 큰 자유로운 인간세계를 스스로 볼 수조차 없다.

대다수 북한 주민들은 그나마 하루하루 끼니를 이어가는 것도 행복이라고 여기며 살아간다. 이런 사람들은 '누구는 굶어 죽고 누군 꽃제비가 됐는데 우리는 그렇게 되지않아 참 다행이다'라고 생각하면서 살고 있다. 우리가 이명박 대통령을 욕하듯이 김정일을 욕할 수 있는 자유는 이들에게 주어진 적이 없다. 따라서 대다수 사람들은 "내가 김정일을 욕할 수 있으면 행복하겠다"는 것을 상상조차 한 적이 없다. '수용소에 끌려 안 간 것만 해도 다행이다'는 생각이 행복의 범주에 속하는 나라에서 그런 욕은 사치이다.[67]

## 23. 북한사람, 체제위기 중국의존 정치의식

### 가. 의식조사

최근 한 언론기관[68]의 북한주민 의식조사에서 북한체제가 갑자기 붕괴할 경우 "중국을 선택하겠다"는 수치가 높게 나온 것으로 판명되었다. 물론 조사방법 과정에서 여러 한계 등도 있지만 이는 매우 시사하는 바가 크다.

북한사람은 자유민주체제 한국 대신, 사회주의 일당 독재국가 중국을 선호하는 것으로 나타났다. 역사적으로 중국은 한반도를 수천 년 동안 끊임없이 침범한 국가이다. 중국은 6.25동란 시 북한남침을 적극 지원한 침략국가이며 정치적으로 비민주적 비인권적 패권추구 국가이다. 이는 현재 북한사람들의 정치의식 상태를 가늠할 수 있는 지표가 된다.

### 나. 조사결과

한국과 일본은 2009년 이후 수년 동안 각각 중국을 접하고 있는 북한지역 주민 1천 명을 대상으로 정치의식을 조사하였다. 중국 내 조선족들이 방북하여 "북한체제가 급격히 붕괴할 경우 중국과 한국과 미국 등 어느 쪽을 선택할 것인지?"를 질문하였다.

조사결과 북한사람들은 유사시 제1 순위는 중국을, 제2순위로 한국을, 이어 제3순위로 북한의 자력갱생을 그리고 마지막으로 미국을 선호하였다. 이를 구체적으로 살펴보면 다음과 같다.

한국 정부의 1차 조사에서는 중국 48%(480명), 한국 30%(300명), 자력갱생 20%(200명), 유엔과 미국이 2%(20명) 순이었다. 한국 정부의 2차 조사에서는 중국 40.1%(401명), 한국 31.5%(315명), 자력갱생 27.1%(271명), 유엔과 미국이 1.2%(12명)이었다. 일본 정부 조사에서는 중국 39%(390명), 한국 32%(320명), 자력갱생 25%(250명), 유엔과 미국 4%(40명) 순으로 나타났다.

다. 정치적 함의

이번 설문조사는 북한과 중국의 체제 특성상 그리고 설문조사 내용상 자유롭게 진행할 수 없는 불가피한 한계를 지니고 있다. 피면접 대상자들도 중국 접경지역의 북한 거주민들로 한정될 수밖에 없었다. 북한사람 의식조사 결과도, 장기간 경제난을 겪고 있는 가운데 접경지역 북한 주민들의 대중 경제 교류와 직접 연계될 수밖에 없었다. 이들은 중국과 접촉기회가 여타 북한지역 사람들보다 상대적으로 월등할 수밖에 없다. 당연히 중국이 모든 면에서 편할 수밖에 없다. 더구나 70년 이상 강제 차단된 한국과는 공식적으로 지역 주민들 간 접촉도 아예 없다. 이런 한계점들이 설문조사의 과정에 근본적으로 내재되어 있다.

또한, 체제 특성상 중국 내 거주 조선족들이 북한 내부 지인들과 의식조사를 은밀히 진행하는 과정에서도 자연히 만나는 인원들이 극히 제한적일 수밖에 없다. 따라서 피면담 조사대상자들이 계층별로 다양하게 의식조사가 완벽하게 반영되었다고 보기에 한계가 있다.

그러나 이런 의식조사의 한계에도 불구하고, 비록 한정적인 제약조건에서 시행된 결과이지만 북한사람들이 유사시 중국을 제1순위로 선택했다는 것은 중요한 정치적 함의가 있다. 조사결과 평균 42.3%가 중국을 제1순위로 지목하였다. 이는 현재 북한사람 자신들을 살릴 수 있는 곳은 중국이라고 생각하고 있음을 방증한다. 지리적으로 중국과 접해 있고 장기간 정치적 군사적 경제적으로 상호협조 관계가 지속되어 왔기 때문이다. 현재 북한사람들에게 한국과 미국과 자유 세계는 타의적으로 전혀 접근할 수 없다.

이번 조사 대상에는 없지만 보다 현실적인 중요한 문제는 북한 고위층에 있다. 유사시 김일성 3대를 비롯한 북한 내 고위층들은 중국에 올인 할 가능성이 아주 높다고 예상된다. 한국과 미국 주도의 통일을 적극 막을 것이다. 이를 계기로 중국이 한반도 문제에 개입할 통로를 열어줄 수도 있다. 군사적으로 북한 내부로 진격해 들어올 가능성도 농후하다. 이런 면에서 이번 조사결과는 정치적으로 또 다른 의미가 있다. 현재 중국은 경제 외 모든 면에서 일당독재 패권추구 사회주의 체제이다. 중국은 여전히 모택동주의를 정치적으로 군사적으로 신봉하고 있다. 모택동은 "총에서 정권이 나온다. 총에서 모든 것이 나온다. 우리는 혁명전쟁 만능론자이다. 이것은 나쁜 것이 아니라 좋은 것이다. 우리는 전 세계도

총에 의해서만 개조할 수 있다고 말하게 된다. 전쟁은 전쟁으로써만 소멸할 수 있으며 총을 필요하지 않게 하기 위해서 반드시 총을 들어야 한다"[69]라고 중국공산당에 교시했다. 중국에서 모택동 교시는 아직도 유효하다. 중국과 북한 간 행보를 주시해야만 하는 이유이다.

# II

# 체제붕괴 정치의식

# 제 4장 북한내부 체제붕괴 김정은 태생적 한계

## 24. 북한 김정은, 정권 권력층 변화실태 한계성

### 가. 북한 김정은 정권 권력층 변화 특징

북한 김정일 정권은 1994년 집권후 2009년까지, 동구권 공산국가 붕괴와 김일성사망 등 위기극복을 위해, 노동당 기능을 약화시키고 군권을 강화한 것으로 평가되고 있다. 이어 김정일은 김정은을 후계자로 내정한 후 2009년부터 사망한 2011년까지 노동당 기능을 복원하고 군권을 약화시켰다. 이는 김정은 후계체제를 조기 정착시키기 위한 조치였다고 알려졌다.

그러나 북한체제는 소위 수령의 무오류에 의거한 수령의 영도, 수령에 대한 충성, 수령의 절대적 지배체제이다. 북한 독재자는 여타 공산주의 체제들과 달리 당 위에 군림한다. 노동당 영향을 받는 체제가 아니다. 북한 독재자가 정세에 따라 지휘 편의상 조직을 일시적으로 재구성하는 것을, 여타 공산주의체제 분석시각으로, 위와 같이 평가해 왔다.

북한 김정은은 36년 동안 개최되지 않았던[1] 당 대회를, 제7차노동당 대회개최(2016.5.6.~9)를 통해, 김정은 시대를 공식 선포했다. 김정은은 노동당위원장, 국무위원장으로 취임했다. 김정은도 노동당 권력의 강화, 정치국 위상 제고, 당중앙군사위 약화 등의 조치를 취했다. 북한 내 엘리트의 위상이 국방에서 국무로 이전되었고, 국무위에 소장파전문 엘리트들이 등용되었다. 전반적으로 북한 행정기관, 최고인민회상임위 등에 전문성이 강화되고, 신세대 간부들이 배치되어 있다.

외형적으로 보면 북한 김정은 체제도 권력층 엘리트들의 새로운 인물들의 변화가 진행 중이다. 신진 간부들이 등장하고, 보다 젊은 층으로 그 무게 중심이 이동하고 있다. 수십년씩 같은 자리를 차지하고 있는 북한 권력층도 세월의 압박을 피해갈 수 없다. 더구나 정치적 인연이 적은 독재자 김정은의 등장으로 인해 그 속도가 더해질 수밖에 없다. 북한체제 노동당, 행정기관에 김일성종합대학 출신들이, 군대에 김일성군사종합대학 엘리트들이 상대적으로 많이 등장하고 있다. 선대의 소위 혁명원로들은 감소하고 대를 이어 2~3세대가 등장 중이다. 경제 분야에 테크노크라트들이 진입하고, 전반적으로 대학출신 간부들이 증가 추세에 있다.

이런 북한 김정은 체제의 노동당 기능의 강화와 군권의 약화 모습도 전제적, 독재적, 세습적, 신정적 체제 특성상 큰 의미가 없다. 정치 시스템들 위에 김일성 3대가 전능적으로 군림하기 때문이다. 북한체제는 노동당, 군부대, 행정부 엘리트 권력층이 서로 중첩 편성되어도 아무 문제가 없다. 모든 성과들은 독재자의 탁월한 천재적 능력 때문이고 모든 잘못은 항상 무능한 관료들의 책임이다. 측근인 소수 인원에게, 권한을 주어 충성토록하는 것이 독재에 편리하기 때문이다. 시스템이 아니라 사적 통치다. 최소의 노출은 사적인 비밀유지도 쉽고 외부 정보차단도 편리하다. 한정된 재원도 중요한 요인이다. 독재자는 한편에서 이들 상층부들을 서로 감시 경쟁 비판토록 해 피를 말린다. 외부시각과 전혀 다른 치열한 막후 충성경쟁이 벌어지고 있다.

북한 김정은은 체제수호의 최일선에 있는 총참모부, 인민무력부, 보위성, 보안성 등 군대와 공안기관의 수장들을 수시로 교체하고 있다. 북한 공안 기관인 보위성과 보안성도 군대조직이다. 김정은의 잦은 인사교체는 조직 내 무한한 충성심을 스스로 증명해 보이도록 하는 독재자용 인술이다. 그래서 아무 이유도 아무 잘못도 없이 수시 처단되며 복권도 된다. 전체주의 스탈린독재체제 복사판이다. 이 과정에 신진 소장파 중심들을 발굴해 무한 충성경쟁을 시킨다. 김일성은 집권 초기 유일지도체제 확립을 위해 노장파, 혁명 간부들을 무차별 제거했다. 김정일을 후계자로 내정하면서 권력층을 대대적으로 숙청했다. 김정일도 동구권 붕괴로, 선군정치를 하는 과정에서, 군엘리트를 등용했고, 가중된 경제난에 대한 책임회피 수단으로 경제 관련 수장들을 대폭 처형했다. 김정은의 일련의 주요 간부들에 대한 숙청 탈락 복권 배경도 과거 김일성 김정일의 독재적 통치술의 학습효과에 그 배경을 두고 있다.

북한 정치권력층 엘리트들은 세대별로 진화했다. 북한 김일성 시기 1~2세대는 소위 혁명개척시기였다. 이들은 1940년생 이전 인물들로 대다수가 이미 퇴진했다. 김정일 시기 3~4세대는 이른바 혁명계승시기였다. 대부분 1941년생에서 1950년생까지 인물이며, 상당수가 현재 생존하고 있다. 김정은 시기 주력은 5~6세대이다. 이들은 대부분 1950년생 이후 세대이다. 이들이 소위 북한이 선전하는 혁명발전시대의 주역들이다.

북한체제 권력층의 중요 특징도, 김일성 3대와 같이 선대의 권력을 자손들에게 물려주는 세습적 양상을 지닌다. 체제에 부정적 요인만 없다면 권력층 가족내부에서 대를 이어 계급이 지속되도록 묵인해 준다. 북한 김일성, 김정일, 김정은으로 이어지는 독재자들의 이른바 "대를 이은 혁명 완성"이 상류 권력층의 "대를 이은 충성"을 파생시켰다. 이런 현상은 노동자, 농민을 중심으로 한 무산계급 평등과 계층부정의 공산주의 사상과 정면으로 배치된다. 북한 권력층이 김일성가신적 귀족적 세습적 부패적 특징들을 지니고 있음을 보여준다.

## 나. 정치적 함의

북한 김정은은 제6차 핵실험(2017.9.3.) 단행후 미국 트럼프 행정부와 국제사회로부터 가해지는 정치적, 경제적, 군사적 압박을 회피하기 위해 미북정상회담, 중북정상회담에 열중하고 있다. 북한은 김일성 유훈에 따라 대남 무력통일, 체제유지를 위해 핵무기를 개발했다. 그러나 북한 핵무기 개발은 자신들의 의도와 달리 북한체제가 조기에 마감될 수 있는 양날의 칼이다. 외부 대북정책에 따라 북한체제는 돌이킬 수 없는 종말을 맞이 할 수 있다. 북한은 겉으로 보기에 세습 독재라는 정치적 차별성으로 인해 매우 안정적으로 보인다. 그러나 외부요인으로 인해, 과거의 여타 공산체제들과 같이, 내부적으로 체제변화와 자체붕괴 수순이 불가피하다.

 핵무기를 수천 기 보유했던 소련조차 망했다. 북한체제도 장기적으로 핵무기 개발과정에서 국제적 대북 정치적 경제적 군사적 압박이 지속되면 독재자 행보가 달라질 수밖에 없다. 북한 독재체제가 아무리 사상통제 정보차단을 지속해도 이를 가장 먼저 인지하는 최측근 상층부 권력층 정치의식이 변화될 수밖에 없다. 권력층의 의식변화는 북한내부 체제붕괴의 단초가 될 것이다.

 소련과 동유럽의 여러 사회주의 국가들이 1989년을 기점으로 붕괴했다. 사회주의 체제에서 여타체제로 변화되는 과정을 후기사회주의(late socialism)라 지칭한다. 국가사회주의 붕괴 이후 중동부 유럽, 구소련 등에서 정치적 경제적 사회적 문화적 군사적 체제전환이 속도를 더하고 있다. 체제전환은 기존 내포된 모순적 속성들이 새로운 제도와 접합되는 타협과 조절의 과정이다. 구사회주의 국가들이 시장 자본주의 제도를 구축하는 과정은 쉽지 않다. 과거 사회주의 체제 정치 경제 사회 군사 등 유산이 많은 형태로 남아 있기 때문이다. 국민들 정치의식도 과거의 체제에서 벗어나지 못하고 있다.

과거 소련 중국 베트남은 체제 붕괴 이후 개혁개방 초기에 권력층에 대한 대대적인 세대교체를 단행했다. 세대교체를 통해 기존 인적청산을 진행했다. 공산주의 국가들의 후기사회주의 체제로의 변화과정에서 가장 공통적 특징은 권력층 핵심이 젊은 세대로 교체된 것이다. 고급 기술 간부들이 등용되기 시작했다. 중국 등소평 시대 당중앙위원과 정치국원은 교육 수준이 높은 전문관료였다. 소련 고르바초프정권 핵심 엘리트들도 대졸 출신 테크노크라트이다. 베트남은 1991년 제7차당대회 시 많은 고급기술관료들을 선발했다. 공산주의 시절이 정치 중심 혁명간부들이었다면, 후기사회주의 체제변환은 기술간부 중심으로 이동했다.

　또한 중국, 베트남의 경우 정치 핵심부 내부 엘리트들 간 심각한 권력투쟁이 전개되었으며 개혁성향 인물이 정권을 장악해 개방정책을 추진 중이다. 소련도 경제위기가 지속되며 개혁파 젊은층 정치 권력 엘리트로 세대가 교체되면서 개방정책을 단행 중이다. 사회주의 국가들이 개혁개방정책을 추구하며 신진 권력 엘리트들 등장으로 인해 개혁 지향적인 집단들 간 파벌형성, 갈등대립이 심화되었다. 후기사회주의 체제는 군대의 영향력이 낮아지고 축소된 특징도 보인다. 이런 현상들은 이들 국가들이 국내정치의 정상화 제도화 단면들을 보여준다. 공산당의 군대 통제 수준도 낮아지고 있다.

　동구권 국가들이 진행 중인 후기 사회주의 체제와 현재 북한 권력 체제를 서로 비교하면 핵심적 차이가 있다. 우선 정치적으로 북한은 한반도 공산혁명에 대한 목표가 불변이다. 또한, 세습적 독재체제다. 정치적으로 권력층 정치적 파벌이 존재하지 않는다. 김일성 3대를 세습 왕조로 하는 전제정치, 김일성 3대를 신으로 모시는 신정정치 아래 유일사상강제, 반자유사회, 반민주체제, 반시장적 경제체제이다. 대외적 개혁개방정책도 부재다. 심지어 핵무기 등 WMD개발로 국제적 제제를 받고 있다. 북한은 김정은을 최고사령관으로 하는 전시대비 상시동원 체계를 70년 이상 진행 중인 특이 체제이다.

그럼에도 대외적 변수가 있다. 북한이 현재 자충수를 두고 있는 핵 문제가 국제적으로 부정적인 요인으로 작용할 것이다. 한국의 대북 핵 정책 전환에 따라 북한 핵은 현재와 전혀 다른 국면에 직면할 수 있다. 핵 문제가 심화되는 경우 북한은 동구권 후기사회주의 체제와 비슷하게 조기에 급변할 수 있다. 이때 북한 내부에 진정한 정치적 경제적 개혁개방 선택이 강요당할 것이다. 권력층내 이권을 위한 파벌조성과 대립이 보다 심화될 수밖에 없다. 북한 독재체제는 특성상 유사시 김정은을 대체할 시스템이 없다. 김정은 건강조차 가족력에 의거 매우 가변적이다. 김일성 3대는 심장병 유전병이 있다. 북한체제는 외형적으로 공고하나 이런 치명적 약점을 지녔다. 북한체제가 수령결사옹위를 최우선으로 주창하는 실질적인 배경이 여기에 있다.

"모든 권력과 권위가 개인에게 집중되어 있고 제도를 바탕으로 하는 사회운영 시스템이 안정되어 있지 않은 점은 북한체제의 취약성을 보여준다. 1인에게 절대적으로 의존하는 체제이다. (독재자가) 병이나 사고로 죽게 되는 경우 북한체제는 감당하기 어려운 권력 공백과 권력투쟁이 발생하게 되고 그런 사태가 발생되면 잠재되어 있던 온갖 모순들이 한꺼번에 폭발하게 되어 총체적인 붕괴로 치닫게 될 가능성이 높다."[2]

# 25. 북한 김정은, 현지지도 행보 진실게임

## 가. 세습독재자 김정은의 수해현장 방문 즈음

북한 김정은 국무위원장이 2020년 8월 6일부터 2일간 황북 은파군 대청리 수해현장을 소위 현지지도 했다. 김정은은 일제 LX570렉서스 SUV를 직접 운전하며 "피해복구에 군을 동원하고 유사시 비축용 전략 물자를 풀어 수재 지원을 할 것"등을 지시했다. 이 지역은 8월 4일부터 최대 500mm이상 폭우가 내렸으며 이로 인해 주택 730동과 논 600정 보 침수주택 179동이 붕괴되는 등 피해 규모가 여의도 면적의 2배에 이르는 것으로 알려졌다.

김정은, "①인민군대에서 필요한 력량을 편성해 긴급이동 전개시키며 군내인민들과 함께 파괴된 살림집과 도로 지대정리사업을 선행할 것 ②홍수로 집을 잃은 수재민은 군당위원회 군인민위원회 등 공공건물과 개인 세대에서 지내도록 하며 침구류와 생활용품 의약품 등을 보장하는 사업을 당중앙위원회부서 본부가 족세대가 전적으로 맡을 것 ③당중앙위원회 해당 부서와 인민무력성 간부들로 피해복구사업지휘부를 조직하고 필요한 자재와 역량편성을 보고토록 할 것

④예비 양곡을 해제 피해지역 인민들에게 세대별로 공급해 주기 위한 문건을 제기할 것 ⑤피해복구건설사업에 필요한 시멘트를 비롯한 공사용 자재 보장대책을 세우는 것이 중요하며 소요량에 따라 국무위원장 전략 예비물자를 해제해 보장할 것 ⑥중앙의 설계역량을 파견해 큰물 피해를 입은 은파군 농장마을 800세대를 본보기로 새로 건설하기 위한 작전을 짜고들어 공사를 빠른 기간 내에 최상의 수준에서 끝낼 것 ⑦내각과 국가계획위원회 성 중앙기관에서 은파군 피해

복구 건설사업 관련 당의 의도를 똑바로 알고 적극 협조할 것."등을 지시[3]

북한의 중앙TV가 김정은 현지지도 보도를 하면서 당일 방영한 것은 극히 이례적이다. 대부분 3~7일 정도 지난 후에 재편집 보도하는 것이 관례였다. 이는 동지역의 피해가 매우 크다는 것, 김정은이 이에 대해 매우 신경쓰고 있다는 것을 대내외에 과시하기 위한 목적이 있었다고 볼수 있다. 시찰에는 조용원 당조직지도부 제1부부장과 당재정경리부 제1부부장이 등이 수행했다.

북한 중앙통신은 8월 10일 "홍수피해 황해북도 은파군에 국무위원장의 예비양곡이 단 이틀만인 8월 9일 도착했다"고 보도했다. 국무위원장 예비양곡은 유사시를 대비한 김정은의 지시가 있어야 사용할 수 있는 식량이다. 당연히 중앙통신은 수해현장의 노동자들과 간부들의 입들을 빌려서 김정은 찬양에 열을 올렸다. 통신은 "토론자들은 친어버이의 정이 어린 흰쌀을 가슴 가득 받아 안은 크나큰 격정에 대해 언급했다. …… 모두 힘을 다해 다수확 열풍을 일으켜 당이 제시한 알곡 고지를 무조건 점령하고야 말 의지를 피력했다"고 선전했다.

어느 체제이든 지도자가 수해현장 등을 돌아보는 것은 너무 당연한 정치적 통치행위이다. 그러나 북한의 경우, 여느 일반 국가들과 전혀 다른, 독재자 시찰 관련 소위 현지지도라는 정치문화를 갖고 있다. 북한 현지지도 특징 중 하나는 통치자 차원이 아닌, 실무자 수준의 너무 자세한 지시가, 현장에서 난무한다는 점이다. 절대 권위의 강압적 지시도 모든 것에 우선시 되어 다른 모든 것을 희생하게 만든다.

여기서는 일반적 통치지도자들의 시찰에 대한 정치적 의미, 마르크스 레닌 스탈린 등 공산주의 영도론, 북한 주체사상 수령론의 영도체계에 의한 현지지도의 행태에 대한 정치적 함의를 분석하기로 한다.

### 나. 정치적 상징행위, 공산주의 영도론

비담(D. Beetham)은 "정치적 권위가 정당성을 지니기 위한 3가지 조건은 ①권력이 확립된 규칙에 따라 행사되고(법치) ②정부와 피통치자의 공유된 믿음이 정당해야 하고(인민을 위한 정부) ③피통치자가 동의를 표현하여 이를 입증하는(참여정부) 것"[4]이라고 말한다. 북한체제는 정치적 권위 제고를 위해 주체사상을 법제화했고, 유일지배체제를 통해 정치의식을 공유하게 하였고, 수령영도에 대한 무조건적 충성을 강압해 피통치자들의 동의를 이끌어 내고 있다.

피지배층이 억압체제를 수용하게 되는 이유는 정치적 상징행위와 관련이 있다. 대중은 정치적인센티브, 민족적대단결, 국가제일주의 등 상징적 만족만으로도 이를 인정하는 정치적 특성이 있다. 실질적 혜택들이 없어도 이를 수용한다. 독재자와 소수 권력자들은 대중들의 이런 상징적 만족감을 주기 위해 물질적 지원 외, 집단적인 신념을 조작하고, 이를 독재체제 내 전체로 확대한다. 북한 역시 그동안 정치적인 상징성 창조를 통해 통치력을 제고시켜 왔다. 이런 일련의 통치과정은 스탈린주의 영향을 그대로 이어받은 결과이기도 하다. 김일성우상화에 항일무장투쟁을 조작해, 이를 극장국가화 하는 도구들로 철저하게 이용하고 있다.

기어츠(C. Geertz)는 "극장국가는 국가권력과 정치체제가 상징적인 연극적 사회질서 조작에 집중한다"고 말한다. "극장국가의 통치자는 제작자이자 주연이며, 관료는 연출가이고, 주민들은 조연과 무대보조원 관객들이 된다. 여기 소요되는 막대한 재원들은 정치적 목적 그 자체이자 체제 존재 목적"[5]이라고 말한다. 북한 세습독재자 통치행위도 이와 같은 정치적 목적을 위해 연출되고 있다. 북한 세습독재자 현지지도 또한 이런 극장체제 하 연극의 한 장면일 뿐이다.

터키(Robert C.Tucker)는 전체주의체세 시노자 현장시찰에 대해 "① 문제의 진단 ②문제의 처방 ③주민동원 등 3가지의 정치행동"[6]이라고 말한다. 전체주의 독재자가 자신의 체제에 가장 심대한 영향을 주고 있으며, 모든 구성원 행동방향을 일괄적으로 몰아가고 있다는 의미이다. 북한 김일성김정일김정은 통치행태 역시 이와 똑 같다. 소위 "현지실태를 료해하고, 걸린문제를 풀어주고, 대중을 혁명과업 수행으로 이끈다"고 선전한다.

마르크스는 수령의 지위와 역할을 인정하면서도, 역사에서의 초인적인 존재로서의 역할은 인정하지 않았다. 유물사관에 의하면 어떤 인물들도 사회적 환경의 산물에 불과하다. 영웅들이 역사를 창조하는 것이 아니라 역사가 영웅들을 만든다고 주장한다. 역사의 진행은 탁월한 개인 사상이나 희망에 의해서가 아니다. 물질적 재화의 생산양식의 발전에 의해서나 제계급 인민대중의 투쟁에 의해서만 규정을 받는다. 역사에 있어 개인의 역할은 단지 변증법적 유물론에 기초할 뿐이다. 북한체제도 초기에 마르크스주의 레닌주의 신봉을 고수했다. 이후 진행된 북한 김일성 3대의 신적 경지 우상화 행보들은 북한체제의 태생적 근간인 상기 공산주의 유물론과 정면으로 배치되는 결과들을 초래했다.

레닌은 정치적 지도자에 대해 개인의 역할보다 노동자 계급의 권위를 강조했다. 프롤레타리아 혁명운동에서 높은 권위의 지도자 역할을 강조했다. 즉 노동계급을 조직하고 지도할 탁월한 지도자들이 없이는 권력을 획득할 수 없다고 말했다. 그럼에도 레닌은 소련공산당 정치에서 집단적 민주주의를 고수했었다.

레닌 후계자 스탈린은, 역사에 있어 개인의 역할에 대해, 인간만이 역사를 만든다고 말했다. 역사발전에 인간 역할을 인정한 것이다. 스탈린은 스스로 당, 정, 군의 대권을 자신에게 집중시키고 영수직을 종신제로 만들었다. 이는 결국 스탈린 개인숭배주의를 탄생시켰다. 개인 집권을 강화하게 되었고 당과 국가의 정치적 통치에서 개인적 독단이 심화되었다. 북한체제는 스탈린에 의해 강제 이식되는 과정에서, 이런 스탈린 통치방식이 함께 전수되었다.

모택동은 중국 공산당창당과 농민군들을 규합하여 국민당을 4년만에 본토에서 몰아냈다. 모택동은 레닌방식을 수용했고 스탈린방식은 반대했다. 그리고 중앙 집단영도를 유지하고 영수역할을 부인했다. 그러나 이후 모택동의 개인적 독단과 결정이 증가했다. 중국 공산당 중앙에서 집단적인 결정을 내렸지만 인민들은 모택동을 신격화했고 중국 공산당 내에서 정치활동도 비정상적으로 발전되었다.

### 다. 북한 주체사상의 수령론 영도예술

마르크스와 레닌주의에서는, 먼저 혁명투쟁과 운동이 발생한 이후, 그 운동 과정에서 수령이 탄생한다고 말했다. 인민의 지도자는 인민 속에서 생겨나고 인민의 한 사람이며, 인민대중 속에 신임을 얻어 선출된다고 주장했다. 반면 북한 주체사상에서 수령은 이미 특정 개인으로서 타고난 천재이다. 혁명운동이 있기 이전 수령의 존재를 인정한다. 수령이 당을 창건하고 당 사상이론을 만들어 낸다는 것이다.

스탈린에 의해 천거된, 김일성은 혁명투쟁과정의 인민들 속에서 신임을 취득해 선출된 인물이 아니다. 북한체제는 이런 공산주의 논리에 반하는 태생적 모순을 회피하기 위해, 주체사상 내에 수령론의 영도방법 논리들을 급조해 추가할 수밖에 없었다. 북한 주체사상은 소위 수령혁명사상에 사상적 근거를 두고 있다. 수령 김일성 사상은 주체사상의 이론적 배경이다. 주체사상의 이론적 구조는 ①주체의 사상 ②주체의 혁명이론 ③주체의 영도방법으로 구성되어 있다.

주체사상에는 수령론의 지위와 역할이 기술되어 있다. 주체사상에서 수령 지위는 ①인민대중의 최고 뇌수 ②인민대중의 통일단결 중심

③인민대중의 최고 영도적 지위라고 되어 있다. 수령의 역할은 ①노동자 계급당 창당 ②당의 혁명사상, 혁명이론, 당건설 방침제시 ③당건설 조직구축 ④당의 대중적 토대마련 ⑤혁명대열의 사상의지 통일 ⑥노동계급 혁명의 참모부 맑스 레닌주의 정당창건 ⑦노동계급의 전위적 조직적 부대로서 역할수행 영도 ⑧당의 노선과 정책, 당의 활동 방향과 진로제시, 당의 활동과 조직영도 ⑨당의 역사를 창조하는 것[7]이라고 주장한다.

북한체제 주체사상에서 강조 중인 수령의 가장 결정적 역할은 ①혁명지도사상 창시 ②혁명력량 마련 ③혁명투쟁 승리 길로 인도 ④수령의 후계자를 키운 것이라고 선전한다.

주체사상에서 말하는 수령론의 영도방법은 인민대중을 중심으로 전개하고 체계화한 영도원칙, 영도체계, 영도예술의 통일적인 체계라고 말한다. 이는 노동당과 온 사회가 수령의 혁명사상으로 지배되고, 수령의 명령과 지시에 하나같이 움직이고 무조건 관철해야 하며, 이 과정에서 유일성과 통일성이 보장되어야 한다는 의미이다.

주체사상 수령론의 영도예술은 ①전투적 구호의 제시 ② 대중운동 조직과 지도 ③혁명적 사업방법, ④인민적 사업작풍 등 대중동원의 위력한 방법들을 지칭한다.[8] 그러나 이 과정에서 중요한 것은 북한사람들에게 수령에 대해 절대적 권위를 부여하고 수령에 대해 충실성과 충성심을 다할 것을 주체사상에 명확하게 강압하고 있다는 점이다.

북한체제는 수령에 대한 충실성은 ①수령을 충성으로 높이 우러러 모시는 것 ②수령의 권위를 절대화하는 것 ③수령의 혁명사상을 신념으로 삼는 것 ④수령의 교시 집행에서 무조건성의 원칙을 지키는 것이라고 말한다. 그리고 수령에 대한 충성을 다하는 것은①수령에 대해 충성을 다하는 것은 물론 ②대를 이은 충성을 다하는 것이 이라고 강제한다.

그러나 이런 철저한 정치 논리 통제에도 불구하고, 북한 주체사상 수령론의 영도방법론은 결정적인 논리적 모순을 내포하고 있다. 수령에 대한 절대적 권위의 강조는 역설적으로 북한 주민들의 사회정치적인 입지와 역할을 축소시킨다. 주체사상이 주장하는 인민의 자주성, 주체성, 창조성을 허상으로 만든다. 신적 경지 절대적 수령이 주민들을 영도해 나간다면 이는 이미 민주주의 정치 논리가 아니다. 북한 주체사상의 사회역사원리는 인민대중이 혁명역사의 주인이자 수체라고 강조한다. 그러나 주체사상은 수령이 인민을 영도해 나간다고 되어 있다. 또한, 주체사상에는 사람이 모든 것의 주인이고 사람이 모든 것을 결정한다고 주창한다. 그러나 주체사상 자체에 있는 수령론에 의해 이 모든 것이 부정된다. 자체 결정적 모순을 내포하고 있다. 이는 결국 주체사상은 수령론을 위해 존재한다는 또 다른 의미이다. 북한체제에 주체적인 인간은 수령만이 유일하다.

## 라. 정치적 함의

현지지도는 북한 김일성김정일김정은 등 통치자들이 직접 현장에 내려가 행하는 북한 특유 정책지도방법이다. 북한은 현지지도라는 용어를 김일성의 통치 활동에만 국한해 사용해 왔었다. 이후 1980년대 이후 김정일에 대해서도 종종 사용했었다. 그럼에도 불구하고 김일성에게는 현지지도를 김정일에게는 실무지도라는 표현들을 당시 병행해 사용했었다. 김정일에게 현지지도 표현을 본격적으로 사용한 것은 1990년 1월 7일 노동신문이다. 이후 김일성과 똑같이 사용해 왔다.[9]

북한은 '현지지도'에 대해 "혁명의 위대한 수령 김일성 동지께서 몸소 창조하시고 실천적 모범을 보여주신 혁명적 령도방법. 수령 김일성 동지께서는 혁명투쟁과 건설사업이 진행되는 현지에 직접 내려 가시여 실태를 구체적으로 료해 장악하신 데 기초하시여 나타난 결함을 바로 잡으시고 걸린 문제를 풀어주시며 문제해결의 옳은 방향과 방도를 밝혀주시고 대중을 능숙하게 조직통일하시여 혁명과업을 성과적으로 수행하도록 이끌어 가시는 것"[10]이라고 정의한다.

알몬드(G. A. Almond)는 "정치적 리더십은 정당성을 보유한 지도자가 목표달성을 위해 각종 정치적 물질적 수단을 동원해 대중들을 복종시킬 수 있는 지도자의 기술과 활동"이라고 지적한다. 또한 "정치적 리더십은 높은 수준의 규제능력, 자원추출능력, 자원배분 능력을 보유하는 것"이라고 주장한다. 이를 북한체제 정치적 리더십 현지지도에 적용해 보면, 북한의 경우에 높은 수준의 규제능력은 비록 강압적이지만 해당이 된다. 그러나 북한 내 자원추출능력과 자원배분 능력은 전혀 사실이 아니다.

본 논고 서론에서, 김정은이 수해 지역 복구지원 관련 각 중앙기관들은 물론 그 가족들까지 동원하여 물품들을 지원해 줄 것을, 통치자가 직접 명령하는 것은 정상국가들에서는 상상할 수 없는 일이다. 이는 북한의 정치 현실의 민낯을 보여준다. 독재자의 세세한 지시 없이는 그 누구도 감히 나서서 행동할 수 없는 조직의 경직성을 방증한다. 세습 독재체제 아래 연출되는 '혁명의 위대한 수령의 탁월한 령도방법'이 지닌 현지지도의 어두운 진면목이다.

북한 매체는 현지지도에 대해 "인민을 끝까지 사랑하시고 아끼시며 인민의 생활을 친어버이 심정으로 보살피시는 자애롭고 영명하신 인민의 수령이신 김일성 동지의 한없이 고매한 덕성을 보여주는 것"이라고 선전한다. 친어버이라면 어떤 경우도 자식들을 굶기지 않는다. 이것이 부모이다. 진정한 의미의 시도자라면, 독재자들이 다녀간 곳마다 많은 돈을 들여 현지지도 사적비들을 구축하고 교시내용을 철저하게 암송토록 하는 대신, 식량난을 해결하는 실질 방도를 강구토록 할 것이다. 이것이 진짜 '친어버이 심정의 지도자'이다.

오늘도 북한 노동당중앙위원회는 호위사령부와 협의해 김정은 현지지도 일정을 잡고, 날짜가 확정되면 노동당 조직지도부내 검열지도1과 지도원들이 해당지역을 사전 검열중에 있다.[11] 현지지도는 대외적으로 북한이 마치 민주주의 체제처럼 보이게 한다. 그러나 이는 전체주의 독재체제 대중적 지지를 확고히 하는 정치적 권력기반 구축행위외 별 의미가 없다.

수십 년간 북한 지도자들의 현지지도 과정에서 확립되었다는 소위 현지지도원리[12]들은 북한 현실과 대비해 매우 역설적이다. ①"위로부터 아래를 도와 주라"는 지시는, 평상시 상부기관이 매우 강압적임을 알려준다. ②"실정을 파악하고 대책을 세우라"는 것도, 실제 일하는 사람이 없다는 것의 다른 표현이다. ③"정치사업을 앞세우는 것"은, 교시내용 실행보다 정치행사에 더 많은 시간을 할당해야 한다는 말이다. ④"모든 사업을 창조적으로 하라는 것"은, 이율배반적으로 수령의 교시를 따르지 말라는 말과 같다. 순진하게 이를 그대로 실행하면 즉시 제거된다. ⑤"사업을 통 크게 하라"는 교시는, 북한체제에서 누구도 실행할 수 없는 공허한 허상일 뿐이다. 북한체제는 수령이 비범하고 무오류하며 전능하다고 선전한다. 그런데 이 같은 교시들이 70년 이상 북한 세습독재자들의 현지지도에서 계속적으로 진행 중이지만, 그 경제적 성과들은 침잠 중이다.

북한 대외선전매체 중앙통신은 과거 김정일 60회 생일 즈음, 김정일이 "지금까지 현지지도한 단위 수는 11,326개, 날 수는 5,781일, km로 환산하면 423,307km이며 이는 백두산에서 한라산까지 220번 왕복한 거리로 지구를 거의 11바퀴 돈 거리"[13]라고 선전했다. 특히 보도 내용 중 특별히 주목되는 것은 김정일 현지지도에 대해 "이민위천의 숭고한 리념을 지니신 위대한 김일성 주석의 인민적이며 혁명적인 령도 방법의 계승이며 그 빛나는 구현"이라고 강조한 점이다. 이는 북한체제 세습독재자들 현지지도가 주체사상의 수령론의 영도체계와 후계자론에 근거하고 있음을 스스로 드러낸 것이다.

세계 신생국가들과 개발도상국들은 자국에서 개발독재 정치 리더십에 의해 일정 기간 비약적인 발전을 한 경우들이 있었다. 그러나 상기 김정일 통계는 이와 전혀 상관이 없다는 것을 방증한다. 엄청난 통계적 수치 외 아무 경제적 성과가 없다. 식량난으로 여전히 대부분 주민들이 기아에 처해 있다.

이는 북한 독재자에게 현지지도 목적이 진정한 경제난 해결에 있지 않다는 것을 방증한다. 역사적으로 세계의 독재자들은 인민이 굶어 죽지 않을 정도로 주민들의 생활 수준을 유지시켰다. 이것은 오래된 독재자들의 일관된 통치술 중 하나이다. 생활 수준이 올라가면 인민들이 다른 생각을 하게 되고 체제가 위험해진다는 것을 동물적 감각으로 알고 있다. 육체적으로 적당히 굶기고 정신적으로 다른 여유를 갖지 못하도록 정치 군중 행사를 일생동안 지속시켜 나간다.

북한의 세습독재자들도 여기에서 전혀 자유스러울 수 없다. 현지지도에서 지향하는 것은 경제난의 해결이 아니다. 소위 영웅적인 수령의 빛나는 혁명투쟁 영도역사의 정치적 치적을 쌓아가는 과정일 뿐이다. 경제정책 실행과정에서 전체주의 독재자는 항상 그 어떤 책임도 없다. 독재자 외 모든 사람들은 오직 이를 실행해야만 하는 지상명령만 존재한다. 추후 발생할 모든 책임과 잘못은 주민들과 관료들에게 귀착된다. 북한 독재체제 수령의 영도에 오류는 전혀 존재할 수 조차 없다. 북한 세습 독재자 현지지도는 이미 선대에 마련된 통치 수순대로 행해지는 단순 정치 행보이다. 북한의 현지지도가 세계 여느 국가 지도자들 현장 시찰과 그 정치적 함의가 전혀 다른 이유가 여기에 있다.

김일성은 생전에 **"사람들의 생활이 윤택해지면 자본주의 사상이 싹튼다. 누구나 배가 부르고 여유가 있게 되면 말을 잘 듣지 않는다. 때문에 모든 근로자들이 혁명대열에서 탈선되지 않도록 하기 위해서도 우리는 더욱 바짝 죄어야 한다."**[14]라고 말했다. 이것이 현지지도를 포함한 북한 세습독재자들 통치의 진실게임 결말이다. 북한사람들이 이런 독재자의 속내를 인지하여, 정치의식이 각성 될 때, 북한내부 체제붕괴의 서막이 시작될 것이다.

# 26. 북한 김정은, 연쇄 탈북자 가족 출신

## 가. 북한 김정은, 장기 연쇄 탈북 가족 이력 보유자

북한의 일반 주민들은 사적 해외여행이 금지되어 있다. 물론 다른 나라에 사는 것 자체도 불허된다. 북한을 자의적으로 탈출한 탈북자는 북한 형법에 의해 소위 조국반역죄로 엄하게 처벌된다. 또한, 그 가족들은 물론 친척까지 연좌책임을 물어 처벌받고 있다.

북한 김정은은 정권을 장악 이후 탈북자들을 엄하게 단속하는 것으로 전해지고 있다. 그러나 정작 북한 독재자 김정은 자신이 탈북자 가족 출신이다. 그것도 장기간 여러 차례 연쇄 탈북자 가족 출신을 배경으로 하고 있다. 이런 내용을 북한 주민들은 전혀 모르고 있다. 이런 내막을 아는 극소수 북한사람들은 김정은 가계뿐이다.

그럼에도 불구하고 역설적으로 김정은은 역대급으로 강력한 탈북자 방지 대책을 강행하고 있다. 통일부 탈북자 통계에 의하면, 탈북자의 연도별 입국추세가 김정은정권 등장 이후 50% 정도 줄어들었다. 탈북자들은 김정은이 중국 접경지역에 병력을 증강하고 철조망을 보강하는 공사들을 대대적으로 진행 중이라고 전한다. 내부적으로 인민반장을 통해 세대별 감시체계도 강화 중이라고 전해진다. 또한, 북한에서는 탈북자 이웃을 신고하는 주민들에게 포상하는 제도를 시행 중이다.

특히 김정은 체제는 선대정권과 달리, 이미 한국에 정착한 탈북자들에 대한 포섭공작도 강화 중이다. 북한 내부에 남아있는 가족을 위협해 유인공작을 벌이고 있다. 재입북을 당한 탈북자들은 북한의 내부에서 한국의 부정적 이미지를 비난 선전하는 강사 노릇을 하고 있다.

이런 가운데 엄중시되는 것은 중국 접경지역의 북한 군인들에게 탈북자들을 현장에서 사살하도록 강력한 지시들을 내려 이를 시행 중이라는 점이다. 또한, 중국의 군인들도 북한 민간인들을 대상으로 총격을 가하는 일이 종종 발생한다고 전해진다.

### Case.1

북한 김일성 3대, 소위 로열패밀리 주요 탈북사례들[15]을 분석해 보자. 우선 1982년 탈북한 김정은의 사촌형 이한영이 있다. 이한영은 1997년 2월 북한 공작원에 의해 경기도 성남 분당에서 암살되었다. 이한영의 아버지는 리태순이며 동생은 리남옥이다 부인은 김종은이고 딸은 이예인이다. 탈북자 이한영(본명 리일남, 1960.4.2.~1997.2.25)은 김정일 전처였던 성혜림 조카였다. 성혜림의 언니였던 성혜랑의 아들이 이한영이다. 1982년 10월 제네바에서 한국으로 망명했다. 1996년 이한영이 한국에서 발간한 『대동강 로열패밀리』에는 탈북 관련 내용들이 게재되어 있다. 한국 체류 15년만인 1997년 김정일의 지시를 받은 공작원에 의해 한국에서 암살되었다. 이한영에게 김정일은 이모부, 김정남은 이종사촌형, 김정은은 사촌동생이다.

## Case.2

또한 1992년 탈북한 김정은의 사촌누이 이남옥이 있다. 이남옥(1966년생) 역시 김정일의 전처 성혜림의 언니인 성혜랑의 딸이었다. 김정일의 변심으로 성혜림이 고용희에게 자리를 빼앗긴 이후 자연히 성혜림 가족은 소위 로열패밀리에서 배제됐다. 이런 가운데 이남옥은 모스크바, 제네바 등지에서 수학했고, 이어 1992년 서방국가로 망명했다. 이남옥은 영국주재 프랑스 외교관과 결혼하여 영국과 프랑스 등에서 거주 중이라고 언론은 보도하고 있다.

## Case.3

이어 1996년 탈북한 김정은의 아버지 김정일 전처 성혜림의 언니 성혜랑이 있다. 성혜랑(1935년생)은 김정일 전처 성혜림의 언니이다. 성혜랑은 북한의 조선작가동맹위원회 소속 작가로서 활동한 인텔리였다. 성혜랑은 친아들인 이한영과 친딸인 이남옥을 두었다. 성혜랑은 1976년부터 북한에서 김정일과 성혜림 사이에서 출생한 김정남의 가정교사를 하였다. 1982년 김정일 지시로 김정남과 이한영을 데리고 제네바로 유학해, 보호자 역할을 했다. 성혜랑은 4년 전 먼저 탈북했던 친딸 이남옥을 만난 이후, 1996년 2월 제네바에서 유럽에 있는 국가로 망명했다고 전한다.

## Case.4

그리고 1998년에 탈북한 김정은의 이모 고용숙 가족과 관련된 내용이다. 고용숙(1958년생)은, 김정일의 처이며 김정은 생모인 고용희의, 친동생이다. 고용숙은 김정일 지시로 김정은이 1996년부터 2001년간 스위스 베른 유학 시 김정은을 직접 보살폈던 김정은의 이모이다. 고용숙은 가족과 함께 1998년 5월 스위스에 있는 미국 대사관에 망명해, 미국 당국의 보호를 받고 있다고 전해지고 있다.

### Case.5

또한 2001년 사실상 탈북해 김정은 지시로 암살된 김정은 이복형 김정남이 있다. 김정남(1971.5.10~2017.2.13)은 2001년에 일본에 위장 신분으로 입국하려다 발각되었다. 이후 마카오 등에 거주하다, 김정일 사망후, 김정은에 의해 2017년 2월 13일 말레이시아에서 암살되었다. 김정은은 암살하기 전부터 이미 이복형 김정남에 대해 경제지원도 중단시켰고 김정일 장례식에 참석조차 못 하도록 한 것으로 전해진다.

### Case.6

그리고 김정남 생모이자 김정일의 전처 성혜림(1937년생)은, 1970년대 중반이후, 김정일이 변심하여 김정은의 생모 고용희에 심취하자, 신병치료 등을 빌미로 2002년 사망시까지 러시아에 체류했었다.

### 나. 정치적 함의

북한에서는 탈북과 관련, 북한형법 제63조 소위 조국반역죄에 대해 "공민이 조국을 배반하고 다른 나라로 도망쳤거나 투항, 변절하였거나 비밀을 넘겨준 조국 반역행위를 한 경우에는 5년 이상의 노동교화형에 처한다. 정상이 특히 무거운 경우에는 무기노동교화형 또는 사형 및 재산몰수형에 처한다"라고 기술하고 있다.

북한독재체제가 유지되는 요인은 정치적인 강력한 물리적 탄압이 선행되는 것이 주요 요인이다. 그리고 그 이면에, 북한사람들이 철저하게 정보차단을 당해, 김일성가계의 잔학성 위선적 사실들에 대해 전혀 알지 못하도록 한 정황도 크게 기여하고 있다.

북한 김정은은 집권 이후, 스스로 연쇄 탈북자 가계출신인 소위 조국반역죄 집안 출신임에도 불구, 탈북자들에 대해 처벌과 단속을 김정일 때 보다 더욱 강력하게 시행 중이다. 북한 주민들은 이런 사실을 모른다. 체제 속성상 이런 내용은 북한 내부에 전혀 발붙일 곳이 없다. 그러나 이런 내용을 가장 먼저 접하게 되는 곳은, 외부에서 이 내용들이 유입되지 못하도록 단속 중인 보위성원들과 해외 체류 외교관들이다. 북한이 한국의 대북심리전을 가장 두려워하는 이유도 여기에 있다. 소문이 북한 내부에 전파되는 것은 시간문제다. 김일성 3대의 장기간 엽기적 파격적 행각들의 실태폭로는 이후 북한내부 체제붕괴를 이끄는 동력이 될 것이다.

## 27. 북한 김정은, 백두혈통 장자승계론 때문에 김정남 독살

### 가. 김정은의 김정남 독살을 이끈, 김정일의 백두혈통론 장자승계론

권력은 부자간에도 나눠 갖지 않는다고 전해진다. 독재체제 아래 배가 다른 형제간은 어쩌면 당연한 일인지도 모른다. 김정은은 2017년 2월 13일 말레이시아에서 13살 위 이복형 김정남을 독살했다. 여기서 특이한 것은 독살의 배경에 할아버지 김일성, 아버지 김정일과 그 연계성이 있다는 점이다.

북한 김일성이 아들 김정일에게 독재정권을 세습하는 과정에, 백두혈통론과 장자승계론이 만들어졌다. 이 황당한 논리들이 김정은으로 하여금 김정남을 살해하게 만든 계기가 되었다. 김일성의 셋째 손자가 첫째 손자를, 김정일에게는 셋째 아들이 첫째 아들을 독살하게 한 혈육사건을 초래했다.

북한 김일성이 유일하게 생전에 인정했던 손자는 김정남이었다. 김정남은 김정일과 성혜림 사이에서 출생한 장자이다. 김일성은 성인이 된 김정남을 귀여워했고 수시 회동 내용도 북한언론에 보도되었다. 김일성은, 김정일이 연상이면서 유부녀인 이혼녀 성혜림과 동거하는 것을 인정하지는 않았지만, 이들 사이에 태어난 손자 김정남은 매우 귀여워했다. 이후 김정일이 김정은 모친인 고용희와 가까워지자 성혜림은 러시아로 신병치료차 출국했다. 그럼에도 불구하고 김일성과 김정남은 할

아버지와 손자 간의 관계가 지속되었다.

언론보도[16]를 살펴보면, 1994년 6월에 방북했던 전직 미국 대통령 카터에게 김일성은 당시 23세였던 김정남을 소개하며 "가장 아끼는 손자"라고 말했다. 김일성은 카터에게 김정남과 같이 "미국에 가서 낚시를 했으면 좋겠다"고 말했다. 김일성은 생전에 김정남만 만났으며, 당시 김정은은 10세로 숨겨진 아이에 불과했다. 김일성이 김정은을 한 번만 만났더라도 북한이 김일성과 김정은이 함께 찍은 사진을 내놓고 대대적으로 선전하지 못할 이유가 없다.

북한 김정일이 70년대 초반 만들어 낸 후계자 이론, 소위 '백두혈통론'이 빛을 발하려면 최소 김일성이 1994년 7월 8일 사망했을 당시, 김정은이 10세였으므로 어떤 형태든 할아버지와 손자 간, 연계성이 있어야 한다. 문제는 김일성 사망 당시 상복 입은 손자 김정은 모습조차 없다는 데 있다.

북한이 주장하는 소위 '백두혈통론'은 김일성 우상화를 위해 조작된 백두산 일대를 항일운동 근거지로 주장한 것과 연계된다. 민족 성산 백두산 일대를 김일성 부자의 우상화 지역으로 활용하면서 이를 김정일의 후계자 당위성 논리로 활용하기 위해 만든 것이 '백두혈통론'이다.

북한 김일성은 중국 공산당원 신분으로 중국공산당동북항일연군에 소속되었다. 이후 중국동북항일연군은 일본군 공격을 피해 소련 연해주로 피신했다. 당시 소련군은 연합군임에도 불구하고 일본과 전투를 하지 않았다. 소련은 일본과 협약을 통해, 중국동북항일연군을 무장 해제하고, 소련군 88정찰여단으로 재편하였고, 김일성은 이곳에 소속되었었다. 연합군의 승리로 일본이 물러감으로써, 해방을 맞이하게 된다.

그러나 북한체제는 김일성 항일빨치산투쟁으로 인해 조선이 해방되었으며, 그 근거지가 백두산 일대라며 정치사상 교육 중이다. 북한은 김일성이 소련에서 체류 중이던 1941년, 김정일이 출생(이후 1942년생으로 조작)했음에도 불구하고, 김정일조차 이곳 소위 백두산밀영에서 태어났다고 선전한다. 또한, 이를 후계자 논리로 연계시켜 소위 '백두혈통론'을 만들어 냈다.

또한, 북한 김정일은 자신의 후계문제를 더욱 공고히 하기 위해, 김일성과 김성애 사이에 난 소위 곁가지들이 후계문제에 걸림돌이 되는 것을 제거하기 위해, '장자승계론'을 만들었다. 김일성 후처 김성애의 자녀들은 당연히 김정일 보다 어릴 수밖에 없으며 유교적, 가부장적 논리를 정치적으로 연계시켜 자신의 후계체제를 공고히 했었다.

김정일의 이런 비상식적 논리를 굳이 적용하면, 북한에서 김정일 후계자는 김정남이 당연하다. 김정남은 다년간 김일성과 김정일로부터 사랑을 받았다. 김정은 친척 이한영이 한국에 망명하여 저술한 '대동강로열페밀리'에 이런 내용들이 자세하게 나와 있다. 북한의 소위 '백두혈통론과 장자승계론'에 가장 적합했던 자는 바로 김정은의 13살 위 큰형인 김정남이었다.

　김정남은 자유분방한 기질과 일본 밀입국사건 등으로 인해 김정일의 눈 밖에 났다. 그러나 김정일은 아버지로서 김정남에게 생활비를 지원하였고, 수시로 김정남이 북한을 방문할 수 있도록 배려했다. 또한, 김정일은 김정남이 방북하여 장성택 김경희 부부와 긴밀한 관계를 지속하도록 허용하기도 했다. 이는 과거 김정일이 고용희와 동거하면서, 당시 성혜림과 사이에서 출생한 어린 장남 김정남을 장성택 부부가 대신 맡아 돌보아 주도록 한 인연 때문이다.

　문제는 김정남이 과거 김정일과 같이 권력욕이 있었다면, 당연히 북한식의 논리대로 김정일의 뒤를 이어 후계자가 되는 데 아무 문제가 없었을 것이다. 그러나 김정남은 이미 자본주의 제제에 익숙해 있었고, 북한 내부에 김정일과 고모부 장성택 등이 건재해 있었음에도 불구하고, 후계문제에는 관심이 없었던 것으로 보인다. 김정일에게 김정남은 단지 약간 빗나간 피붙이 자식이었다. 하지만 김정은에게 김정남은 자신과 아무 정감도 없는 단지 제거해야만 하는 가장 위협적인 정적이었을 뿐이었다.

　2011년 12월 17일 김정일이 사망한 이후, 승계 집권한 김정은은 2013년 12월 12일 먼저 김정남의 가장 큰 후원자 고모부 장성택을 처형했다. 이어 2017년 2월 13일 김정은은 김정남을 외국에서 독살하였다. 김정은의 입장에서 보면 비록 외국에 거주 중이지만, 북한 주민들이 정치적으로 의식화되어 있는 '백두혈통론, 장자승계론' 등 후계자 논리에 가장 적합화 된 정적 김정남을 제거할 수밖에 없었을 것이다.

김정일은 생전 자신이 병으로 여러 차례 쓰러진 이후 후계자 문제를 생전에 서두를 수밖에 없었다. 선택지가 없는 상황에서 김정은을 후계자로 책정하는 것은 자신이 만든 '백두혈통론, 장자승계론'을 스스로 뒤엎었다는 것을 의미한다. 그러나 독재체제 특성상 독재자의 과거 발언과 행적의 번복은 현재 독재자 자신에게 아무 영향도 주지 않는다. 이것이 북한체제이다.

김정일은, 김정은의 25세 생일날, 2009년 1월 8일, 최측근들에게 김정은을 후계자로 책정했음을 통보하였다. 이어 한달 후 김정일 자신의 생일날 2월 16일 소위 김정은 청년대장을 예고하는 "척척척" 노래를 방송했다. 김일성 생일인 4월 15일에 "청년대장은 바로 김정은"이라고 공개했다.[17] 이후 북한 매체들은 "김일성은 김정일이고 김정일은 김정은"이라는 세습체제 정당성을 제시했다. 선전선동 매체를 동원해 "백두에서 개척된 주체혁명 위업의 대를 이은 충성"을 대대적으로 선전하고 이를 정당화하는 데 총력을 기울였다.

## 나. 정치적 함의

역대 공산주의 정치제도에도 없는 세습독재를 정당화하기 위해 북한이 만든 '후계자론'이 북한주민 정치의식을 지배중에 있다. 이른바 "혁명의 순수성을 지키고 가장 수령의 뜻을 정확하게 알고 실천하기 위해 세습적인 후계자가 가장 적합하다"는 비상식적 논리가 소위 북한의 '후계자론'이다.

북한과 같은 독재체제는, 독재자가 정치적인 필요성에 따라 수시로 명분과 논리를 만들어 낸다. 전체주의 체제 북한은 독재자의 생각을 주민들이 모두 같은 생각을 가지도록 철저하게 교육한다. 또한, 필요에 따라 하루아침에 이를 폐기하기도 한다. 그러나 이런 과정들에 대해 토를 달거나 이의를 제기하는 자는 목숨을 부지하지 못한다. 북한사람 일상의 어두운 진면목이다.

김정일은 승계하는 과정에서, 물론 김일성이 생전에 나서서 길을 열어주고 도와주기도 하였지만, 아버지 김일성과 후처 김성애 사이 소위 곁가지들을 죽이지는 않았다. 다만 격리시키고 접촉을 차단하고 핵심 경쟁자가 될 만한 인물들은 외국에 장기간 체류시켰다. 피는 피를 부른다. 최근 김정은의 이런 무리한 행보는 추후 또 다른 혈육살육 보복의 연속을 예고할 수 있다.

김정은은 해외유학파다. 고모부와 측근들을 처형하고 손위 형도 독살했다. 캄보디아에서 백만 명을 학살한 폴포트, 시리아에서 군중 오천 명을 처형한 바샤르 알아사드, 이들 공통점도 해외에서 유학했다는 점이다. 독재자들에게 해외에서 체류하며 지득한 개방사회 인간존중 민주시민 정치의식 경험들은 자신들의 독재체제 운영과 전혀 무관하다.

북한체제에서 김일성교시와 김정일말씀은 모든 법 위에 군림하고 모든 것에 우선한다. 새로운 독재자가 논리를 개발해 세뇌한다 한들 예전에 장기간 철저하게 교육받은 내용이 완벽하게 지워지지는 못할 것이다. 북한사람에게 김정은은 '백두혈통론, 장자승계론'에 적합한 인물로 이미 인지되어 있을 것이다. 북한사람들은 김일성 3대 가계내용은 전혀 모르고 있다.

문제는 북한사람들 뇌에 그대로 남아 있는 후계자론에 의하면, 김정은의 김정남 독살 사건은 소위 김정은 후지산줄기가 김정남 백두산줄기를, 김정은 곁가지가 김정남 원줄기를 제거한 사건이다. 또한, 김정은 3남이 김정남 장자를 독살한 혁명의 수뇌부 가족혈육 특급 살해사건이다. 북한사람들이 상기 사건들을 서서히 알게 될 때, 북한군부 상층부 엘리트들 정치의식부터 급격히 무너질 것이다. 북한 김정일이 자신을 위해 만들었던 장자승계 후계자론이, 아들인 3대 세습독재자 김정은 정권의 체제붕괴 역린으로 작용 중이다.

# 제 5장 북한내부 체제붕괴 핵무기 '양날의 칼'

## 28. 북한 핵무기, 김일성의 비밀교시로 60년대 개발시작

### 가. 1960년대 핵무기 개발 김일성이 비밀교시

북한은 대외적으로 자신들이 평화세력이라 선전한다. 절대 핵무기를 개발하지 않고 있다고 주창해왔다. 이런 북한이 핵실험을 6차례 단행했고 또한 진행 중이다. 북한의 이런 이중성은 공산주의 혁명이론에 의거 소위 적들을 기만하기 위한 전략전술의 일환이다. 혁명을 위해서는, 어떠한 거짓된 일도 비도덕적인 일도, 스스로 용인되며 정의로운 일로 전변된다.

북한은 전체주의 체제이다. 김일성의 생각과 행동대로, 모든 북한사람들은 생각하고 행동해야 한다. 김일성 교시에 한 치의 오차도 없이 이를 철저하게 시행해야 한다. 여기에 예외는 없다. 그래서 비밀이 더 강조되고, 이를 진행시키기 위해 거짓이 대외적으로 전파된다.

북한의 김일성은 이미 60년대 말에 **"마약과 밀수를 통해 외화를 획득하여 핵무기와 미사일을 완성하라"**고 비밀 교시했다. 전체주의 신정정치 하 북한의 진면목은 김일성 교주의 지시가 바로 그들의 숨겨놓은 진실이다. 핵무기와 미사일 개발을 오래전 지시했던 김일성의 비밀교시[1] 내용을 고위층 귀순자 진술을 통해 살펴보자.

북한군 대좌 출신인 김용규는 김일성으로부터 영웅 칭호를 받았던 노동당 연락부 최고위 대남공작원이었다. 김용규는 1976년 9월 20일 한국 거문도로 7번째 남파되었다. 오는 과정에서 조원 2명을 사살하고, 단독 의거 귀순했다. 이후 한국 안보분야에서 활동하다 지병으로 몇 년 전 서거했다. 그는 병으로 고생하면서 작성한 저서『태양을 등진 달바라기』에서 김일성의 핵무기개발 지시내용을 상세하게 기록으로 남겼다.[2]

김용규가 수십년 된 김일성 지시내용을 날짜까지 정확하게 기억하는 것에 대해 자유민주 세계에서는 상상할 수 조차 없다. 김일성교시를 기억하는 것은 김용규가 북한에서 살아나가는 데 있어서 절대적으로 필요한 여러 필수조건 중 하나일 뿐이다. 김일성교시를 토시 하나 틀림없이 완벽하게 반복적으로 기억해야 하는 것은 북한내부에 있는 모든 사람들의 지상명령이다. 이것이 북한의 진면목이다.

북한은 신정체제[3]이다. 북한 김일성은 1994년 7월 사망했다 그러나 북한 김일성의 교시는 그대로 남아서 북한을 지배하고 있다. 그들은 영생탑을 3만여 개 만들어 김일성이 죽지 않고 영생하고 있다고 교양한다. 모두 그대로 이를 믿고 있으며, 생전교시를 유훈으로 받들고 있다. 이미 죽은 김일성이 북한을 실제 여전히 통치하고 있다. 북한은 여타 사회주의 체제와 달리 수령권위가 절대적이며 세습적으로 신격화되어 있다.

수령의 교시는 대를 이어 수행 완수해야 하는 지상명령이다. 특히 김일성은 비밀교시 내용에 대한 지침까지 내렸다. 김일성은 **"동무들은 우리 당의 전략전술적 문제들에 대하여 공개해야 할 것과 공개하지 말아야 할 것과, 공개해서는 안될 것과 공개해도 무방한 것들을 엄격히 구분해야 합니다. 전략전술을 노출시킨다는 것은 군사행동에서 작전기밀을 누설하는 것과 마찬가지로 혁명에서 패배를 자초하는 관건적인 문제로 됩니다."**[4]라고 말했다.

북한사람 전체는 살아있는 동안 김일성교시를 관철해야 한다. 북한체제의 당의유일적령도체계확립의10대원칙'의 4조 2항은 "위대한 김일성동지의 교시와 김정일동지의 말씀, 당의 로선과 정책을 사업과 생활의 지침으로 선조로 삼으며 그것을 자로 하여 모든 것을 재여보고 언제 어디서나 그 요구대로 사고하고 행동하여야 한다"라고 되어 있다. 그리고 5조 1항은 "위대한 수령님과 장군님의 유훈, 당의 로선과 방침, 지시를 법으로 지상명령으로 여기고 사소한 리유와 구실도 없이 무한한 헌신성과 희생성을 발휘하여 무조건 철저히 관철하여야 한다."라고 명시하고 있다.

북한은 '김일성의 교시'에 대해 "혁명의 위대한 수령 김일성동지께서 밝혀주신 혁명과 건설에서 강령적 지침으로 되는 가르치심을 정중히 높여 이르는 말"이라고 공식적으로 정의하고 있다. 또한 "우리의 모든 당원들과 근로자들은 혁명의 위대한 수령 김일성동지의 교시를 모든 사업과 생활의 확고한 지침으로 철석같은 신조로 삼고 수령님의 교시를 무조건 접수하여 끝까지 철저히 관철하여 나가는 것을 자기의 신성한 의무로 더 없는 영예로 여긴다"[5]고 부언하고 있다.

김일성은 1968년 1월 노동당군사위원회에서, **"핵과 미사일을 개발하는 데 이론에서는 뒤지지 않고 장비가 문제라고 하는 데 결국은 돈입니다. 그러니까 이제부터 외화를 벌어들일 수 있는 방도를 찾아야 합니다. 전문가들 이야기를 들어보니까 많은 투자를 하지 않고 외화를 벌 수 있는 가장 좋은 것이 아편이라고 하는데 그런 거라면 못할 것도 없지 않습니까? 한번 대담하게 시도해 보십시오. 아편은 마약이니까 양강도 고산지대에 일반인들이 출입할 수 없는 특별 구역을 만들어 놓고 통제를 잘해야 합니다. 그리고 마약은 국제법상으로 문제 될 수 있으므로 말썽없도록 해야합니다"[6]**라고 말했다. 김일성은 60년대말 이미 핵무기개발을 위한 외화확보를 위해 마약 재배와 밀거래를 직접 구체적으로 교시했다.

또한, 미사일 개발과 관련 북한 김일성은 1968년 4월 국방과학원 확대간부회의에서 **"<프에블로호>가 최첨단 기술로 장비된 미국 안전국 소속 정보함이라는 보도가 나가니까 소련 군사고문단에서 눈독을 들이고 <프에블로호>를 감식할수 있는 기회를 달라는 주문이 왔다고 하는 데 절**

대로 그냥 공개하면 안됩니다. 그동안 우리 미사일을 가지고 얼마나 신경전을 벌였습니까? 감식할 수 있는 기회를 주더라도 그 대가를 톡톡히 받아내야 합니다. 이번에는 소련에서 <프에블로호>를 보기 위해 미사일을 내놓지 않을 수 없을 것입니다"[7]라고 말했다. 북한이 같은 시기 미사일 기술을 소련으로부터 습득하기 위해 부단한 노력을 상당 기간 진행 중이었다는 정황을 보여준다. '프에블로호 사건[8]'을 계기로 소련으로부터 미사일 기술을 받아내라는 김일성교시가 이를 구체적으로 방증하고 있다.

북한 김일성은 1968년 11월 함흥분원개발팀과 한 담화에서 핵무기, 미사일 개발 목적도 구체적으로 언급했다. 김일성은 "남조선에서 미국 놈들을 몰아내야 하겠는데 그놈들은 절대로 그냥 물러나지 않습니다. 그러니까 우리가 언젠가는 미국 놈들과 다시 한 번은 꼭 붙어야 한다는 각오를 갖고 전쟁 준비를 다그쳐야 합니다. 현 시기 전쟁 준비를 갖추는 데서 무엇보다 시급한 것은 미국 본토를 타격할 수 있는 수단을 가지는 것입니다. 지금까지 미국이 개입했던 모든 전쟁은 타지역에서 일어난 전쟁이었기 때문에 미국의 본토에는 아직까지 포탄 한 발 떨어져 본 적이 없습니다. 그러던 미국이 본토에 포탄 세례를 받게 된다면 어떻게 되겠습니까? 미국 국내에서는 반전운동이 일어날 것이고 제3세계 나라들의 반미 공동행동이 가세될 것입니다. 그러니 동무들은 하루빨리 핵무기와 장거리 미사일을 생산할 수 있도록 적극 개발해야 합니다."[9]라고 지시했다. 김일성은 소위 남조선혁명을 완수하기 위해, 주한미군을 몰아내는 방법으로, 핵무기와 이를 장착한 미사일을 개발토록 이미 1960년대 지시했다.

## 나. 정치적 함의

북한 김일성은, 6.25동란 중 중국의 무력개입으로 미국 군인들의 인명피해가 급증하여, 미국 내부에서 중국에 대한 원폭이 거론되자, 중국이 이를 매우 두려워했던 일을 목격했다. 김일성은, 6.25동란 침략자로, 원자폭탄 위력에 대해, 실제적으로 이때 처절하게 이미 경험했던 당사자였다.

또한 김일성은 1954년 공산권 최초 상업용 원자력발전소인 소련 5천 kW 오브닌스크 원전 준공식에도 참석했었다. 당시 준공식에는 인도 네루 총리, 베트남 호치민, 유고 티토 대통령 등도 참석했다[10]. 김일성은 이때 원전의 군사적 사용에 대한 야망을 체득했을 것이다.

김일성은 1962년 10월 22일 최고인민회의 제3기 제1차 회의 시정연설에서 남북평화협정체결을 제의했다. 한국에 대해 평화협정을 내걸고 긴장 완화의 이면에서 핵무기개발 책략을 감추기 위한 연막전술의 일환이었다. 김일성은 내부에서 비밀리 군사적 목적의 핵무기개발을 적극 추진했다.

김일성은 외교적으로 한반도 비핵화를 주창하는 등 이중적 태도를 견지했다. 김일성은 1977년 10월 NHK 논설위원 대담, 1991년 9월 이와나미서점 사장 대담, 1992년 신년사와 2월 남북고위급회담대표단 오찬 등에서 **"핵무기를 만들 의사도 능력도 없으며 한반도 비핵지대화"**[11]라는 거짓말을 생전 계속해 왔다. 북한의 한반도 비핵지대화는 궁극적으로 주한미군 철수를 의미한다.

　북한 김일성의 핵무기 미사일 개발 교시는 또 다른 전쟁 준비를 의미한다. 단순 전쟁 방지 차원의 교시가 아니다. 북한이 핵무기와 미사일 개발을 시작한 지 이미 수십 년을 넘어서고 있다. 그간 철저하게 숨겨왔다. 심지어 비핵화가 김일성 유훈이라고 주장까지 한다. 김일성교시는 북한에서 지상명령이며 절대 불가역적이다. 이를 관철하기 위해 수단과 방법을 가리지 않는다.

　북한은 김일성교시에 대해 "당의 로선과 방침, 지시집행 정형을 정상적으로 총화[12]하고 재포치[13]하는 사업을 끊임없이 심화시켜 …… 중도 반단 없이 끝까지 관철할 것"[14]을 명문화하고 있다. 모든 북한 사람은 이를 암기하고 철저하게 실천해야 한다. 북한은 김일성 사후에도 여전히 이를 관철하는 데 총력을 다해야 한다. 김일성교시는, 또 다른 김일성과 같은 존재, 김정은이 이를 진행하고 있다. 김일성이 살아 있는 것과 같다.

　실제로 북한은 김정은이 체제를 이어받은 이래 모든 선전선동수단을 동원하여 "경애하는 김정은 동지는 곧 위대한 수령 김일성 동지이시며 위대한 령도자 김정일 동지"라고 정치교양한다. 김정은은 김일성이자 김정일의 분신이다. 북한이 신정세습 체제임을 방증한다. 북한 주민들에게, 김정은을 통해서 김일성이 실제 살아서 통치 중인 것처럼, 정치의식을 세뇌 중이다.

북한 김정은은 2013년 3월 31일 개최된 노동당중앙위전원회의 결정을 통해 '경제건설 및 핵무기건설 병진노선'을 정책으로 채택했다. 실제적으로는 북한 입장에서 경제는 명분이고 핵무기를 끝까지 완수하겠다는 대외적 선언이다. 또한, 북한 중앙통신은 2013년 4월 2일 "현시대에서 핵무력 강화가 혁명 발전의 합법칙적 요구이므로 이를 결코 포기하지 않고 지속시켜 나갈 것"이라고 보도했다.

2020년 8월 18일, 미국 국방부 산하 육군부 작성 대북대응작전 지침보고서 '북한전술', "북한이 20~60개 핵폭탄을 보유하고 있다고 추산한다. …… 북한은 매년 핵무기를 6개씩 만들 능력을 갖춘 것으로 분석된다. …… 한반도 전면전 상황에서 북한 특수부대 18~20만명이 헬리콥터와 공기부양정, 경비행기, 잠수함, 땅굴 등을 통해 한국 후방에 침투할 것으로 예상된다." (미국의소리방송 인용, 조선일보 2020년 8월 19일, A8)

북한이 협상을 통해 핵무기를 포기할 것으로 인식하는 것은 시작부터 잘못이다. 오히려 북한은 핵무기를 더욱 고도화하고 조속히 개발 완료하기 위해 협상을 전략적으로 이용 중이다. 국제협상을 핵무기 개발 제고 시간확보와 재화획득 수단으로 활용 중이다. 북한에게 있어서 핵무기는 신성불가침의 김일성교시 문제이기 때문에, 처음부터 협상의 대상이 아니다. 30년 이상이나 대북 핵폐기 협상에 아무 진전이 없는 결정적 이유가 여기에 있다.

"북한이 핵무기 프로그램을 폐기하도록 협상하는 데 대해 나는 대단히 회의적이 었다. 북한은 경제적 이득을 얻어내기 위해 그러겠다고 이미 여러 번 미국과 다른 나라들을 설득해 왔다. 하지만 그런 후에 거듭해서 약속을 위반했는데도 결국 엔 항상 더 많은 양보를 받아냈다. 뿐만 아니라 핵확산을 위한 시간을 벌기 위해 언제나 잘도 속아 넘어가는 미국을 회유해 다시 협상테이블에 불러냈다. 그렇게 북한은 항상 시간을 끌면서 이득을 다 챙겼다. 그런데 우리는 과거로부터 하나도 배우지 못한 채 다시 그 패턴을 시작하고 있는 것이다."[15](존 볼턴 미국 트럼프 대 통령 국가안보보좌관)

북한은 기존의 경제난에 겹쳐 핵무기개발로 비롯된 국제적 제재를 통한 경제적 고통조차도 '만능의 보검 핵무기를 위해 치러야 할 과정' 으로 생각하고 있다. 북한사람은 체제차원 선전선동을 그대로 믿고 있 다. 북한체제는 스탈린적 전체주의 특성과 신정체제 광신적 속성을 갖 고 있다. 북한이 대남 적화통일을 위해 핵무기를 개발한 것은 매우 엄 중한 문제이다.

북한체제에 선의는 없다. 이를 대북협상으로만 해결하려는 것은 이 시점에서 순서가 잘못됐다. 북한은 이미 핵을 보유하고 이를 고도화 중 이기 때문이다. 한국에 지금 가장 필요한 것은 핵이 없는 상태에서 북한 에 대한 군사적 대비전략이며 동시에, 우리의 방어적 조건부 자체핵무 장이다. 이후 대북협상 여부를 판단하는 것이 올바른 수순이다.

우리는 대북 힘의 우위를 통해, 북한 독재자와 군부의 대남대적 정치 의식을 강제시켜 나가야 한다. 압도적인 힘을 통해, 북한 내부에서 스스로 좌절하여 내부적인 체제붕괴가 가속화되도록, 국방력을 일층 제고시켜야 한다. 종국적으로 북한체제의, 핵무기개발 김일성교시의 신봉은, 오히려 북한내부 체제붕괴를 앞당기는 역할을 하게 만들 것이다.

> "북한은 한국의 약점을 발견하면 그것을 끊임없이 물고 늘어지려 한다. 이런 상대를 다룰 때는 '힘의 우위(position of strength)'를 추구해야 한다. 평화를 원하나? 그렇다면 전쟁에 대비하라. 진정한 평화는 말이 아니라 힘의 우위, 즉 강한 군사력 위에서만 이룰 수 있다. 동맹을 강화하고, 오늘 밤에라도 바로 싸울수 있는 높은 준비태세를 갖춘 군대를 기르는 일에 집중해야 한다."[16]

## 29. 북한 핵무기, 이스라엘 핵무기개발 논리 포위심성 도용

### 가. 핵무장 이론

북한은 불법 부당한 핵무기와 미사일을 개발하면서 자신들을 평화세력으로 호도 중이다. 또한, 한국과 미국 등 주변 국가들을 악의 세력으로 매도하고 있다. 심지어 "조선반도 평화를 위해 핵무기를 끝까지 개발 완수하겠다"고 호언장담하는 지경에 이르고 있다.

이런 북한행태는 자신을 순수한 피해자로 주변 국가들은 부당한 가해자로 간주하는 데서 시작된다. 북한은 자신을 정의의 심판자로 자칭한다. 이러한 북한의 선전선동은, 기존 공산혁명 선전선동전략 외, 이스라엘이 핵무장 시 국제사회에 대해 주장했던 '포위심성' 논리를, 임의로 도용 차용한 것이다.

여기서는 핵무기 개발 과정에서 나타난, 북한 선전선동의 내용과 이스라엘 포위심성 논리를 서로 유추적으로 사례 분석하여, 북한이 주창하는 논리적 모순성을 비판하기로 한다.

일반적으로 국제정치학에서 핵무장은 수평적 핵무장과 수직적 핵무장으로 구분한다. 수평적 핵무장은 핵을 보유하지 않은 국가가 처음 핵무장을 하는 것을 말한다. 수직적 핵무장은 기존 핵 보유 국가가 핵무기의 질과 양을 더욱 증가시키는 것을 의미한다.

비핵국가의 핵무장을 의미하는 수평적 핵무장에 대한 이론들은 기술이론, 동기이론, 연계이론으로 구분된다. 기술이론(Technical Imperative Theory)은 특정 국가가 핵무기 제조기술과 경제적 능력이 구비되면 핵무장에 나서게 된다는 이론이다. 핵확산 초기 이론으로 1950년대부터 약 20년간 유행했다. 미국 핵 정치학자 Lenard Beaton과 William Clane 등이 주장했다. 그러나 핵기술 확산이 급속히 이루어 지면서 설득력을 상실했다. 기술이론은 핵 관련 인프라가 잘 갖추어진 캐나다, 독일, 일본 같은 나라가 핵확산에 나서지 않는 것을 설명하지 못한다. 이는 해당 국가들의 국내적, 국제적, 정치적, 군사적 상황이 고려되지 않은 문제점들을 내포하고 있기 때문이다.

동기이론(Motivation Theory)은 기술이론이 간과했던 정치적 안보적 특성을 보충한 이론이다. 핵무기 확산은 특정 국가의 군사적, 정치적 동기에서 비롯된다는 이론이다. 미국 핵 정치학자 Lewis A. Dunn 등이 1960년대와 1970년대 냉전시대를 배경으로 주장했다. 동기이론은 핵확산 배경은 설명했지만, 핵 보유 이후 미래 상황 예측을 하지 못했다. 국제관계에서 수직적 핵확산이 결국 수평적 핵확산을 불러온다는 점을 간과했다는 비평을 받고 있다.

연계이론(Linkage Theory)은 1980년대 이후 수평적 확산의 이유가 비핵국가들과 핵 강대국들 간 불평등한 국제적 역학관계에서 비롯되었다는 이론이다. 이는 기존 핵 강대국의 수직적 핵확산과 연계되었기 때문이라고 주장한다. 미국의 핵정치학자 George Bunn 등이 대표적인 인물이다. 연계이론은 기술이론이나 동기이론 보다 국제정치적 관점에서 수평적 핵확산의 요소들을 심층적으로 평가하고 있다. 그럼에도 불구하고 연계이론 역시 동기이론에서 주장하는 어느 특정 국가의 국제적 국내적 정치적 군사적 상황을 초월해서 설명할 수 없다는 한계성을 지니고 있다.[17]

### 나. 이스라엘 핵무장 이론 : 포위심성[18]

이스라엘은 1948년 독립한 이래 주변 아랍국가들과 전쟁을 지속하고 있다. 이스라엘은 1948년 독립전쟁, 1956년 시나이분쟁, 1967년 6일전쟁, 1968~1970년간 소모전쟁, 1973년 욤키프르전쟁, 1982년 1차 레바논전쟁, 1987~1993년간 제1차 인티파다, 2000~2005년간 제2차 인티파다, 2006년 2차 레바논전쟁 등을 수행했다. 이후 주변 아랍국가들과 테러와 포격전, 미사일 공격 등이 지속되고 있다.

이스라엘은 1950년대부터 핵무기 개발에 착수했다. 당시 벤구리 총리는 "아랍국가의 수적 우위에 맞설 수 있는 유일한 방법은, 이스라엘의 핵무기 개발밖에 없다"라고 말했다. 이스라엘은 1953년 프랑스와 핵기술교류협정을 체결하고 원자로를 가동해 현재 200여 기 핵무기를 보유한 것으로 평가된다.

이스라엘이 핵무장을 추진하는 과정에서 수많은 국제사회의 견제와 비난이 있었다. 이에 대해 이스라엘은 다양한 논리로 대응했다. 이중 대표적 논리가 긍정도 부정도 하지 않는 NCND였다. 또한 콤플렉스 논리도 주장했다. 즉 당시 이스라엘 4대 총리 Golda Meir는 "이스라엘은 민족 절멸의 위기감(Massacre complex), 대학살 위기감(Pogrom complex), 히틀러 위기감(Hitler complex)을 지니고 있다"고 말했다.

이어 이스라엘 텔아비브대학 교수 Bartal 등이 '포위심성' 논문을 발표했다. 이는 이스라엘의 핵무장 결정 과정을 정치학적 이론을 통해 설명한 내용이다. '포위심성'(siege mentality)의 의미는 "외부 주변 국가들이 자국에 대해 상당한 정도 부정적 행동을 할 의도를 지니고 있다고 믿는 국민의 신념체계"를 의미한다. 또는 "외부의 집단들이 자신들 집단에 대해 위해를 가할 의도를 갖고 있다고 믿는 집단 구성원들의 의식"을 말한다. 일반적으로 '포위심성' 국가의 특징은 다음과 같이 10가지로 요약된다.[19]

### 포위심성 국가 10대 특징
① "여타 민주주의 국가들과 달리 위기 시 내부비판 시스템이 없다."
② "다수 의견에 대한 반대는 국가의 힘을 약화시킨다."
③ "생존을 위해 먼저 상대방을 제압해야 한다."
④ "타국들이 반드시 우리 안녕을 바라는 것이 아니므로, 그 충고에 의존할 수 없다."
⑤ "생존에 대한 항구적 위협이 지속되고 있어 내부적 갈등을 종식시켜야 한다."
⑥ "생존은 수단을 정당화 하는 목적이다."
⑦ "모든 세계는 우리에 대해 적대적이다."
⑧ "무력시위만이 적의 공격을 억제할 수 있다."
⑨ "통합만이 외부 적들로부터 우리를 보호할 수 있다."
⑩ "기회만 있으면 대부분 국가들이 우리에 대해 음모를 꾸미고 있다."

## 다. 북한의 '이스라엘 핵무장 논리' 도용 사례

이스라엘 핵무장 논리인 포위심성을 유추적으로 적용, 북한의 주장 내용을 비판 분석해 보자. 북한이 2017년 6월 3일 노동신문에서 정세 해설한 내용을 살펴보기로 한다. 여기서 북한은 핵무장 당위성을 주창했는데, 많은 부분이 이스라엘 포위심성 논리를 도용 중임을 알 수 있다. 이를 구체적으로 서로 비교해 보기로 한다.

노동신문은 "핵 대국 중심의 세계질서 수립에 팔을 걷고 나선 일부 나라들까지 《북핵 위협》을 떠들어대며 우리에 대한 압박소동에 합세해 나서고 있다. 우리 자위적 핵 억제력을 한사코 《평화에 대한 위협》으로 호도하는 미국과 그 하수인들 태도는 철면피하기 짝이 없다. 력사는 이미 세기를 이어오는 미증유의 조미대결전을 통하여 누가 평화의 진정한 수호자이고 누가 평화의 파괴자인가를 엄정히 판가름하였다"고 말하고 있다. 이는 포위심성 네 번째 "타국들이 반드시 우리 안녕을 바라는 것이 아니므로, 그 충고에 의존할 수 없다", 일곱 번째 "모든 세계는 우리에 대해 적대적이다", 그리고 열 번째 "기회만 있으면 대부분 국가들이 우리에 대해 음모를 꾸미고 있다"는 내용에 해당된다. 북한이 주장하는 '일부 나라들'은 중국과 러시아를 간접적으로 지칭하고 있다. 유사시 북한의 정치적 군사적 후원 국가인 이들 나라들까지 거론 중이라는 것은 북한이 핵무장 철회 의지가 전혀 없다는 것을 방증하는 한 단면이다.

또한 "우리의 핵보유는 미국의 핵 공갈과 대조선 적대시 정책이 가져

온 필연적 귀결이다. 돌이켜보면 지난 세기 중엽 《해방자》의 탈을 쓰고 남조선 땅을 타고 앉은 미국은 동북아시아의 주요 전략적 요충지에 위치한 우리 공화국을 요람기에 삼킬 기회만을 노리던 끝에 리승만 괴뢰 패당을 부추겨 북침전쟁 불집을 터뜨렸으며 이때부터 세상에 그 류례를 찾아볼 수 없는 미국의 끈질기면서도 전면적인 핵 공갈 책동이 시작되었다"고 주장하고 있다. 이는 세 번째 "생존을 위해 먼저 상대방을 제압해야 한다", 여섯 번째 "생존은 수단을 정당화하는 목적이다", 그리고 열 번째 "기회만 있으면 대부분 국가들이 우리에 대해 음모를 꾸미고 있다"는 내용과 유추 비교된다. 북한은 기존 일제 해방, 6.25동란 등에 대한 역사 왜곡 주장에다 이스라엘 핵 개발 논리를 차용 합성하여 핵 개발 억지 논리로 활용하고 있음을 알 수 있다.

이어 북한은 "우리는 조선반도를 세계지배전략 희생물로 삼으려는 미국의 핵 공갈 위협으로부터 민족의 운명과 나라의 자주권, 지역의 평화를 수호하려는 책임감과 사명감, 의지를 안고 핵 보유의 길을 선택하지 않으면 안되였다. 국제 무대에서 미국의 강권이 판을 치고 약육강식 불법무법이 횡행하고 있는 현 실태는 우리의 핵 보유가 가장 정확하며 정당한 전략적 선택이라는 것을 명백히 실증해 주고 있다"고 주장한다. 이는 이스라엘측의 세 번째 "생존을 위해 먼저 상대방을 제압해야 한다", 여섯 번째 "생존은 수단을 정당화 하는 목적이다" 그리고 여덟 번째 "무력시위만이 적의 공격을 억제할 수 있다"와 유추 비교된다. 북한은 기존 대미 비난 및 한반도 무력적화 논리에다 포위심성을 합성, 대내외에 그릇된 주장을 강변하고 있다.

노동신문은 "지금 조선반도 주변은 임의의 시각에 핵무기를 제조할 수 있는 일본과 식민지 남조선을 거느린 세계 최대의 핵보유국인 미국, 핵대국으로 공인된 로씨야와 중국이 저들의 전략적 리익을 위해 각축전을 벌이고 있다. 그러나 동북아시아지역에서 유일한 핵공백지대로 남아 있던 우리 공화국이 강위력한 자위적 핵 보검을 틀어쥠으로써 조선반도와 지역의 안전을 보장할 수 있는 확고한 담보가 마련되게 되었다"고 주장한다. 이는 이스라엘의 네 번째 "타국들이 반드시 우리 안녕을 바라는 것이 아니므로, 그 충고에 의존할 수 없다", 여섯 번째 "생존은 수단을 정당화하는 목적이다", 일곱 번째 "모든 세계는 우리에 대해 적대적이다", 여덟번째 "무력시위만이 적의 공격을 억제할 수 있다", 그리고 열 번째 "기회만 있으면 대부분 국가들이 우리에 대해 음모를 꾸미고 있다"에 유추 적용된다. 여기에서는 북한 김정은 체제가 대내외 위기국면에 처해 있는 상황에서, 핵무기 보유 허장성세 논리를 통해, 내부적 통치기반을 제고 하려는 저의를 보이고 있다. 궁극적으로 김정은의 핵무기 보유 통치력으로 인해, 북한이 중국 러시아 미국 일본과 같은 대등한 반열에 올라섰다는 수령영도체계 우상화 논리로 연계시키고 있다.

노동신문은 "미국과 그 추종세력들이 정신을 차리고 올바른 선택을 할 때까지 고도로 정밀화, 다종화된 핵무기들과 핵타격 수단들을 꽝꽝 만들어 내며 백두산 대국의 핵 병기창을 억척같이 다져 나가려는 것이 우리의 드림 없는 의지이며 일관한 립장이다. 미국이 공화국에 대한 제재와 압박의 도수를 높일수록 우리는 미국과 그 추종 세력들이 미처 정신차릴 새 없이 주체적 핵 무력의 다양화, 고도화를 최대의 속도로 실현해 나갈 것이며 정의로운 자주적 핵 강국의 위력으로 우리를 위협하는 이 세상의 모든 악의 근원을 송두리채 제거해 버릴 것이다"고 주장하고 있다. 이는 세번째 "생존을 위해 먼저 상대방을 제압해야 한다", 네 번째 "타국들이 반드시 우리 안녕을 바라는 것이 아니므로, 그 충고에 의존할 수 없다', 여섯 번째 "생존은 수단을 정당화하는 목적이다", 일곱 번째 "모든 세계는 우리에 대해 적대적이다", 여덟 번째 "무력시위만이 적의 공격을 억제할 수 있다". 그리고 열 번째 "기회만 있으면 대부분 국가들이 우리에 대해 음모를 꾸미고 있다"에 유추 적용된다. 이는 국제사회의 그간 대북 핵 협상이 북한에게 전혀 의미가 없었다는 또 다른 선언이다. 북한이 국제사회와 30년간 핵 협상을 핵무기 개발 제고를 위한 시간 확보, 제재국면 최대 회피, 이를 통한 재화획득 수단 등으로 활용해 온 저의를 그대로 선언적으로 시현하고 있다. 이제는 북한 신정체제 하 핵무기의 보유가 김일성 3대 세습영도 우상화 업적과 연계되었다. 북한 독재 세습체제 특성상 쉽게 포기할 수 없는 지경에 이르렀다.

### 라. 정치적 함의

장기 수시 전시상태에 있는 자유민주주의 체제의 이스라엘과 3대세습 전체주의 침략체제 북한은, 핵무기 보유 정당성 이론 주장 면에서 전혀 입장이 다르다. 이스라엘의 핵 개발 '포위심성' 논리는 국민 전체의 의지 차원이지만, 북한은 독재자 개인의 야욕에 의거한다. 북한체제는 대내적으로, 한국과 미국을 적으로 지칭하고, 준전시 상태로 사회를 통제하고 있다.

이스라엘은 주변국과 수시로 전쟁 중이어서 생존이 핵무장의 최고 목적이다. 북한은 주한미군의 철수를 통해 한반도 적화통일 수단으로 핵무기 개발을 서두르고 있다. 더구나 북한은 한국을 침략한 전범체제이다. 평화세력이 이미 아니다. 또한, 북한은 일당독재 신정정치 세습 독재 전체주의 체제이다.

북한은 핵무장을 위해 대내적 사상교양과 대외적 억지 선전공세를 펼치고 있다. 이를 위해 과거 이스라엘 방식을 무리하게 도용하고 있다. 이스라엘 방식의 '포위심성'을 북한체제에 적용 비교해 보면 전체 10개 항목 중 4개만 북한 대내 특성에 적용된다. 즉 "여타 민주주의 국가들과 달리 위기 시 내부비판 시스템이 없다", "다수 의견에 대한 반대는 국가의 힘을 약화시킨다", "생존은 수단을 정당화 하는 목적이다", "통합만이 외부 적들로부터 우리를 보호할 수 있다" 등이다. 이외 6개의 대외 특징들은 북한에게는 모두 부당한 내용들이다. 북한은 주변국을 모두 적대세력으로 호도한다. 이를 독재자 통치논리로 활용하며 핵무장 당위성으로 활용하고 있다.

북한체제는 김일성을 신으로 하는 신정체제이다. 북한체제는 김일성의 생전 지시사항을 수행하는 것이 정권 존재 목적이다. 김일성 사후에도 대를 이어 선대유훈을 관철하는 것이 지상목표이다. 국제사회의 북핵 폐기회담은 북한 입장에서는 단지 핵무기를 더욱 제고시키기 위한 한 방법일 뿐이다.

결론적으로 북한은 김일성 비밀교시에 의거, 가장 빠른 시일 내 핵무기 개발완성을 지상목표로 하고 있다. 북한체제는 핵무기 개발을 소위 수령님 유훈관철이라는 정치적 소명의식으로 무장되어 있다. 이 과정에서 국제 핵정치 분야에서 널리 인지된 이스라엘의 '포위심성'을 자의적으로 도용하고, 자체 전체주의 혁명논리를 배합하여, 대외적으로 이를 호도 선전선동 중이다.

"북한이 탄도 미사일 탄두에 들어갈 수 있는 소형화된 핵장치를 개발해 냈을 것이다. …… 북한은 침투지원 패키지와 같은 기술적 향상을 이루거나 잠재적으로 다탄두 시스템을 개발 하기 위해 추가 소형화를 추진할 수 있다 …… 북한은 고농축 우라늄 생산과 실험용 경수로 건설을 포함한 핵프로그램을 계속하고 있다."[20] (출처 : 2020년 8월 3일, 유엔안전보장이사회 산하 대북제재위원회 전문가패널 보고서)

## 30. 북한 핵무기 대응, 한국의 선제적 정당방위 조치

### 가. 북한 핵 미사일 대비, 한국의 선제적 정당방위 조치

북한은 스탈린이 체제를 이식한 이래 70년 이상 한국을 무력적화 통일하기 위해 광분하고 있다. 최근 핵무기까지 개발하는 등 그 도를 지나치고 있다. 우리가 북한에 대해 선의를 기대하고 협상하는 것은 북한체제 속성에 대한 연구 부족이다.

북한은 대남협상 자체를 전쟁의 한 방법으로 인식한다. 북한에 있어서 대남협상은 철저히 적과의 전쟁의 한 수단이다. 그러므로 북한은 기만하고 협박하는 것을 아주 당연시 한다. 북한과 핵무기 폐기 협상은 시작부터 잘못됐다. 공산주의 이념체제와 협상은 우선 힘을 비축한 후, 이를 바탕으로 협상 여부를 판단해야 한다.

북한이 핵무기와 이를 운반하는 미사일 개발에 박차를 가하고 거의 완성 단계에 이르렀다. 한국이 설마 하며 예측불허인 북한의 행동에 대해, 적극적으로 대비하지 않고, 결과적으로 시간을 낭비하는 것은, 국가와 국민을 보호하는 실질적인 방법이 아니다.

북한 핵무기에 대해 한국도 방어용 대응 조건부 핵무기를 개발해야 한다. 한편으로는 북한의 한국에 대한 대남 WMD 사용 및 대남 기습전에 대응한 국가와 국민의 생존 차원의 대북 선제적 정당방위 조치도 체계적으로 우선 강화해야 한다.

한국 국민은 북한이 기습적으로 남침하여 수백만의 사상자를 발생시켰던 6.25동란을 기억하고 있다. 그때 북한의 침략준비에 대한 충분한 정보가 있었음에도 불구하고, 설마 하는 대북인식으로 인해 참담한 동란을 겪었다. 역사는 반복되며 그때 침략전쟁 범죄자들과 그 후손들이 살아서 더욱 진보된 무기로, 아니 절대무기 핵무기로, 다시 남침기회를 노리고 있다. 이것은 팩트이다. 1950년 6.25동란 당시, 북한의 기습 남침에 대해, 전 세계 93개 독립국 중 65%인 63개국이 이를 비난하고 한국을 도왔다. 당시 병력과 의료지원국 21개국, 물자지원국 39개국, 지원 의사 표명국이 3개국이었다.

1950년은 제2차 세계대전이 종전후 5년밖에 지나지 않았던 때이며, 소련의 동구권과 아시아에 대한 공산혁명 수출이 활발했던 시기였다. 당시 자유진영 국가들은 이에 대해 공동의 적에 대한 대의명분이 충분했다. 그러나 지금은 다르다. 탈냉전과 소련의 해체로 인해 이제 과거와 같은 공동의 적에 대한 대의명분도 사라졌다. 국제사회에서 타국의 전쟁에 대해 자국민을 희생시킬 나라들은 미국과 중국 등을 제외하고 현재는 없다.

한국에서 전쟁이 재발하면 현대 대량살상무기의 발달로 인해 과거와 비교할 수 없는 비극적 살상이 일어날 것이다. 남침으로 인해 전쟁이 발생하면 자동으로 중국과 미국이 개입할 수 있는 국제적 역학관계가 이미 형성되어 있다. 한국은 6.25동란이 종결되지 않은 정전상태 연결 선상에 있다. 또다시 남북한에 참혹한 결과를 초래할 것이다. 이 가운데 미국과 중국의 개입으로 인해 휴전선은 그대로 존속될 가능성이 높다. 한반도에서 미국과 중국은 서로 대리전을 치를 것이다. 남북한 사람들만 희생될 것이다.

"많은 사람들이 군사적 선택이라는 말을 할 때 종종 상상할수 없다는 표현을 같이 씁니다. 나는 그런 태도를 조금 바꿔서 그런 일이 일어나면 끔찍할 것이고 우리 살아생전엔 한 번도 겪어보지 못한 그런 막대한 인명의 상실을 겪게 될 것이라고 말하겠습니다. 내 말은 제2차 세계대전 이후 지금까지 살아있는 사람들은 한반도에서 충돌이 일어날 때 맞닥뜨릴 수 있는 대규모의 인명 손실을 한 번도 본적이 없다는 뜻입니다. 하지만 저의 파트너들인 친구들과 적들에게 제가 계속 말해왔듯이 북한의 핵무기에 맞서 군사적 선택으로 대응하는 것은 상상할 수 없는 일은 아닙니다. 제가 상상할 수 없는 일이란 핵무기가 우리 콜로라도 주 덴버에 떨어지도록 허용하는 겁니다. 제가 맡은 일은 그런 일이 일어나지 않도록 군사적 대안들을 개발하는 것입니다"[21] (조 던포드 미국 국방부 합참의장, 2018년 여름 아스펜 안보포럼)

북한이 이를 모를 리 없다. 그래서 김일성 지시대로 핵무기를 개발해 미국의 개입 없이 한국을 적화통일하려는 것이다. 핵무기를 장착한 미사일로 미국을 견제하고 한국을 선제공격하여 항복을 받아내고, 조기에 종전하려는 저의를 60년 이상 진행 중이다. 이제 북한이 핵무기를 들고 나왔다. 북한 지도부와 북한사람은 핵무기가 없는 한국 국민들에 대해 어떤 사고를 지니고 있을까? 이제 남조선과 물리적 전쟁은 끝났으며, 어떻게 항복을 받아 낼 것인가를 생각하고 있다. 이런 북한에 대해 무슨 남북한 핵무기 폐기 협상 여지가 있겠는가?

　한국민은 이제 국제적 대의명분을 기대하거나 과거 군비가 없어서 미국에 의존했던 국가가 아니다. 북한에 비해 40배 이상의 경제대국이다. 단 정치가 문제이다. 어느 때까지 미국에게 가족의 생명을 의존하고, 국가와 국민의 생명을 의존할 것인가? 이제 우리는 적들의 비뚤어진 심장을 바로 직시하고, 자랑스런 대한민국을 온몸으로 수호하기 위해 적극 행동해야 한다.

　전쟁에 대한 국제적 시각이 변하고 있다. 자국민을 보호하기 위해 적국의 위험한 도발징후에 대해 선제적 정당방위 조치가 점차 인정되고 있다. 선제공격(preemptive strike)은 예방공격(preventive strike)을 의미한다. 국제법적으로 불법이지만 점차 그 정당성을 인정하는 추세다. 한국군과 주한미군의 연합사령부는 작계5015를 계획중이다. 작계 5015는 북한과 전면전을 가정한 작전계획이다. 전면전과 국지도발과 선제타격도 명시되어 있다고 전해진다. 여기에 참수작전(decapitation operation)도 고려된 것으로 알려졌다.

　북한은 몇 년 전, 한국의 청와대 건물과 지형을 모형으로 만들어 북한 특수부대가 이를 공격하는 훈련 동영상을 공공연히 대내외에 방영했다. 북한 역시 한국 내 전쟁지도부 제거에 최우선 목표를 두고 있다. 우리 대북 참수작전은 북한 내부에 한국을 공격하기 위해 대량살상 무기(WMD) 사용 징후가 있을 시, 한국 국민들과 한국영토를 정당방위 하기 위해, 한미연합사가 북한 무기 최종 승인권자, 그 지휘부를 사전 공격한다는 의미이다.

그러나 참수작전을 준비하는 데 있어 부정적 영향을 줄 수 있는 여러 변수들이 있다. 선제공격이 국제법적으로 추후에 용인되려면 그 공격이 예방적 자위공격(anticipatory self defence)의 조건을 갖추어야 한다. 문제는 북한이 상시적으로 발사 직전 모습 미사일 모형들을, 실제 미사일과 동시에 위장해 설치해 운영하는 경우이다. 그리고 미사일을 지붕이 있는 시설물 안에 발사준비 형태로 보관하는 경우 등이다. 이런 회피수단은 한국, 미국 군사위성의 기술적 한계로 인해 추후 증거로 제시하기에 제약요인이 될 수도 있다.

또한, 북한은 한반도의 지정학적 요인으로 전쟁의 종심이 매우 짧은 점을 활용해 전쟁을 준비 중이다. 이런 점들에 대비해 북한은 대외적 노출이 되는 미사일 대신, 미상 시기 미상 지역에 불시에 핵 공격을 감행할 다양한 대체 공격수단들을 이미 갖고 있다.

또한, 문제가 되는 것은 한국 내부에 북한 추종 세력들이 존재한다는 점이다. 이들 행동은 종국적으로 북한을 이롭게 한다. 이들은 한국에 거주하면서도 남북한 양쪽을 비방한다. 이는 북한을 편들기 위한 위장 전술이다. 이들은 한국의 대북조치에 대해 물리적 반대 행동까지 서슴치 않는 단계에 이르고 있다. 이들은 한국 국민들이 살기 위한 정당한 선제공격과 참수작전에 대해, 몸을 던져 시비하고 방해한다. 이들의 속마음은 북한의 핵무기를 그대로 인정하자는 것이다.

또한, 문제되는 것은 한반도 주변 강대국들의 태도이다. 과거 북한이 우리를 대상으로 대남테러를 자행했을 때 이들 국가들은 우리의 정당한 보복 조치를 적극 만류했었다. 북한의 청와대 무장공비 침투 시, 문세광의 광복절 기념식 대통령 내외의 저격 시도, 버마 아웅산묘지 폭파사건을 일으켰을 때 역시 우리의 당연한 대북 보복조치를 못하도록 적극 만류했다. 이는 한국의 생존권 차원의 절박한 대북 선제공격 시, 이들의 군사적인 개입 가능성이 있음을 충분히 염두에 두어야 한다는 점이다. 따라서 우리는 이런 예상되는 여러 부정적인 변수들도 초기부터 불식시키고, 정당방위 자위 차원의 선제공격에 대한 대의명분들을, 민간기관을 통해 공공연히 대내외에 알려 나갈 필요가 있다. 국가와 국민을 살리는 선제적 대북 참수작전에 전략적 대의명분의 축적이 사전 필요한 이유가 여기에 있다.

## 나. 정치적 함의

북한의 위험한 기도를 확실히 알고, 이에 군사적으로 적극 대응해 나가는 것은 너무나 당연한 일이다. 또한, 중요한 것은 우리의 의지를 결행하게 하는 군사적 대의명분을 축적해 나가는 것이다. 북한에 대한, 명확한 대북 군사적 대의명분은, 한국 국민에게 지지와 결속을 유도해 나갈 수 있게 만드는 동력이다. 대의명분은 불법 남침에 대응해 적극적으로 정의의 전쟁을 지속해 나가도록 하는 결정적인 힘이다. 이런 한국 국민들의 일치된 대의명분은, 적의 전쟁수행 의지를 파괴시킬 수 있고, 우방국의 지원을 유도할 수 있는 중요한 요소이다. 절대무기 핵무기에 대한 실제적인 군사적 대응수단을 강구하지 않고, 또 다시 국민들의 생명과 재산을 적에게 내맡겨서는 안된다.

유엔헌장은 국제관계에서 무력사용이나 위협을 금지하고 있다. 다만 헌장 제39조 내지 제42조는 타국침략 시 안보리 결의에 의해 집단 또는 개별 군사행동을 용인하고 있다. 제51조는 무력공격을 당하는 경우가 아닌 경우라도 안보리 결의가 있으면 선제공격의 합법성을 부여하고 있다. 유엔은 '예방적 무력사용의 정당성'에 대해 5가지 검토 기준이 있다. 첫째, 위협의 심각성(seriousness of threat)이다. 둘째, 목적의 충실성(proper purpose)이다. 셋째, 무력사용의 최후성(last resort)이다. 넷째, 수단의 비례성(propotional means)이다. 다섯째, 결과의 균형성(balance of consequences)이다.

한국과 미국은 북한의 대남공격 징후와 관련, 김정은 등 북한 전쟁지도부를 유엔안보리의 사전 동의 없이 선제공격하여도, 이를 국제사회가 추후에 인정하도록, 대의명분을 사전에 구축해 나가야 한다. 이런 대의명분 축적은 이후 남북통일에서 외부세력 군사개입을 견제하는 조치로도 연계되기 때문이다.

역사적 책략가인 손자, 마키아벨리는 "적 지휘부만 제거하는 것이 전쟁에서 가장 효율적"이라 지적했다. 미국의 특수부대는 이를 실증해 준다. 미국은 참수작전을 고가치 표적(HVT, high value target) 정규군 군사작전으로 활용 중이다. 미군은 마누엘 노리애가, 오사마 빈 라덴, 사담 후세인 제거 등 참수 작전을 실제 최다 실행한 국가이다. 적군의 전쟁지도부가 제거되면 대규모 부대도 쉽게 무너진다. 일반적으로 군대는 자국의 국가, 국민을 위해 전쟁을 한다. 그러나 북한같은 독재체제 군대는 독재자 한 명을 위해 싸운다. 북한 독재자가 제거되면 북한 인민군은 이라크군대와 같이 쉽게 무너질 것이다.

북한 남침으로 다시 전쟁이 발생하면, 첨단 무기체계 발달로 인해 그 피해 규모가 상상을 초월할 것이다. 현대전은 방어보다 선제공격이 전략적으로 효과가 크다. 북한의 핵 선제공격은 모든 것을 의미한다. 이는 절대 허용해서는 안된다. 어떤 도발 가능성도 철저하게 차단해야 한다. 우리 선제공격은 절대 필요충분 조건이다. 민족 공멸을 이끌 북한 핵무기 보유는, 북한 독재자 스스로 '한미(韓美) 선제공격의 표적이 되는 것을 선택한 것'이다.

북한 김일성을 바르게 알았다면 수십 년간 대북 핵 협상에서 시간 낭비를 하지 않았을 것이다. 북한은 핵 협상기간 동안 6차례나 핵실험을 하는 등 핵무기를 더 고도화하는 데 활용했다. 한국은 실질적 대북 핵 정책을 펼쳐야 한다. 선제 정당방위 공격능력 제고, 방어용 조건부 핵무장을 즉시 실행해야 한다.

이 문제를 정책화해야 한다. 국가와 국민의 안전보다 더한 가치는 없다. 대한민국은 현재 안보위기의 기로에 서 있다. 악의 체제 북한이 핵을 지니고 있다. 북한과 협상에서 선의를 기대하면 안 된다. 북한은 오히려 이 국면을 즐기고 있다. 韓美의 향후 대북대응에 따라, 북한체제의 위험한 핵무기를 위요한 외줄타기 놀음은, 양날의 칼이 되어 그들에게 향할 것이다.

> "2017년 미국 오바마 대통령 전략사령부는 북한 정권 교체를 위해 작전계획 5027에서 80개의 핵무기 사용을 포함할 수도 있는 공격에 대한 미국의 대응을 주의 깊게 검토하고 연구했다."[22] (제임스 메티스, 미국 국방장관)

# 31. 북한 핵무기 대응, 한국의 방어용 조건부 핵무장 여건

## 가. 북한 핵무기 대응, 한국의 조건부 핵무장 여건 결정요소 비교

동아일보(2011.07.04.)는 "한반도중립국감독위원회 장자크 요스 스위스 육군소장과 안델스 그렌스타트 스웨덴 해군 소장이 '한국은 전쟁 중이며 아직 한반도에 평화가 온 것이 아니다'라고 말했다"고 보도했다. 장기간 휴전이  지속되다 보니 많은 한국 국민들은 전쟁상태를 평화상태로 오인중에 있다.

2010년 11월 23일 오후 2시 34분 북한군은 한국 연평도 군부대와 민간인 거주 지역에 선전포고도 없이 170여 발 포탄을 무단 발사. 이에 대응 한국군은 4시 47분 K-9자주포로 포격을 실시. 북한군의 도발로 다수의 군인과 민간인 사상자들 등 발생.

반면 북한은 자신들의 남침전쟁 실패를 결코 잊지 않고, 각종 평화공세로 한국 국민을 안심시킨 후, 오히려 그간 대남 무력통일을 위해 재래식 무기는 물론 비대칭 절대무기 핵무기를 개발했다.

한국은 북한과 정전상태에 있다. 이는 잠시동안 전쟁을 멈춘 상태를 의미한다. 이런 가운데 북한이 핵무기를 들고 나왔다. 한국 국민의 70% 이상은, 북한의 이러한 도발적인 핵무기 개발 만행에 대해, 규탄하고 "자체 핵무장을 해야 한다"는 여론조사 결과들이 있다.

지난 30년간, 북한은 핵무기개발 중단 협상에 참석해 거짓된 행보를 보이며 아무 실제적 조치도 없이 오히려 적반하장으로 각종 경제적 지원들을 받아냈다. 협상기간을 활용, 핵무기개발에 박차를 가하는 이중적 태도를 보였다. 북한은 사망한 김일성이 살아있는 주민을 지배 중이다. 북한은 김일성의 유훈적 교시에 의거, 지상명령인 핵무기개발을 절대 포기하지 않을 것이다. 역사적으로 적대세력이 핵무장을 한 상태에서 이를 포기한 사례는 없다. 맞대응 핵무장만이 가장 실질적인 조치였을 뿐이다.

북한은 우리를 소멸하려 하는 적대세력이다. 북한은 그동안 수만 건의 정전협정 위반과 함께 한국 국민을 적으로 규정하고 있다. 군사적으로 수시 도발 공격해 한국 국민들을 죽여 왔다. 그 생생한 자료들이 실재하고 있다. 그런데 한국 내 일부 세력은 이런 북한에 대해 주적이라는 개념조차 사용하지 못하게 하고 있다. 핵 무장한 적을 앞에 두고 끝없는 정쟁이 지속되고 있다.

북한을 추종하는 세력들은 차치하고, 다수 한국 국민의 북한에 대한 인식의 부족, 엄밀히 말해 북한사람 정치의식에 대한 이해 부족은 심각한 국가안보위기를 가져올 수 있다. 우리 생명이 70년 이상 목전에서 위협당하고 있다. 북한체제의 도발과 공격의 대상에서, 한반도에서 김일성가족 외, 남북한 그 누구도 예외는 없다. 우리가 북한에 대해 올바르게 알아야 하는 이유가 여기에 있다. 북한의 핵무기개발을 억제하는 유일한 길은, 한국 국민들이 북한에 대해 결집된 상응한 압도적 군사적

대응력을 가질 때이다.

필자는 지난 30년간 국가 안보분야 현장에서 근무하면서 북한을 직접 체험하며 그들 진면목을 지켜보았다. 북한체제는 김정은 정권 안위를 한반도의 8,000만의 민족의 안전보다 우위에 두고 있다. 북한은 이를 공공연히 내세우고 있다. 이는 김정은 정권이 건재하는 한 북한이 핵무기를 결코 포기하지 않을 것임을 방증한다.

북한의 핵무기 도발에 대한 유일한 해결책은, 한국이 맞대응 자체 방어용 조건부 핵무장을 시작하는 데서 비롯된다. 한국이 핵무장을 해야 하는 국가적 위기 상황은 다음과 같다. 첫째 북한이 핵무기와 핵 운반 미사일을 완성한 경우, 둘째 한국과 미국 간 군사동맹의 불안정성이 발생한 경우, 셋째 미국의 한국에 대한 핵우산 안전보장이 불투명한 경우, 넷째 일본의 핵무장이 추진되는 경우 등으로 상정할 수 있다.

한국의 자체 맞대응 핵무장과 관련 국제핵정치학자 William C. Potter[23]의 핵무장 결정요소 이론[24]을 적용, 한국의 방어용 대응 핵무장에 필요한 요소들을 분석해 보자.

포터는, 국제 핵 정치학자들이 핵무기개발 관련 13개 국가의 핵무장에 영향을 준 요소들의 조사결과를 토대로 유인요소, 억제요소, 촉진요소로 각각 구분하여 핵무장 결정요소 이론을 만들었다. 포터는 국제 핵 정치학자들 조사내용을 기반으로 핵무장을 이끌어내는 유인요소로써

①국가 경제력 정도 ②과학 공업 전문기술 발달 정도 ③적대국에 대한 억제수단 ④전쟁과 방어에서 유리 ⑤최후 수단으로 무기 ⑥강제적 압박 ①국제적 지위와 위신의 제고 ⑧독립과 영향력 강화 ⑨경제적 파급효과 ⑩관료 및 국내정책 영향 ⑪기술의 원동력 등으로 구분했다.

그리고 핵무장을 오히려 방해하는 억제요소로써 ①다른 국가들의 적대적인 반응 ②동맹국과 전략적인 신뢰성의 차이 ③안보위협에 대한 인식들의 결여 ④국제적인 규범 ⑤타국의 정치적 경제적인 제재 ⑥비인가자의 점유 가능성 ⑦경제적인 비용 ⑧국내 반대여론 ⑨관료적 정책에 의하는 것으로 분류했다.

이어 핵무장을 더 강화시키는 촉진요소로써 ①적대국의 선제적인 핵무장 ②강대국과 안보공약의 약화 ③핵기술과 핵물질의 접근성 증대 ④수직적 핵확산[25] ⑤국내위기와 지도층 변화 등으로 종합했다.

나. 남북한 핵무장 결정요소 상호적용 비교

남북한 간 정치적 경제적 사회적 특성을 기준으로 핵무장 결정요소를 비교해 보면 다음과 같다.

우선 대내적인 면에서 한국은 유인요소로써 북한에 비해 상대적으로 월등한 국가경제력과 과학공업기술의 발달, 경제적 파급효과 등을 들 수 있다. 반면 북한은 전체주의 독재체제 하의 관료 및 국내정책을 지적할 수 있을 것이다. 한국은 억제요인으로 자유민주체제 하 정치권의 반대여론이 될 것이다. 북한은 경제적 비용이 문제가 될 것이다. 촉진요인은 한국은 국내적 위기와 지도층의 인식변화가 주요 요인이 될 것이다. 북한도 마찬가지이다.

다음으로 대외적인 면에서 한국의 유인요인은 적대국에 대한 억제, 전쟁과 방어의 유리, 최후 수단 무기, 독립과 영향력 강화 등을 들 수 있다. 북한은 적대국에 대한 억제, 전쟁과 방어의 유리, 최후 수단 무기, 독립과 영향력 강화, 경제적 압박, 국제적 지위 위신 등을 말할 수 있다.

한국의 억제요인으로는 국제규범, 주변 국가들의 적대적 반응, 동맹국의 전략적 신뢰성 차이, 안보위협 인식의 결여, 타국의 정치적 경제적 제재 등을 들 수 있다. 반면에 북한은 체제 특성상 대외 억제요인이 큰 영향을 줄 것으로 보이지 않는다.

한국의 핵무장 촉진요인은 북한의 핵무장과 미국의 안보 공약의 약화를 들 수 있다. 북한은 대남혁명 최대 걸림돌은 강대국 미군의 한국 내 주둔이며 또한 중국과 러시아의 대북 안보공약의 약화라고 볼 수 있다.

상기 내용들을 종합해 보면 한국의 대응 핵무장에 필요한 유인요소와 촉진요소 총 16개 중 11개나 이론적으로 충족시키고 있다. 특히 촉진요인 중 가장 결정적 요소는, 정전 중인 가운데 북한의 선제적 핵무장이다. 이것만으로도 한국이 맞대응 자체 핵무장을 해야만 하는 결정적인 필요충분조건이 된다.

한국이 북한의 핵무기에 대응해, 맞대응 핵무장을 하는 과정에서 제기되는 억제요소들은, 타국의 적대적 반응, 동맹국과 전략적 신뢰성 차이, 안보위협 인식 결여, 국제규범, 정치경제 제재 등이 포함된다. 이중 가장 우려하는 일반적인 사항 중 하나가 정치경제 제재이다. 이와 관련해 과거 인도의 역설적 사례를 들 수 있다. 인도 역시 핵무장 추진 초기에 정치경제 제재가 주요 문제로 거론되었다. 하지만 이런 우려와 정반대의 현상이 발생했다. 1974년 5월 인도는 최초 핵실험 후 1개월 이내 약 2억 불의 서방국가들의 경제원조를 취득했다. 이는 핵실험 시 경제제재를 받을 것이라는 국내외 여론의 반대결과이다. 핵무장 능력 과시가 오히려 자체적으로 국가 신뢰도를 높여주는 예상외 결과를 이끌었기 때문이다. 경제도 중요하지만 국가안보 보다 절대 우위에 있을 수 없다. 이는 현재 한국 상황에 대해 시사하는 바가 매우 크다.

한국은 2020년 11월 기준 원전 24기 중 19기가 운전 중이다. 사용후 핵 재처리가 필요 없는 가압중수로 방식인 월성 원전들에서만 연간 300여 톤 이상 사용후핵연료가 배출되고 있다. 한국은 상업용 원전 가동률에서 세계 최정상이다. 특히 OPR1000(한국표준형), APR1400(신형경수로), SFR(소듐냉각고속로), VHTR(초고온가스로), SMART(일체형) 등 특정 원전 설계분야에서도 독자적 기술력을 보유하고 있다. 핵무기 개발기술은 이들 첨단 원전기술 등에 비해 초보 수준이다. 이런 사실은 한국이 경제력과 함께 핵 과학 공업기술에서 자체 조건부 대응 핵무장을 하는 데 이미 필요충분조건을 구비 하고 있음을 방증한다.

## 다. 정치적 함의

국제 핵 정치학자 George Quest는 1973년 "첨예한 외부 적의 위협적 존재가 자국이 핵무장 할 근거가 됨에도 불구하고, 적대적 국제환경 인식 결여로 인해 정확히 말해 국가지휘체계의 무지가 핵 개발 억제요인으로 작용하고 했으며, 심지어 강력한 동맹의 안전보장에 대한 확신이 독자 핵 억제력을 발전시킬 의지를 감소시킨다"고 주장하였다. 이는 한국에 직접 적용되는 말이다.

적대국가 인도와 파키스탄이 자국민을 보호하기 위해 상호 핵무장을 추진했던 것과 마찬가지로, 한국의 실질적인 적대국인 북한의 선제적 핵무장은 한국의 자동적인 맞대응 핵무장이 너무나 당연한 귀결이다. 현재 벌어지고 있는 핵 협상은 국민생명을 담보로 한 위험한 도박판 외 어떤 의미도 없다. 우선순위가 잘못되었다. 북한체제와 북한사람들은 우리와 전혀 다른 정치의식을 지니고 있다. 이제는 이런 미몽에서 깨어나야 한다.

우리는 호전적인 적대체제 북한의 선제적 핵무장에 대해, 맞대응 핵무장을 해야만 하는 권리장전이 있다. 이를 국민들에게 먼저 알려야 한다. 국민의 생명을 보호하는 것이 정치의 최고 목적이다. 여기에 이견이 있을 수 없다. 과거 프랑스는, 미국이 프랑스 핵 개발에 대해 "프랑스를 보호해 줄 것"이라며 반대하자, 당시 드골 대통령은 "미국이 파리를 보호하기 위해 뉴욕을 희생시킬 각오가 되어 있는지?" 반문했다. 이어 "파리를 보호할 핵무기는 프랑스가 보유하는 핵무기밖에 없다"고 주장하며 핵무기를 완성시켰다. 유엔헌장 제51조는 '자위권 행사' 조항이 있다. NPT 조약 10조에도 '당사국 주권 행사와 자국의 지상 이익이 위태한 경우 탈퇴의 권리' 조항이 존재한다.

국가가 핵무장을 하는 데 있어서 필요한 4가지 필수요소는 ①국가의 의지 ②핵시설과 핵물질의 확보 ③핵무기 개발기술 ④무기운반 체계이다. 한국은 첫 번째 국가의 의지가 가장 문제이다. 한국 국민에 당면한 가장 엄혹한 국가위기를 정치권이 너무 안일하게 대처하고 있다.

삼성경제연구소는 북한의 핵무기 사용 목적에 대해 ①대남적화 속전속결 전쟁수행 종결 ②미군 증원병력 조기차단, 일본 후속 병참지원 차단 ③미국 전쟁 불개입과 반전 지지여론 확산 ④한미연합군 반격에 따른 불리해진 전세 역전 ⑤한미연합군 휴전선 돌파, 평양진격 저지 ⑥전세 불리로 정권수호 위협대비 경우[26]로 분석했다.

북한의 핵무기는 대한민국을 없애기 위한 것이다. 단순 김정은 체제를 수호하기 위한 것이 아니다. 한국 인구의 절반도 안 되는 북한이 한국보다도 2배 이상의 과도한 군병력을 보유하고 있다. 70년 이상 한국을 무력으로 적화통일하기 위해 군사력을 증진해 왔다. 이제 핵무기까지 개발한 상태이다.

> 김정은, "온갖 압박과 도전들을 강인하게 이겨내며 우리는 핵보유국으로 자기발
> 전의 길을 걸어 왔다.…… 이제는 그 누구도 우리를 넘보지 못한다.……해마다
> 맞이하는 7·27이지만 우리 국가가 전략적 지위에 올라선 오늘날 7·27을 맞는 우
> 리의 감회는 유다르다.…… 우리는 총이 부족해 남해를 지척에 둔 낙동강가에 전
> 우들을 묻고 피눈물을 삼키며 돌아서야했던 동지들의 한을 잊은 적이 없다……
> 최강의 국방력을 다지는 길에서 순간도 멈춰서지 않을 것이다"[27]

국제 핵 정치학자 Lewis A. Dunn은 1981년 저서 『The Next Phase in Nuclear Proliferation Research』에서 "한국은 이미 핵무기 제조능력 보유국가. 핵 산업기술 보유국가, 핵 연구 및 동력원자로 보유국가"로 평가하였다. 국내적, 국제적으로 한국은 이미 핵무기를 맞대응하여 나갈 수 있는 역량이 충분함을 국제적으로 방증하고 있다.

1992년 1월 20일 채택된 남북한 간 '한반도비핵화공동선언'은 그후 14년 후 20006년 10월 9일 북한이 핵실험을 단행하므로써 이를 일방적으로 파기해 버렸다. 공동선언에 명기된 핵무기의 "시험, 제조, 생산, 접수, 보유, 저장, 배비, 사용" 내용이 휴지 조각이 되었다. 북한은 공동선언을, 한국 내 미군 핵무기반출과 핵 재처리시설과 농축시설보유까지도 막으면서, 정작 자신들은 이를 자체 핵무기 개발을 적극 추진하기 위한 기회로 전용했다.

한국은 깨어진 공동선언을 아직도 붙잡고 있다. 공동선언 당사자가

약속을 어겼는데 또 다른 당사자는 혼자 그 약속을 준수 중이다. 이 문제는 나라 운명을 좌우하는 심각한 문제이다. 현재 국가의 모든 현안 중이 문제보다 중차대하게 우선 처리해야 할 문제는 없다. 현재 처한 국가안보의 중요성을 인지하고, 대한민국을 지키는 다수의 깨어있는 국민들이 되어야 한다.

> "우리는 상황이 감당할 만할 때는 방치했다가, 아예 손을 쓸수도 없는 수준이 된 지금에 와서야 그때 효과가 있었을 치료제를 쓴다. 역사에 새로운 일은 없다. …… 귀에 거슬리는 소리를 내며 자기보호 본능이 요란하게 울리기 전까지는 모두 앞을 내다보는 능력도 없고, 단순하고 효과적인 행동을 취해야 할 때 그러기 싫어하고, 명확한 사고력도 없이, 비상사태가 닥칠 때까지 혼란스러운 조언만 한다. 이런 것들이 바로 끊임없이 반복되는 역사의 구성요소들이다."[28] (윈스턴 처칠, 1935년 5월 2일 의회연설. John H. Mauter, "Churchill and the Outbreak of the Second World War in Europe", Orbis, Summer, 2019, p. 313 인용)

북한이 더 이상 핵무기로 시간적 경제적 군사적 이득을 추구하지 못하게 해야 한다. 향후 북한체제 특성상 쉽사리 핵무기를 포기할 가능성은 거의 없다. 한국은 이런 북한체제에 대응해 방어용 조건부 핵무장을 해야 한다. 이 과정들에서 북한 핵무기 보다 압도적인 중성자탄 개발도 병행해 나가야 한다. 힘은 더 큰 힘을 통해서만 억제된다. 인류 역사가 이를 증명해 왔다. 국가안보 대응에 시기가 있다. 늦었지만 지금이 바로 그때이다.

# 제6장 북한내부 체제붕괴 정치의식
# Count Down

## 32. 북한내부 체제붕괴, 상류층 증오 군중심리

### 가. 북한내부 체제붕괴, 특권층 반발 군중심리

현재 북한체제에서 주민들이 스스로 일어나 내부체제 붕괴를 유도할 수 있는 가능성을 거론하는 것은 시기상조다. 우선 극도의 통제사회의 특성상 이런 가능성이 일어날 여건이 무르익지 않았다. 또한, 일말의 체제반대 조짐들이 보인다면 여느 국제사회 국가들과 달리 북한체제는 비밀리 신속하게 군대를 투입하여 관련자들을 무자비하게 모조리 총살시켜 버릴 것이다.

이어 관련된 모든 가족은 물론 조직들 자체까지도 철저하게 없애버릴 것이다. 북한에서는 체제보다 최우선 하는 것이 김일성 3대의 안녕이다. 여타 인민들은 김일성 3대를 위한 단지 소모품에 불과하다. 인명경시는 스탈린주의 북한체제의 전통적 특징이다.

군중 심리학자 Gustave Le Bone[1]은 프랑스혁명에서 개인의 성격 변화와 혁명의 군중심리 등을 연구한 『혁명의 심리학』[2]을 남겼다. 여기에서 저자 일부 관점을 인용, 북한체제에 유추 비교해 보기로 하자.

현재 북한 김정은 정권에 대해 저자 이론의 직접적 적용은 정치적, 경제적, 사회적 배경 등이 달라 한계가 있다. 그러나 북한 내부 여건들로 인해 독재자 신변문제 발생 등 급변사태가 발생할 수도 있다. 특히 국제적인 경제제재로 경제난이 가중되어 상류층과 군부들에 불만이 증폭되면 상황이 달라질 수 있다. 이때 독재자에게 신뢰를 받던 군부도 방관자적 입장에 처할 수 있다.

전제정치 독재체제 아래 극도로 통제받던 군중들이 체제 붕괴를 시도할 때 이들 군중심리는 매우 유사할 수 있다. 비교하여 분석할 가치가 충분하다. 혁명에서 믿음은 이성을 초월한다. 정치적 종교적 믿음은 일상생활과 현실 세계에서 중요한 역할을 한다. 믿음에서 최면적 경지에 이른 군중은 순교를 자청한다. 정치혁명에 대한 군중들의 믿음은 현실 그 자체이다. 이 믿음은 군중들을 어느 정도 완벽하게 지배한다.

그러나 시간이 지나면 변한다. 이는 북한 김일성 3대 신정체제 통치 특징을 설명해 줄 수 있다. 실제 북한 독재자를 위해 광신적 순교자가 나오고 있다. 그럼에도 불구, 시간이 지나 혁명에 대한 믿음이 깨지면, 그때가 체제 내부붕괴의 시점이 될수 있다. 양날의 칼이다. 김일성 3대에 대한 정치적 우상화 실체가 폭로되는 순간, 군중은 김일성 신으로 부터 해방되는 시점이다.

체제붕괴가 진행될수록 초기의 군중들의 이성적인 태도는 점차 없어진다. 이후 군중들은 본능적으로 상류층에 대한 질투 탐욕 증오 등이 체제붕괴를 정당화하는 구실이 된다. 이 본능은 폭발적 힘을 지니며, 문명사회에서 조차 결코 없어지지 않는다. 북한사람들 개인 개인이 모여 군중이 될 때, 비록 뼛속까지도 붉게 물든 정치의식이라도, 이제 그 도전을 받게 되는 시점이다.

공산주의 체제는 태동 시 계급혁명을 통해 평등사회를 이룬다고 주창했다. 그러나 결과적으로 정반대의 가장 계급화된 사회를 만들었다. 북한 체제가 매우 전형적이다. 북한 내부는 상류층에 대한 반감이 강력하다. 북한사람들은 고위층에 대해 "당 간부는 당당하게, 안전성은 안전하게, 보위성은 보이지 않게 해 먹는다"고 비난한다. 북한은 극도로 계급화된 정치적 사회적 구조를 지니고 있다. 이는 북한 군중들의 상류층에 대한 수십년 누적된 적개심의 폭발 잠재성을 의미한다. 그러므로 북한 군중의 상류층에 대한 불만 폭발은 내부 체제붕괴로 유도될 수 있다.

혁명은 초기에 위로부터 시작된다. 이때 군중의 힘이 합세하면 혁명이 완성된다. 그러므로 지도자가 필요하다. 군중은 혁명을 구상하거나 이끌지도 못한다. 즉 군중의 행동은 지도자에 의한다. 선동하는 지도자 지명도가 높으면 더 효과적이다. 이런 면에서 김정은에 의해 2017년 2월 13일 독살된 김정남은 소위 북한식 백두혈통의 최적임자였다. 해외 체류 중 망명정부 지도자가 되기에 충분했다. 북한 김일성이 생전에 인정한 유일한 손자였다. 김정남의 아들도 해외에 살아 있다. 북한 독재자 김정은은 소위 북한식 백두혈통과 장자승계론과 무관하다. 북한 내 군중이 이를 인지할 날이 반드시 올 것이다. 시간과 기회의 문제이다.

체제붕괴에 나서는 절반 이상의 사람은 정상 업무를 하는 일반인이 아니다. 평상시 빈곤 도둑 걸인 등 처벌이 두려워서 범죄를 저지르지 못하고 있는 자들이 기회가 생기면 악마적 본능을 나타낸다. 최하층 군중은 체제 붕괴가 무엇인지 모르며, 무작정 반란에 참가하며, 분위기에 휩쓸려 행동한다.

이는 북한에서 체제붕괴 촉발 시 가장 핵심적인 역할을 할 수 있는 계층은 수만 명의 부랑자 집단 '꽃제비'임을 암시한다. 북한 식량난, 경제난이 심화된 1990년대 중반부터 꽃제비 집단이 급증했다. 탈북자 증언집(최근북한실상, 1999. 7월호)은 꽃제비 종류에 '덮치기 꽃제비, 쓰레기 꽃제비, 매춘 꽃제비' 등이 있다고 전한다. 2009년 화폐개혁 후 화폐가치 급락으로 인해 식량 사정으로 먹고살기 힘든 가정들이 늘어나며 '어른 꽃제비'도 많아지고 있다고 전한다.

아무리 견고해 보이는 독재체제도 아주 사소한 폭동에 의해 붕괴될 수 있다. 충분한 병력은 독재자를 보호할 수 있다. 그러나 병사들이 군중들에 휩쓸리면 병사들은 더 이상 임무를 실행하지 않게 된다. 북한 사회는 체제 전체가 병영사회다. 이 말은 그만큼 군인들이 오염될 가능성이 크다는 또 다른 의미다. 이미 많은 부분에서 군인들이 경제난으로 인해 타락상이 나타나고 있다고 탈북자들은 증언한다. 북한체제 군인들도, 군중이자 가족들인 이들과 혈연적 일원이기 때문이다.

이런 면에서 유엔북한인권조사위원회의 다음의 보고서는 시사하는 바가 크다. 인권위는 "탈북한 군인이 '북한 병사들은 굶어 죽지 않기 위해 훔쳐야 했습니다. 군대에 오기 전 군인들은 명예로운 일을 수행하며 인민을 보호해야 한다고 세뇌당했지만 사실과 전혀 다르다는 것을 깨닫게 되었습니다. 병사들이 식량과 생필품을 일상적으로 훔쳐야만 하는 사실은 군대가 정말로 인민을 보호하기 위해 존재하는지 의문을 갖게 했습니다. 군대라기 보다는 해적집단에 가까웠습니다[3]라고 증언했다"고 보고하고 있다.

## 나. 정치적 함의

소련 스탈린은 약 25만 명에 달하는 노멘클라투라(Nomenklatura)라는 특권 계급을 양성했다. 자신의 독재체제를 운영하기 위해 온갖 특혜를 이들에게 제공했다. 이들은 일반 노동자들 대비 3~5배의 월급 외에 특별수당을 받았고 특수 간부전용 상점에서 외제물품을 면세로 구입할 수 있었다. 이들은 크레믈린병원에서 특수치료와 최고 약품으로 예약 없이 치료를 받을 수 있었고 전용열차와 전용아파트, 전용별장들을 이용했다.

스탈린의 '노멘클라투라'는 북한 김일성에게 그대로 이식되었다. 북한도 고위층을 위해 특수상점에서 고급 물품들을 공급한다. 특별 배정된 병원시설 이용, 고급주택 배정, 3~5배 정도의 봉급을 받는다. 식량배급도 고급 백미와 고기 수산물 등을 특별 제공받는다. 북한 노동당은 특권층들을 위해 필요한 물자들을 중앙공급대상으로 별도 구분하여 관리한다. 북한 특권층은 김일성 3대 일족, 노동당 간부, 고위행정관료, 보위성 등 군부체제 보위계층 간부들 등이다. 이들은 신분적으로 인신적으로 특별 보호를 받는다. 체제수호 명분으로 일상생활에서도 특권을 누린다. 법위에 군림하며 실질적인 제약들이 없다. 주민 노동력을 약탈하고 호화주택에서 향락 생활을 하는 착취 계층이다.

이런 현실은, 공산주의 혁명이론과도 전면 배치된다. 공산주의는 이론적으로 계급과 차별을 인정하지 않는다. 모든 공산국가들은 공산주의 이론과 달리 현실 독재체제 통치에서 심각한 괴리에 직면했다. 전문적인 고급관료들 협조 없이 독재자는 실제 아무것도 할 수 없었다. 독재자들은 노동계급들 대신 이들 특권층을 등장시켰다. 이들 출현은 결과적으로 체제 내부에 계급적 갈등을 심화시켰다. 한정된 재원 아래 특권층 등장은 일반 주민들 삶을 상대적으로 더욱 처절한 나락으로 떨어지게 만들었다.

북한에서 실제 내부적인 체제붕괴가 발생한다면, 주민들의 상류층에 대한 반발에서 비롯될 것이다. 현재시점 발생 가능성 면에서 김일성 3대에 대한 정치적 반발보다 이것이 확률적으로 높다. 군중들 질투심과 시기심이 발생 동기 면에서 보다 실제적이다. 이는 결국 북한 내부의 체제붕괴 심리로 연계될 것이다. 북한은 공산주의 유토피아 대신, 가장 계급화된 가장 모순적 사회를 창조했다. 그럼에도 불구, 이를 지상낙원이라며 스스로 선전 중이다.

북한 주민들의, 상류층에 대한 정치의식의 변화는, 더욱 증오심을 증폭시킬 것이다. 증오는 모든 사람에게 바이러스와 같이 전파되며 폭력적 행동으로 나타난다. 이때 발생하는 군중심리는 자신들이 온건주의자로 비쳐지는 것을 감추려는 경쟁심리에 이르게 된다. 순식간에 더 폭력적으로 전 지역으로 확산된다. 이 경우 북한체제는 군대를 동원해 강제적으로 유혈사태를 통해 이를 진압해 버릴 것이다. 그러면 국제적 문제가 된다. 유엔이 개입하고 중국도 관여하려 할 것이다. 북한내부 체제붕괴가 북한만의 일로 될수 없게 된다. 결국 북한내부 체제붕괴 문제는 한국내부 문제가 된다. 우리의 장기적 대북정책에서 이에 대한 통섭적 제고가 필요한 이유다.

## 33. 북한내부 체제붕괴, 토크빌 역설

### 가. 토크빌 역설

세계적인 "정치가, 역사가"[4]로 평가받는 Alexis de Tocqueville[5]의 역설적 이론을 북한 김정은 독재체제에 유추 적용해 보자. 토크빌의 大作 『앙시앵 레짐[6]과 프랑스혁명』[7]에서 제시된, 혁명의 핵심적 원인들에 대한 통찰적인 견해를, "토크빌 역설"로 지칭하고 있다.

토크빌은 "일반적으로 혁명이 발생하는 것은, 폭정으로 주민들 삶이 도탄에 빠졌을 때가 아니라, 오히려 이런 상황들이 개선되는 바로 그 시점에 발생한다"고 연구 분석했다. 즉 "악한 체제의 나쁜 정부가 그 통치 방법을 개선하려 할 때가 가장 위험하다는 것을 경험적으로 보여주고 있다"고 통찰했다.

"토크빌 역설 핵심 내용"

"저항도 하지 못한 채 장기간의 압제에 시달린 인민이 갑자기 정부가 압제를 완화하고 있음을 발견하게 되면 인민은 압제에 대항하여 봉기하는 현상이 자주 일어난다. …… **일반적으로 말하면 나쁜 정부가 통치방법을 개선하려고 하는 때가 가장 위험한 시기라는 것을 경험을 통해 우리에게 가르쳐 주고 있다.** …… **인내할 수 없는 혹심한 고통을 장기간 견뎌냈던 불평도, 일단 인간들 정신에 고통이 완화되었다고 느껴지기 시작하면 폭발하고 만다.** 왜냐하면 권력 남용이 개선되었다는 단순한 사실은 곧 사람들의 주의를 끌게 되고 그들은 더욱 격분할 것이기 때문이다. **인민은 고통을 덜 받을수록 감정이 격화되는 경향이 있다.**"8)

최근 국제적으로 발생하고 있는 혁명적이고 정치적인 사변들에 대한 사례들을 "토크빌의 역설"적 관점에서 살펴보자.

## Case. 1

동서독 통일은, 당시 서독 정부의 장기간에 걸친 동방정책과 함께, 미국의 적극적인 중재와 영국, 프랑스 등 묵인과 협조에서 비롯되었다. 그럼에도 불구하고 직접적 도화선 역할을 한 사건이 있었다. 1989년 11월 9일 동독중앙위정보담당서기 샤보프스키(1929~ )가 "동독중앙위는 체코와 헝가리에서 일어나는 동독인 이탈을 방관할 수 없어, 이를 해결하는 방안으로 여행의 자유를 보장한다"고 선언했다. 이때 한 기자가 "언제부터인가?"라고 질문하자, 그는 "지금 즉시 유효하다"고 대답했다. 이어 동베를린 시민들이 베를린장벽에 모여들었고, 이 조치를 계기로 하여 장벽이 붕괴되었다. 이어 동서독이 통일되는 물리적인 현상이 발생했다.

## Case. 2

소련의 해체과정도 유사하다. 1989년 미국 부시 대통령과 소련 고르바쵸프 대통령이 몰타섬에서 정상회담을 통해 냉전 종식을 공식적으로 선언했다. 이어 1991년에는 전략무기 감축을 결정했고, 소련의 엘친 대통령은 강력한 대(對)서방권 개혁개방정책을 시행했다. 이 조치는 결국 소련연방 내 11개 공화국들이 각각 연방을 탈퇴해 독립국가연합(CIS)을 결성하게 했다. 1922년 탄생해 러시아의 강력한 통제에 있던 소련연방은, 이때 러시아가 다른 행보를 보이자, 소련연방을 즉시 탈퇴했다. 러시아와 같이 대(對)서방 개혁개방정책에 적극 동참하여, 소련연방은 해체되는 수순을 밟게 되었다.

## Case. 3

이집트의 경우, 2011년 1월 같은 아프리카 북부 인근 튀니지에서 혁명이 발생하자, 이집트시민들은 1981년부터 30년 장기 독재한 무바라크 대통령에 대해 소규모 불만이 발생했다. 그러나 무바라크는 초기에 이를 경시하고 강력한 무력으로 진압하지 않았다. 같은 해 1월 25일 무바라크 사임을 요구하는 반정부 시위로 증폭되었다. 무바라크는 또 다시 강력한 조치 대신, 시위대에 굴복해, 1월 29일 "내각을 해산하겠다"고 발표했다. 시민들의 불만을 잠재우려 시도했지만 '자신의 대통령 퇴진은 거부하는 타협안'을 내놓았다. 그러자 카이로에서 반정부시위가 확대되었다. 무바라크는 2월 1일, 같은 해 9월 예정된 "차기 이집트 대통령선거 불출마"를 선언했다. 결국 무바라크는 2월 11일 군부에게 권력을 이양하고, 이집트 대통령직에서 물러났다.

## Case. 4

중국은 정치에서는 공산당 일당독재체제를, 경제에서는 상당 부분 자본주의 제도를 채택하고 있다. 2012년 11월 30일 왕치산 공산당정치국 중앙기율위 서기는, 중국 내부 부정부패를 감독·지휘중인 행정법학자들, 관련 분야 전문가들 좌담회에서, 참석자들에게 "토크빌 저서를 읽도록" 권고했다. 과거 중국은 천안문 사태를 처절하게 경험했다. 중국은 개인소득의 증가, 해외 유학과 국제여행의 확산, 통제적이지만 인터넷 통신 발달이 진행 중이다. 이는 중국인들로 하여금 자유민주주의 국가들에 대한 직간접적 체험 기회를 제공해 주고 있다. 당연히 자신들의 체제에 대한 비판의식을 유발할 수 있다. 중국 내부에 체제비교 정치의식의 증가는 향후 자유민주 시민혁명의 동력이 될 수 있다. 상기 중국 정부 움직임은 중국공산당 차원에서 이에 대한 차단 조치를 강구하려는 일환으로 볼 수 있다.

## 나. 정치적 함의

과거 프랑스혁명과 북한 독재체제 붕괴를 비교하는 관점은 역사적 정치적 배경 등이 전혀 다를 수 있다. 그럼에도 불구 '극악한 독재체제의 대주민 정책변경 관점'이라는 측면에서 시사하는 바가 크다. 한국 미국 유엔은 북한 독재체제 하 극심한 억압을 받고 있는 북한사람들을 구해내기 위해 대북 인권개선 등 북한체제에 대한 압박을 지속해야 한다. 이 과정에서 북한독재체제는 장기적으로 타의적으로 대(對)주민 정치적 통제를 완화 시킬 수밖에 없을 것이다. 북한체제는 생존을 위해 압박을 수용해야 만 할 것이다.

국제사회의 북한 인권문제에 대한 개입과 압박에 대해, 그동안 북한이 대응해 온 패턴을 분석해 보면, 북한 인권문제를 풀어나가는 것도 충분히 가능하다. ①일본

정부는 집요하게 일본인 납치자 문제를 대북정상회담 의제로 삼자, 결국 김정일 정권은 납치자 문제를 인정하고 사과까지 했다. ②국내외 인권단체들이, 북한체제가 탈북자들을 정치범수용소로 보내거나 총살을 못 하도록 문제를 제기해 국제사회의 이슈로 등장하자, 북한체제는 탈북자들 처벌의 강도를 크게 낮추었다. ③국제인권단체와 유엔인권위도 북한의 공개 처형과 정치범수용소에 대해 강력하게 문제를 제기하자, 북한 내 공개처형이 실제로 감소하였고 정치범수용소 일부가 폐쇄되기도 하였다.[9]

국제사회의 대북인권 압박은, 인류 보편적 가치인 인권이 무엇인지조차 모르던 북한사람에게, 새로운 정치의식의 지평선을 열어 줄 것이다. 이러한 과정의 누적은 이들에게 북한독재체제의 극악한 통제방식에 대한 비교 안목 기회로 발전할 것이다. 70년 이상 극도로 통제해 온 북한독재사회이지만 한 번 내딛은 통제완화를 다시 거두어들일 수가 없게 될 것이다. 토크빌은 "가장 중요한 개혁이 이루어진 지역에서 오히려 주민들 불만들이 가장 고조되었다"[10]고 지적했다. 북한체제의 대북압박에 대한 어쩔 수 없는 완화조치들은, 결국 북한사람들에게 내부 체제붕괴 정치의식의 기폭제가 될 것이다.

# 34. 북한내부 체제붕괴, 루마니아 유형

## 가. 북한내부 체제붕괴, 폭력방식

일반적으로 과거 동구권 사회주의 국가들의 체제붕괴와 체제전환의 유형은 4가지로 분류한다. 이들 종류로는 합의형, 이탈형, 폭력형, 권력분열형으로 구분한다. 이를 사례별로 구분하면, 폴란드 헝가리 체코는 합의형, 동독은 이탈형, 루마니아는 폭력형 그리고 소련은 권력 분열형이다.

동구권 체제 붕괴 당시 폴란드에는 자유노조가 있었다. 체코에는 인권운동조직이 있었으며, 헝가리에서는 시민경제개혁이 진행 중이었다. 이런 시민 사회의 활동이 체제붕괴의 도화선 역할을 하였다. 북한에는 이런 반체제적 시민조직이 존재하지 않는다.

과거 동독의 오브리히트, 폴란드의 비에루트 그리고 헝가리의 파코시 등은 스탈린에 의해 장기간 정치적 영향력을 전수받은 인물들이다. 이후 동구권 지도자들도 스탈린 정치체제를 기본으로 하여 운영해 왔다. 그러나 똑같이 스탈린 정치체제로 이식된 북한은 김일성을 교주로 신격화하고 3대 가족 세습을 70년 이상 이어 오는 등 가장 기형적 독재체제 정권으로 전변되었다.

동유럽의 사회주의 국가들은 1960년부터 서방권과 경제적 교류협력을 지속해 왔다. 물론 소련으로부터 많은 지원도 받아왔지만, 서구 세계와의 교류를 통해 많은 자본주의 정보가 유입되는 계기도 되었다. 그러나 북한은 북쪽은 일당독재 사회주의 정치체제 중국이 가로막고 있으며, 남쪽에는 자유민주국가 대한민국과 대치 중이다. 이런 가운데 북한은 자체적으로 엄혹한 사회통제로 외부정보를 철저하게 차단되어 있다.

동유럽은 대부분 소련이 강제적으로 공산화시켰다. 동독과 서독도 강대국에 의해 강제적으로 분리되었다. 그러나 자체 내전은 없었다. 북한은 한국을 무력으로 남침해 수백만 명을 살상하는 민족적 참상을 만든 체제이다. 북한은 스스로 반민족적 적대감을 조성했고, 대한민국을 침범한 전쟁범죄 불법정권이다.

더구나 북한은 최근 핵무기 개발과 미사일 등 대량살상 무기로 한국을 침략하기 위해 광분하고 있다. 이를 계기로 국제사회의 대북 제재로 인해 정치적 경제적 위기 국면에 직면하고 있다. 북한은 체제 존속과 대남침략을 위해 WMD를 개발 중이지만, 이것으로 인해 오히려 체제가 조기에 내부 자체붕괴되는 아킬레스건이 될 수 있다.

북한은 체제붕괴 전 동구권 사회주의 국가들과 마찬가지로 전체주의 독재 속성 6가지를 공유하고 있다. 이는 일당독재, 공식이데올로기, 메스컴독점, 폭력통제, 무력독점, 계획경제[11] 등이다. 북한주민은 70년 이상 김일성을 신으로 하는 신정정치 세뇌교육을 받아왔다. 또한, 공안기관의 강력한 군사 무력 통제를 받고 있다. 동구권과 같이, 단기간에 주민들이 외부세계 정세로 인한 정치의식이 영향을 받아, 행동으로 나서기에 한계들이 있다.

이런 연유로 인해, 북한내부 체제붕괴는 하층부 북한사람들에 의한 폭력적 형태와 상층부 군부 중심의 권력 분열적 체제붕괴가 동시에 일어날 가능성[12]이 있다. 단지 북한 내 최상층 권력층은 김일성 3대와 세습적 계급적 충성으로 맺어진 관계로 최후까지 체제고수를 견지할 것이다. 북한 독재자에 가장 충성적인 뼛속까지 붉은 정보기관 보위성이 최후를 같이 할 것이다.

북한 지형지세는 기형적 반도 형태로, 남쪽은 중무장 자체병력이 북쪽은 험준한 산악지형이다. 동쪽과 서쪽은 바다이고 서로 혈맹을 주장하는 중국도 북한 주민들의 자국 내 진입은 적극 차단할 것이다. 이런 연유로 과거 동독 주민의 서독으로의 탈출과도 같이, 한국으로 대량 탈북도 지형적으로 제약을 받고 있다.

## 나. 정치적 함의

유엔북한인권이사회는 북한체제의 인권상황에 대해 다음과 같이 보고하고 있다. 이사회는 "조직적이고 광범위하며 중대한 인권침해가 북한 정부 기관 및 당국자들에 의해 이루어졌고 현재도 이뤄지고 있다. …… 북한에서 벌어지는 인권침해 심각성과 규모 그리고 본질은 현대사회의 어떤 국가에서도 찾아볼 수 없다. 이런 국가는 소수 권력 집단이

권위적인 지배를 하는 것으로 만족하지 않고 주민들 생활의 모든 부문을 장악하며 공포심을 주입시킨다"라고 보고했다.

보고서는 "북한은 전체주의 국가의 많은 특성을 보인다.…… 북한 당국은 유년 시절부터 사상을 주입시킨다. 공식적 이념에 의심을 품는 모든 정치적 종교적 의견을 억압한다. 주민들 이동과 타국민과는 물론 북한사람들 소통을 통제함으로써 주민들에게 이 지도이념을 내재화시킨다. 성별과 성분에 따른 차별을 통해 정치체제에 도전할 가능성이 거의 없도록 한다"[13]고 분석했다.

유엔북한인권조사위 보고서는 일찍이 브레진스키가 연구발표 한 바와 같이 전체주의 체제 특성 6가지를 북한이 완벽하게 지니고 있음을 보여주고 있다. 북한은 김일성 3대 세습의 70년 이상 일당독재체제와 주체사상을 기본으로 하는 김일성김정일주의를 공식적 지배이데올로기 정했다. 노동당기관지 노동신문과 정권에서 운영하는 중앙통신 중앙방송 중앙TV 등 메스컴도 독점하고 있다. 보위성 보안성 인민군 등이 사회를 폭력으로 통제한다. 김일성의 항일투쟁을 토대로 조직되었다고 선전하는 인민군이 무력을 장악 중이다. 장기간 취약성을 내포한 자력갱생 기치를 내건 소위 '우리식사회주의' 하 계획경제가 운영 중이다.

향후 북한체제의 붕괴유형은 루마니아와 같은 폭력형, 소련의 권력분열형이 유력하게 예상된다. 따라서 합의형의 폴란드 방식이나 이탈형의 동독방식은 실제적으로 발생될 가능성이 적다. 상기 사회주의 체제의 붕괴 방식사례를 북한에 적용하면 폭력형〉권력분열형〉이탈형〉합의형 순으로 될 것이다.

북한은 많은 면에서 붕괴 전 사회주의체제 루마니아와 닮았다. 김일성은 차우세스쿠와 비교된다. 김일성은 46년간, 차우세스쿠는 24년간 개인독재체제를 지배했다. 북한이 전 세계에서 가장 고립되고 교조적이고 폐쇄적인 것과 마찬가지로 루마니아도 동부 유럽에서 같은 처지였다. 루마니아 붕괴 전 북한과 루마니아는 매우 친밀한 외교 관계를 유지했었다. 북한과 마찬가지로 루마니아도 전체주의 체제 6대 요소들을 그대로 지니고 있었다.

특히 북한의 체제 보위 제일선에 있는 국가보위성과 같은 기능을, 루마니아에서는 세큐리타테가 주민들을 통제했다. 북한 보위성은 군인이다. 루마니아 비밀정보기관도 군인 신분이었다. 북한 보위성은 철저하게 북한 김일성 3대를 위해 복무한다. 세큐리타테도 차우세스쿠 개인독재자를 위해 충성했다. 다만 조금의 차이는 있다. 북한에서 군부 쿠테타가 발생한다면 보위성보다 호위사령부나 91수도방어군단(평양방어사령부)이 우선하여 방어한다. 그러나 루마니아는 정보기관 세큐리타테가 담당했다. 세큐리타테는 당시 루마니아의 정규군보다 오히려 강한 무장력을 지니고 있었다. 북한은 독재자의 경호에 있어서 군단급 병력을 보유 중이다. 이런 사실은, 북한 자체적으로 독재자가 느끼는 신변위협의 정도가 어느 정도 수준인지를, 역설적으로 방증한다.

독재자 차우세스쿠의 과도한 전횡은, 당시 인근 주변 국가들의 민주화 시위에 영향을 받은, 접경지역 거주의 루마니아헝가리계 주민들에게 민주화 시위를 촉발시켰다. 이를 진압하는 과정에서 정부군과 세큐리라테간 내전이 발생했었다. 결국 차우세스쿠가 체포되고 총살되어 장기독재체제가 붕괴되었다.

> 김정은, 고위간부들 대상 강연회에서 "혁명이 시련을 겪고 적들의 공세가 심화되면, 이에 겁을 먹은 배신자들이 생겨나기 마련이다"[14] 언급

물론 북한과 루마니아는 정치적 역사적 사회적으로 다른 배경을 지닌다. 그러나 전체주의 체제 아래 주민들의 정치의식의 가변성과 함께, 독재자의 신변 유고는 또 다른 변수를 제공할 수 있다. 특히 중국이 포함된 국제정세 변동은 소위 현재 철옹성 같다는 북한 독재체제를 일순간 붕괴시킬 수 있는 동력을 제공할 것이다. 전체주의 체제는 일순 강해 보이지만 독재자 1인에게 좌우되는 가장 치명적인 허약한 체제이기 때문이다. 그리고 모든 상황조차 예측불가하며 가변적이다.

## 35. 북한내부 체제붕괴, 독재자와 군부는 악어와 악어새

### 가. 독재자와 충성집단 관계

공산주의에서는 전쟁과 혁명은 항상 동행한다. 공산주의에서 전쟁은 군사적 사업이다. 혁명은 마르크스적 정치 목적을 위한 투쟁적 실천사업이다. 마르크스는 군대를 염두에 두고 혁명을 계획해야 한다고 말했다. 그러나 군대는 인민의 도구이지, 군대가 군주의 도구가 되어서는 안된다고 명시했다. 반면 레닌은 전쟁을 혁명 전술의 한 도구로 규정했다. 사회가 계급으로 갈리고 사람에 의한 사람의 착취가 존재하는 한 전쟁이 불가피하다고 말했다. 즉 사회주의혁명을 위해 전쟁 필수론을 역설했다. 레닌은 군대가 정치로부터 중립이 아니라, 사회주의 군대의 혁명 무장력으로 정립시켰다.

레닌의 이런 군사적 견해는, 자본주의가 존재하는 한, 전쟁이 불가피하다는 표현이 되었다. 즉 아시아 후진국들의 공산화 혁명 논리로 전용되었다. 이중 가장 교조적으로 받아들인 국가가 중공이었다. 모택동은 혁명의 최고 형태는 무장에 의한 정권탈취이며 전쟁에 의한 문제해결이라 말했다. 또한, 중요한 투쟁형태는 전쟁이며, 중요한 조직형태는 군대라고 부언했다. 심지어 총구에서 정권이 탄생한다고까지 말했다. 이를 그대로 전수받은 자가 북한의 김일성이다. 김일성은 **"무장을 들어야만 정권을 잡을 수 있다"**고 말했다. 또한, 김일성은 **"선거 놀음으로 정권을 잡을 수 없고, 모든 투쟁 중 가장 결정적 투쟁형태는 폭력투쟁 무장투**

쟁"이라고 지시했다.

이런 공산주의 군사 사상은 당연히 공산주의 전체주의 독재자와 군대 간 가장 밀접한 정치적 관계를 형성하게 만들었다. 독재자는 군대 최고 사령관이 되었고, 모든 군사행동의 지침들이 독재자를 통해 내려졌다. 대외적인 모든 침략적 전쟁도 혁명을 위한 숭고한 정의의 전쟁으로 전변되었다. 이런 과정에서 군대는 독재자의 가장 강력한 수족이 되었고, 체제 내 가장 핵심적인 지위를 누리게 되었다. 초기 인민 중심의 공산주의 논리는 이미 종적을 감췄다.

북한 조선인민군은 독재자 개인의 수령의 군대이다. 독재자 1인을 위해 모든 충성을 다한다. 북한의 노동당 규약과 헌법 등에 북한군을 '수령의 군대, 당의 군대, 혁명의 군대'라고 명시하고 있다. 북한군도 초기에 명목상 체제 보위 군대였다. 그러나 노동당의 군대에서 독재자 수령의 군대로 점차 변질되었다. 북한은 최고 지도자가 군 수뇌부, 군 전반을 장악하고 지휘한다. 북한군은 인민들을 위해 복무한다고 주장한다. 그러나 이는 선전일 뿐이다. 북한군은 독재자 지휘에 따라 주민을 통제하는 인권침해와 반인도적 범죄에 직접 관여한다. 북한군 내 정치경찰의 역할을 하는 보위국도 군인들과 무관한 주민들 정치적 범법행위에 깊이 관여한다. 또 하나의 군대 조직인 정보기관 국가안전보위성도 중국접경 지역통제를 국경경비사령부로부터 인계받았다. 북한사람은 자유의사에 의거 자신의 영토를 떠날 권리조차 원천 봉쇄되어 있다. 북한사람을 통제 중인 기관들이나 관계자들은 이런 인권침해에 대해서 어떤 책임도 지지 않고 처벌도 받지 않는다. 이 모든 통제들은 북한 독재자 차원에서 내려지는 명령이기 때문이다.

Alastsir Smith는 『독재자의 핸드북』에서 "유능한 독재자는 항상 주민들보다 핵심적 충성집단 욕구를 중요시한다"고 말했다. 독재자는 이들 충성파에게 물질적 보상을 제공하지만, 서로 경쟁을 시켜 도태시킨다. 마르크스는 "의식이 삶을 지배하는 것이 아니라, 삶이 의식을 지배한다"고 주장했다. 독재자는 주민들을 겨우 목숨만 지탱할 정도로 궁핍하게 한다. 또한 각종 정치 행사들, 노력 동원들을 통한 사회적인 통제, 육체적 피로로 인해 주민들은 독재자에 대한 반란을 꿈꿀 기회 자체를 봉쇄한다. 독재자의 주요 관심사는 무력행사가 가능한 군부이지, 다수 힘없는 주민은 안중에도 없다. 독재자는 군부에 대한 관리와 지속적 충성심 유지가 정책의 최고 목표이다.

정치혁명, 반란 성공의 이면에는 결정적 시기에 지지층이 독재자에게 등을 돌렸기 때문이다. 지지층은 독재정권 위기 시 행보를 같이 하지 않고 혁명과 반란의 순간을 저울질 한다. 지지자들이 독재자를 배신하는 것은 자신들에게 주어지는 각종 혜택들이 줄거나 없어질 때다. 충성파는 매우 기회주의적이다. 독재자가 자신을 돌볼 능력이 없다는 것을 간파하면 소극적으로 각종 탄압행위를 방치하거나 행동하지 않는다. 심지어 위기의식을 조장, 독재자로 하여금 경각심을 갖도록 한다. 그리고 포스트 독재자 이후 자신들의 거취도 미리 선점하려 한다. 교활한 독재자는 반란의 조짐들이 보이면, 초기에 무자비한 시범적 처벌을 통해 혁명의 싹을 잘라 버린다. 자유민주사회 시위들은 정권에 대한 정책의 전환을 요구하는 데 있다. 그러나 독재체제 하 반란은 체제붕괴를 의미한다. 그래서 독재자는 주민이 자유롭게 모이는 것 자체를 반대한다. 이 제도적 소통의 부재는 결국 체제 내부에서 정치적 경제적 사회적인 생산성 저하의 원인들 중 하나로 귀결된다.

독재체제에서 반란이 발생하는 시기는 대규모 자연재해로 이재민들 발생, 후계자 문제를 둘러싼 정치적 혼동, 재정고갈로 충성파에 대한 보상이 미비할 때이다. 독재자는 자연재해 시 정치적 이해타산을 먼저 하며 이 과정에서 주민들 생명 구호는 정책의 우선순위에서 항상 밀려난다. 교활한 독재자는 자연재해로 자국민이 죽는 장면을 전 세계에 유포시켜 최대한 구호금을 받아낸다. 지원된 구호금은 독재자와 군부 등 충성집단에 사용된다. 즉 독재자와 군부 지지층은 악어와 악어새의 관계이다. 독재자는 최후 순간까지 지지층에 대한 보상을 통해 자신의 정권을 유지한다. 실패하는 경우 위기에 처한다. 독재자는 재정위기에도, 정치적 책임과 양심의 가책에서 항상 벗어나 있다.

## 나. 정치적 함의

북한 김일성 3대 세습 독재체재가 70년 이상 지속 가능했던 이유 중 하나는, 측근에 군부 충성 핵심 지지자들을 두었기 때문이다. 이들을 통해 주민들을 탄압했으며, 그 정도를 충성의 지표로 활용하며 서로 경쟁시켜 왔다. 현재 독재자 김정은 체제의 존망은 이들 군부 충성집단 행보에 달려 있다. 북한 독재자 김정은에게 주민들의 반란적 정치의식은 전혀 위협 대상이 아니다. 북한 김정은에게는 핵심 충성파 군부만이 주요 관심사이다. 이들 북한 체제 보위계층은 김정은과 운명공동체의 같은 배를 타고 있다. 이들은 망망대해를 항해하다 태풍이라는 국제제재를 당할 수도 있고, 순풍 중이라도 선상 반란이 일어날 수 있다. 특이한 것은 망망대해인지라 그곳에서 은밀히 자행되는 내용이 매우 제한적이자 사후적이다. 북한은 김일성 김정일이 급사했을 때도 이를 숨기고 있다 2~3일이 경과한 후 이를 발표했다. 그만큼 폐쇄적 공간이다.

북한의 수십 년간 지속 중인 경제적 파탄은 세습 독재자 3인의 의도된 수탈경제정책에서 비롯되었다. 북한 매체들은 김일성 3대가 주민들을 위해 불철주야 경제개선을 위해 노력 중이라며 선전공세 중이다. 그러나 항상 성과는 정반대이다. 북한은 한정된 재원들을 상류층 충성집단 군부들에게 배분하며, 핵무기 미사일 등 비대칭무기개발에도 우선하여 재원을 사용한다. 이 과정에 북한사람들은 소외계급이자 방관자들이며 자발적인 지지자들 입장이 된다. 극히 이율배반적이다. 정치적 비판의식조차 없다. 그럼에도 불구하고, 북한 김정은이 전례와 같은 수준으로 군부 충성집단에 보상을 지불하지 못 할 경우, 상황은 매우 가변적일 수 있다. 북한 김정은체제는 장기적으로 군부 행보에 달려 있다. 만약 북한체제 내 국가보위성 등 2중 3중 집권층을 감시하는 위치의 성원들조차 보상을 받지 못하는 경우, 사태가 급변할 것이다. 이들은 가족과 형제자매 일가친척 동료친구 등이 속해있는 주민들의 반란에 대해 이를 진압하지 않고 방관할 가능성도 있다.

김일성은 생전 "우리 인민군대는 조국의 자유독립과 우리 인민의 생명과 재산을 원수들의 침해로부터 영예롭게 지키고 있으며, 우리 당과 우리 혁명을 믿음직하게 보위하고 있습니다. 우리 인민군대의 불패의 위력은 그가 혁명적인 마르크스 레닌주의 사상으로 튼튼히 무장되고 노동계급을 선두로 하는 근로인민의 우수한 아들딸로 조직된 진정한 인민의 우수한 아들 딸로 조직된 진정한 인민의 군대라는 데 있습니다"[15]라고 말했다. 김일성의 신적 교시인 이 말은 북한 일반 인민군들에게는 이미 빈말이 되었다.

유엔북한인권조사위는 탈북 북한 군인들로부터 심각한 식량난에 대해 조사했다. 조사위는 "북한 군인들은 식량이 부족하자 밤에 민가에 내려가 식량과 가축을 훔쳤다. 상부로부터 '식량을 훔치지 말도록' 명령이 내려왔지만 약탈이 근절되지 않았다. 이런 약탈은 이미 1980년대 군대에서부터 시작되었다. 협동농장에서 일년 내내 일해도 군대가 와서 가져가니까 식량이 충분하지 않았다. …… 한 병사가 밤에 먹다 남은 밥을 먹다 걸려서 구타를 당했는데 이후 그 병사는 총을 빼 들고 여러 병사들을 죽였다"[16]고 보고하고 있다.

북한 인민군은 대표적인 독재자 측근 충성세력이다. 북한군 기원의 토대가 김일성의 소위 항일투쟁에서 비롯되었다고 주창한다. 이런 북한 군대가 이제 막바지를 향하고 있다. 최상층 지휘관까지는 아니지만 하위 계급은 이미 심각하게 동요하고 있다. 이미 도덕적으로 붕괴했다. 주민들을 수탈하면서 자괴감에 빠져 있다. 군인이 아니라 절도범이 되어 있다. 탈북한 많은 군인들이 이런 내용들을 증언했다. 기아로 생사의 문제에 직면한 이들 일반 군인들에게 소위 공산주의 철학, 대남혁명 사명감도 거론할 입장이 아니다. 독재자와 군부의, 악어와 악어새의 관계에 괴리가 진행 중이다.

# 36. 북한내부 체제붕괴, 군부 쿠테타 여건

## 가. 군부 쿠테타

공산당 이론에 의하면 "당은 곧 군대"라고 주장한다. 북한 노동당규약에는 "조선인민군은 항일투쟁의 영광스러운 혁명전통을 이어받은 조선노동당의 혁명적 무장력이다"라고 기술하고 있다. 공산폭력혁명을위해 군대의 무력이 실질적으로 중심 역할을 한다는 표현이다. 북한은군대가 민간인을 통제하는 사회다. 북한 내부 경찰인 인민보안성, 정보기관인 국가안전보위성의 요원은 모두 군인이다. 실제 북한 고위층들은군대 직책을 겸직하는 특징을 지닌다.

자유민주체제에서 상상할 수 없는 시스템이다. 공산주의 체제는 초기부터 이런 제도를 실행해 왔다. 북한도 예외는 아니다. 스탈린, 모택동, 김일성도 모두 군대 최고 통수권자이다. 이는 독재정권의 최고 지도자는 군대의 최고 지휘자임을 말한다. 독재체제 유지에 군대 힘이 절대적으로 필요하며 군대가 주민 통제의 근간이라는 또 다른 표현이다. 그럼에도 불구하고 독재체제 내부에서도 군부 쿠테타들이 발생한다.

영국 정치학자 Andrew Heywood[17]는 '군부 쿠테타[18]'이론[19]에서, 군부가 기본적으로 4가지 중요한 역할을 한다고 분석했다.

첫째, 전쟁도구로써 다른 정치체제에 반대하는 군사적 갈등과 충돌을 수행하는 것이 핵심적 목적이다. 둘째, 질서보장으로 군부가 지닌 고유 강제력과 효율성을 바탕으로, 국내불안과 분쟁을 진압한다. 군부는 정치적 정당성이 붕괴된 경우, 대중반란과 혁명으로부터 이를 지켜 주는 독재정권의 유일한 버팀목 역할을 한다. 셋째, 이익집단으로서 전문지식과 권력 토대의 이점을 이용해, 정책실행을 추진하거나 영향을 준다. 넷째, 민간을 지배하는 것으로 무기류의 통제와 강제력을 동원해 직접 정치 활동에 간섭할 수 있는 능력을 보유하고 있다. 극단적인 경우에 군부 통치도 할 수 있다. 군부는 비대중적 정부와 정권을 지탱해 줄 수 있지만, 또한 통치엘리트를 교체하거나 제거할 수도 있다.

또한 헤이우드는 군부 쿠테타 발생 여건들을 4가지로 구분했다. 첫째, 경제적인 후진성으로, 경제적 저발전은 군부 쿠테타와 연관이 있다. 1960년 이후 군사정부를 경험한 56개 국가들 대부분이 경제적인 후진국이었다. 둘째, 정당성 상실로써 현 체제와 엘리트들의 통치 정당성이 문제가 될 경우이다. 군부는 개입이 성공할 수 있다고 판단될 때 정치에 적극 개입할 수 있다. 셋째, 현재정부와 군부의 이해관계, 가치관, 특권, 독립성, 명성 등이 자국 정권으로부터 위협받거나 갈등관계에 있을 때다. 1964년 브라질 군부 쿠테타는 당시 대통령 골라르트의 좌파적 지식을 의심한 데서 발생했다. 1973년 칠레 군부쿠테타도 맑스주의에 경사된 대통령 아엔테를 피노체트가 의심해 피살했다. 넷째, 군부가 인접 국가들이나 지역적 국제적 조직과 국제적 공동체 영향을 받거나 국제적 압력이 군부의 행동을 견인할 때이다. 1973년 칠레 군부 쿠테타는 미 CIA가 라틴아메리카 내 미국 다국적기업 이익을 보호하기 위해 피노

체트를 지원해 발생했다.

## 나. 정치적 함의

김일성은 1970년 11월 북한 노동당5차대회에서 **"전체 인민이 다 무장하고, 전체 인민이 다 적을 미워하며, 전체 인민이 다 달라붙어 침략자들을 반대하여 싸울 때에는, 어떤 원쑤라도 능히 타승할 수 있다"**고 주장했다. 김일성의 이 군사노선 추진 지시의 당사자는 전체 인민이지만 가장 핵심적 당사자는 물론 북한군이다.

북한군의 특징 중 하나는, 실질적으로는 김일성 3대 세습 정권의 사병 역할을 수행한다는 점이다. 문제는 북한 군인들은 정치적으로 이를 매우 자랑스럽게 인식하고 있다는 점이다. 북한군은 공공연하게 체제보다 "목숨으로써 김일성 3대를 수호할 것"을 지상목표로 한다. 또한, 북한군은 정치적으로 소위 백두혈통 항일빨치산투쟁의 전통계승자로서, 인민군의 정치화를 통해 북한사회 전체를 통제 중이다. 김일성의 소위 항일운동을 조작하는 과정에서, 항일빨치산전통을 북한군부가 계승하고 있다는 논리이다. 북한 김일성신화 조작원천을 북한군부에 두고 있다. 북한체제는 김일성이 1932년 4월 25일 최초 무장부대 '항일인민유격대'를 창설했다고 날조하여, 우상화 선전선동에 활용하고 있다.

북한 군대는 전쟁도구, 질서보장, 이익집단, 민간지배 등 기본적인 4가지의 역할 외 낙후된 경제를 회복시키는 중추적 역할도 진행 중이다.

사회적으로 이를 당연시하고 있는 가운데 주요 건설현장에는 군대가 작업을 진행하고 있다. 또한, 북한군 간부들은, 여타 독재국가들과 달리, 상대적으로 노동당의 유일적영도체계확립10대원칙, 총정치국, 국가안전보위성 등 통제기제들에 의해, 보다 철저하게 정치적 군사적 견제와 감시하에 노출되어 있다.

북한 군부는 국제사회의 여타 국가들과 달리 민간정권과 군부가 서로 분리되어 있지 않다. 다수의 군부 최고위직 간부들이 당(黨)과 정(政)과 군(軍)의 중요 직책들을 서로 겸직하는 특징을 지니고 있다. 이는 독재자가 충성집단 측근들을 소수로 하여 집중적으로 관리하기 쉽게 하면서 반역의 싹을 자르기 쉽도록 인원을 최소화하는 통치술 중 하나이다. 또한, 북한은 스탈린에 의해 체제가 이식된 이래 70년 이상 전시동원 체제하에 있다. 이는 실질적으로 북한사회 전체를 군대가 통제하고 있다는 의미이다.

북한 군부는, 군사적으로 핵무기와 비대칭무기들로 무장력을 준비한 것 외 정치적인 수령결사옹위와 대남무력통일을 목표로 하는 정치의식화된 김일성 3대 신정독재체제의 핵심 엘리트 집단이다. 군부 엘리트가 되기까지 수많은 사상검증과 간고한 충성심의 테스트를 통과한 뼛속까지 붉은 친위집단이다. 따라서 단기적으로 북한군부가 기존 기득권 위험성을 감수하고 계획적으로 김정은을 제거할 가능성은 희박하다.

그러나 헤이우드 이론 관점에서, 대내적 대외적 4개 여건의 쿠테타 발생의 여건들이 성숙할 경우, 북한군부도 그 실행 가능성의 여지에서 자유로울 수 없다.

먼저 경제적 후진성 면에서 북한의 무모한 핵무기와 미사일 등 비대칭무기 개발의 지속이 결과적으로 경제난을 가속화시키고 있다. 경제적인 뒷받침 없는 독재자와 그 독재체제는 군부와 간극이 벌어질 수밖에 없다. 미국과 국제사회 대북압박 경제봉쇄조치가 철저하게 진행되는 경우, 밀무역 등 자력갱생으로 버텨 온 북한군부도 결국 막다른 다른 길을 강요받게 될 것이다.

둘째는 정당성 상실 면이다. 이는 보다 정치적이며 결정적인 문제가 될 수도 있다. 북한 독재자 김정은의 어머니가 재일교포 출신이라는 것이 북한군부에 알려지는 것이다. 김정은 출생의 일본 연관성 사실이 전파되면, 70년 이상 희생을 감내하며 공산혁명을 주창했던 김일성 세습통치 정통성이 하루아침에 상실되는 결정타가 될 수 있다. 북한체제에게 일본은 미국과 같이 제국주의 척결대상의 중요한 한 축이다. 김일성 항일빨치산 조작 우상화도 이런 대일 적대관에 기반하고 있다. 북한 김정은이 그간 열심히 김일성의 흉내를 내는 저변에는 이런 취약점을 보전하기 위한 고육지책이 숨겨져 있었다. 북한이 주민들에게 "김정은은 또 한 분의 김일성이며 김정일"이라고 정치교양하는 핵심적 이유도 여기에 있다.

셋째는 군부 갈등과 국제적 환경의 변화이다. 급변적 관점이지만, 보다 장기적·실질적인 여건이 될 수 있다. 북한체제의 정치적 군사적 지역적 후원국인 러시아와 중국의 정치적 내부정세의 급변이다. 러시아가 더 자유민주체제로 전환되고, 중국이 정치적으로 혼동국면에 처할 경우, 이러한 국제적 환경의 영향은 북한사람들 정치의식에 영향을 주어 북한내부 체제붕괴 여건이 보다 심화될 수밖에 없다. 시간문제다. 장기적으로 북한은 이런 내부 체제붕괴라는 역사적 궤도 선상에서, 내리거나 멈출 수도 없는 지경에 이미 들어섰다.

# 37. 북한내부 체제붕괴, 북한군부 핵심 주도

## 가. 북한군부는 체제 유지와 내부붕괴의 양날의 칼

북한군부가 유사시 북한체제 자체붕괴를 주도할 가능성이 있다. Gorden Tullock[20]은『Autocracy』[21]에서 "전제정치[22] 독재체제하 군부는 외부 적을 방어하나, 역설적으로 내부의 독재자를 제거할 가능성이 높다"고 주장한다.

역사적으로 독재자가 제거된 방법들은 ①쿠테타 ②전쟁 ⑧민중봉기였다. 그러나 확률적으로 가능성이 가장 낮은 것은 민중봉기다. 진정한 의미에서 민중봉기는 역사적으로 찾아볼 수 없다. 세계정치사에서 대부분 경우 전쟁에 의해, 쿠테타에 의해 독재자들이 타도되었다. 북한도 예외가 될 수 없다. 북한체제는 보위국과 보위성 등 2중, 3중으로 군부 감시 체계가 있지만, 유사시 북한 김정은 독재체제 붕괴는 결국 북한 상층부 군인에 의한 군부 쿠테타 가능성이 가장 높다.

독재체제에 대한 외부의 물리적인 간섭이 없는 경우, 그 체제는 지속적으로 이어진다. 특히 이런 독재체제가 군사적으로 주변 적대 국가들에 대해 억지력을 장기간 확보해, 내부 충성파들이 양성되면 체제 유지 동력이 된다. 그러나 외부 적대세력을 견제하기 위해 총력을 기울여 육성시킨 군사력이 오히려 유사시 독재자를 겨냥하는 양면의 칼도 된다. 북한체제에 대한 외부 물리적 압박은 북한체제 군사력을 강성하게 하지만, 이것 또한 북한체제의 붕괴를 이끌 수 있는 동력도 된다.

역사적으로 주민들과 독재체제가 반대하는 경우, 독재자는 권력이 유지되는 한 이를 수용하여 자신이 타도되지 않는 방안을 모색해 왔다. 독재자는 정치체제까지 바뀌어도, 온갖 수단을 동원해 자신의 권력은 절대 내놓지 않는다. 물론 현재 북한의 경우는 상기 정황과 매우 다르다. 그러나 시대와 상황은 변화하기 마련이다. 특히 접경하고 있는, 북한의 정치·군사적 후원국, 중국이 국제적으로 정치적 혼란 국면에 직면하는 경우, 북한의 상황은 더욱 획기적일 수밖에 없을 것이다. 그때 북한 김정은 독재체제는 정치체제의 선택의 기로에 직면하여, 내부적으로 체제 붕괴의 선택을 강요받게 될 것이다.

대부분 독재체제 독재자는 전쟁과 쿠테타 등에 의해 제거되지만, 이후의 체제에서도 국민들의 여론과 사상은 체제 유지에 막대한 영향력을 발휘한다. 민주주의가 발달한 이유 중 하나는 개개인의 이해관계를 정치적으로 합의된 방식으로 구현한 데 있다. 이런 면에서 장기적으로 북한 주민들에 대해 자유민주 정치체제, 자본주의 시장경제 정치의식 제고를 위해 북한내부에 이를 전파시켜 나가야 한다. 이 일련의 조치들도 통일의 한 과정이 되어야 한다.

독재체제는 세습을 통해 권력을 유지해 왔다. 이 과정에 독재자들은 아들과 후계자에 의해 살해된 역사들도 있다. 만약 북한을 외부압력도 없이 지속적으로 방임하면 한국국민들과 북한 주민들이 계속 희생될 것이다. 북한내부 독재체제 붕괴과정에서, 북한군부의 역할이 이런 면에서 주시된다.

Milan W. Svolik[23]은 1946년부터 2008년까지, 316명의 독재자가 비헌법적 방식으로 축출된 원인을 조사했다.[24] 권력을 잃은 방법이 확인된 303명중 63%인 205명이 정권 내부 쿠테타에 의거 제거되었다. 독재정치 정권교체는 독재정권 지배자들 사이에서 발생함을 증명했다. 민중봉기는 11%인 32명, 민주화운동은 10%인 30명, 암살은 7%인 20명, 외국개입은 5%인 16명 등으로 밝혀졌다.

북한 김정은 독재체제 붕괴도 장기적 관점에서 이런 전례에서 자유로울 수 없다. 지금까지 북한체제는 군부의 충성경쟁과 극도의 상호 감시하에서 권력이 유지되고 있다. 하지만 북한정권 내부갈등 발생 시 군부 쿠테타 발생 가능성도 그만큼 상대적으로 높아질 수 밖에 없다.

권위주의 독재체제 아래 주민들에 대한 통제는, 소수의 권위주의 충성파가 다수의 권력에서 배제된 대중들을 억압하는 방식이다. 이 과정에서 갈등이 발생한다. 군대를 활용한 통제과정에서 독재자와 군대 간 권력적 역학관계가 수립된다. 이때 독재 권력의 군대는 양면의 칼이 된다. 독재자는 군대로부터 자신의 권력을 지킬 수 있다. 이 과정에서 군대는 필요 이상의 힘을 비축하게 되며, 이후 독재자까지 축출할 수 있다. 이것이 '독재자 딜레마'[25]이다.

북한체제는 전체 사회가 상시 준전시 체제이다. 사회조직들이 군 조직화 되어 있다. 유사시 이미 편성된 군부대 편제대로 바로 투입된다. 학생들도 군대 편제로 되어 있고 몇 년간 훈련이 정례화되어 있다. 북한 군부는 김정은의 지시로 철저하게 주민들을 통제한다. 보위성과 보안성의 인원들도 모두 군인 신분이다. 유사시 북한군부는 김정은에 대해 대항할 수 있다.

독재자가, 반대자를 제거하기 위해, 군대에 의존하면 할수록, 그 과정에서 군대는 더욱 도덕적으로 타락한다. 독재자는 군대에게 자원과 특권들을 부여한다. 군부는 이 과정에서 필요 이상 특권과 정책적 양보를 부여받는다. 그러나 독재자는 이런 자세한 내막들을 모르거나 무시하게 된다.

북한은, 1990년대 초 소련과 동유럽 공산 국가들이 민주주의로 체제 전환을 하고, 김일성이 사망하고, 경제난까지 겹치는 위기에 직면했다. 이에 대해 김정일은 소위 선군정치를 내걸고 군부중심 독재정치를 강화했다. 이런 과정에서 군인들이 이권사업 개입, 민가에 침입, 강탈행위 등을 자행했지만, 대부분 묵인되었다. 이는 김정일이 경제난으로 군대를 돌볼 여력조차 없는 곤궁한 국면에 처해 있었음을 스스로 인정한 것이다.

## 나. 정치적 함의

유엔북한인권조사위는, 탈북한 군인이 진술한, 김정일의 1996년 12월 연설 내용을 공개했다. 조사위에 의하면 김정일이 "인민군이 식량을 공급받지 못하고 있다. 적들이 우리 어려움을 알고 우리가 망할 것이라며 우리를 침입하려 노리고 있다. 우리에게 군량이 없다는 걸 아는 순간 미제국주의자들이 쳐들어올 것이다"[26]라고 말했다고 전한다. 당시 김정일이 식량난 책임을 회피하고 소위 외부 적을 거론하며, 내부결속을 도모하는 저의를 표출하고 있었다. 현재 진행 중인 국제적 대북압박과 북한 내부 경제난은 독재자를 곤궁하게 하고 있으며, 이를 계기로 정치의식이 변화된 군부는 독재자를 타도할 수 있다.

이런 가운데 북한군부 상층부와 하층부에, 김일성의 6.25동란 침범, 김정일의 KAL기 폭파 지시 등, 대남 테러에 대한 반민족적 전횡의 진실들이 내부에 확산되면, 보다 치명적 결과로 증폭될 것이다. 더구나 김정은이 그동안 비난해온 일본의 교포출생이라는 사실이 북한군부에 인지되는 순간, 김일성 정치신화에 근거한 신정체제는 더욱 급격히 무너질 수밖에 없다. 북한체제가 한국의 대북 심리전을 가장 두려워하는 결정적인 이유가 여기에 있다. 이런 대내외 여건들은 북한체제 독재자, 충성집단, 주민들 간 갈등을 격화시킬 것이다. 결국 일련의 과정에서 북한체제 수호 임무를 맡은 군부의 힘이 막강할수록, 역설적으로 '독재자 딜레마'에 의해 북한내부 체제붕괴가 앞당겨지는 현상이 발생될 것이다.

부 록
주 석
참 고 문 헌
찾 아 보 기

# 1장

1) 출처 : 조선일보 2020년 10월 5일 A27면

2) 윤여상, 『북한 정치범수용소의 운영체계와 인권실태』 (북한인권정보센터, 2011)

3) 소련군 영향력이 닿는 지역 정치, 경제, 사회 문화를 수입 또는 토착공산당 지도하에 스탈린 지시대로 전환하는 것

4) 소련이 수입한 공산주의자 : M. Rakosi(헝가리), K.Gottwald(루마니아), W.Ulbricht(동독), E.O.Morawski(폴란드), G.Dimitrov(불가리아) 등 소련 시민권자

5) 김국후, 『비록 평양의 소련군정』 (서울 : 도서출판 한울, 2008)

6) 일본은 패망 직전 평남도지사로 민족지도자중 1인인 고당 조만식으로 하여금 행정권을 이양받게 함. 조만식은 1945.8.17. 평남건국준비위원회를 조직해 치안과 민생문제 등을 처리

7) 김일성, 『김일성저작집(3)』 (조선로동당출판사, 1979.4.15), p. 347.

8) 김일성, 『김일성선집』 (조선로동당출판사, 1963년판), p.15.

9) 김일성, 『김일성저작집(4)』 (조선로동당출판사, 1979.4.15), p.308.

10) 김일성, 『김일성저작집(2)』 (조선로동당출판사, 1979.4.15), p.367.

11) 김일성, 『김일성저작집(2)』 (조선로동당출판사, 1979.4.15), p.367.

12) 김일성, 『김일성저작집(2)』 (조선로동당출판사, 1979.4.15), p.355.

13) 인간에게 우열이 있다는 전제 아래 최고 두뇌를 가진 한 사람이 지도자가 되어 자기 민족을 지도해야 한다는 원리. 지도자의 절대적 권위와 대중의 무조건 복종을 요구하는 근거와 독재 정부의 정당성을 부여하는 개념.

14) 김옥주, "소련의 의학사상 파블로프 이론과 스탈린주의 결합", 『한국과학사학회지 』 22권 2호(한국과학사학회, 2000), pp. 240-246. 서동오, "공포의 생성과 소멸 : 파블로프 공포 조건화의 뇌회로를 중심으로" 『한국심리학회지』 vol. 18(한국실험심리학회, 2006), p.2

15) Herbert Hyman, Political Socialization, (New York : The Free Press, 1969). p.10.
Roberta S. Sigel(edited) Political Learning in Adulthood,(Chicago The University of Chicago Press, Ltd, 1989), p. 458

16) 김세철, "마르크스와 레닌의 언론관", 『신문학보』 423 호. 한국언론학회, 1988, p.118

17) 란코프, 전현수역 『소련공산당과 북한문제』 (경북대출판부, 2014.8, 대구), p. 17

18) 김국후, 『비록 평양의 소련군정』 (도서출판 한울, 2011.9, 파주), pp.204-205

19) 김일성, 『김일성저작선집 제3권』 p.305

20) 『현대조선말사전』 (평양종합인쇄공장, 과학백과사전출판사, 1981.12.10.평양). p.1436

21) 같은 책자, p. 1431

22) 같은 책자, p.1342

23) 인간에게 우열이 있다는 전제아래 최고 두뇌를 가진 한 사람이 지도자가 되어 자기 민족을 지도해야 한다는 원리. 지도자의 절대적 권위와 국민대중의 무조건 복종을 요구 하는 근거와 독재정치 정당성을 부여하는 개념으로 활용.

24) 2018년 2월 25일 노동신문 논설. "김정은동지의 《혁명적인 사상공세로 최후승리를 앞당겨 나가자》 불후의 고전적로작를 발표한 때로부터 오늘에 이르는 4년간은 우리 당 사상 사업에서 혁명적 전환이 일어나 부강조국건설사에 사변들이 다단계로 이룩된 나날이었다. 당 선전일군들의 투쟁정신과 일본새가 달라지고 사상사업의 형식과 방법이 일신되였다"고 보도

25) 한국 평창동계올림픽(2018.2.9~25) 개막식행사 참석차 방한(2018.2.9.~11)

26) 강운빈, 『위대한 주체사상총서6 ; 인간개조론』 (평양 : 사회과학출판사, 1985), p.236

27) 2018년 2월 25일 노동신문논설

28) 김정은로작 "혁명적인 사상공세로 최후 승리를 앞당겨 나가자"(주체 103, 2014년 2월 25일 노동신문논설.)

29) 2018년 2월 25일 노동신문논설

30) 김일성, 김일성선집(1963년) p.15

31) 출처 : 최대회 역, Helmut Altrichter 저 『소련소사 : 1917–1991』(서울 : 창작과 비평사, 1997.1), pp. 133–157.

32) 출처 : 『김일성저작선집 제2권』(평양, 1959년), pp. 375–376

33) 백과사전출판사, 『광명백과사전제2권 : 세계의 력사』(평양 : 평양종합인쇄공장, 주체99(2010)년 4월10일), pp. 562–563.

34) 출처 : 북한 노동신문, '사회주의 진영을 옹호하자', 1963년 10월 28일.

35) U.S. Department of State, North Korea A Case Study in the Techniques of Takeover (Washington, D.C. G.P.O 1961), p. 103. * 영문표현은 비밀서약에 대해 "Articles of Faith"로 표시. 김일성의 스탈린 예방기간 (1949.3.4. ~ 4.7)

36) 통일연구원 역, 『2014유엔인권이사회 북한인권조사위원회보고서』(통일연구원.서울,2014), p.392

37) Theda Skocpol : (1947– ), 미 하버드대 여성교수(1975–), 사회학자 정치학자 미국정치학회장, 예술과학 아카데미 회원. 하버드대 대학원장, 세계 최고 권위 정치과학상 "요한 쉬테 정치학상(Johan Skytte Prize in Political Science)수상, 비교역사분석과 미국정치발전 연구. 프 러 중 혁명들 비교 분석한 'Staties and Social Revolution, 주요저서 : 'Vision and Method in Historical Sociology, 1984', 'Protecting Soldiers & Mothers, 1992', 'Diminished Democracy, 2003' 등

38) 이미숙 역, 부루스 부에노스 데 메스키타, 알라스테어 스미스 저 『The Dictator's Handbook, 독재자의 핸드북. 사상 최악의 독재자들이 감춰둔 통치의 원칙』(서울 : 웅진싱크빅, 2012), pp. 71–311

39) 조창현, 『북한 권력구조 특징에 관한 연구』(서울 : 육군교육사령부, 2000). 성준혁, "북한인민보안부에 관한연 구", 경남대대학원 박사학위논문, 2015.

40) 상기 2014유엔인권이사회, p. 594–495

41) 상기 2014유엔인권위, p.596

42) 윤대일(국가안전보위부 소좌, 함북 무산군 보위부 반탐정과 지도원, 1998년 귀순), 『악의 축 집행부–국가안전 보위부의 내막』(월간조선사, 2002.07.20.)

43) 상기 2014유엔인권위, p.342

44) C. Merriam, Political Power(Glencoe : The Free Press, 1950), p.220. (The sword is the symbol of authority, the sign of the short way to rule. And many rulers counsel its ready and free employment. Yet force may be regarded not as the highest expression of authority but its supreme confession of failure in modern times.)

45) 통일연구원 역, 『2014유엔인권이사회 북한인권위원회보고서』(통일연구원, 2014.7), pp. 15–16

46) 미국 국무부, 2019년 3월 13일(현지시간) '2018 국가별 인권보고서' 발표

47) 김일성, 『철학사전(북한평양, 사회과학원철학연구소편 종교), p.573

48) Marcin Kula : 역사학자 사회학자, 1943년생, 바르샤바대학 사회학과 교수. 폴란드 역사학회와 사회 학회 회 원. 주요저서 : 『1933년 쿠바혁명』, 『과거 거부할 수 없는 유산』, 『역사적 기억의 수레』, 『전통의 선택』, 『종교로 서의 공산주의』, 『과거와 미래사이』, 『역사활용에 대한 간략 보고서』, 『최고 당국에 대한 요구』, 『공산당 통치기 구로서의 공산당지구당』 등

49) 이종훈 역, 마르친쿨러 저 『종교로서의 공산주의』(서울, 대중독재2 : 책세상, 2005.10), pp. 67–89

50) 김창영, 『교회용어사전』(서울, 생명의 말씀사, 2013.9), p. 184

51) 김창영(2013), p. 321

52) 김창영(2013), p. 143

53) 북한 사회과학출판사, 『영도체계』(1989), p. 11, pp.15–16

54) 김창영(2013), p. 23

55) 박형식, "기독교조직신학 유추를 통한 김일성주체사상의 비판적 분석"(정치전문대학원 박사논문, 2016.2), pp.22–25

56) 사회과학출판사, "위대한 김정일동지를 우리 당의 영원한 총비서로 높이 모시고 주체혁명위업을 빛나게 완성

57) "개인의 육체적 생명은 끝나도 그가 지닌 사회정치적생명은 사회정치적생명체와 더불어 영생하게 됩니다. ······ 수령의 령도밑에 인민대중의 자주위업을 위한 성스러운 길에 한생을 바친 사람들은 그의 육체적 생명은 비록 끝나도 사회정치적생명은 사회정치적생명체와 더불어 영생하게 된다"(출처 김정일선집 제9권, p. 272)

58) 원광연 역, John Calvin 저 『기독교강요』(경기 고양, 크리스챤다이제스트, 2003), p. Ⅳ.20.1

# 2장

1) 『레닌주의의 문제에 대하여, 1926, 스틸탈린전집 제 2권』, (학우서방, 동경, 1966), p. 12. (재인용 원전 공산주의 대계, p. 307)

2) "반제반미투쟁을 강화하자", 1967, 『김일성저작선집 제4권』(노동당출판사, 평양, 1968), p.521

3) 김일성, 『김일성저작선집 제5권』(노동당출판사, 평양, 1968), p. 194

4) 출처 ; 김일성, 조국전선 기관지 『조국통일』 1968.2.28.

5) 김일성, 『김일성저작선집 제4권』(노동당출판사, 평양, 1967), pp.484-485

6) 김용규, 『태양을 등진 달바라기』(서울, 글마당, 2013)

7) 이상우, 『북한정치변천』(서울 : 도서출판오름, 2014), p.427

8) 김용규(2013), p.243

9) 김일성, 『우리의 혁명과 인민군대의 과업에 대하여』, pp. 139-140. 『공산주의대계』(서울,1985), p. 771

10) 출처, 2020년 10월 21일 조선일보 A14면

11) 김정일, "당사상사업을 더욱 개선 강화할 데 대하여 : 사상일군대회결론"(외국문출판사,1981.3,평양)

12) 출처, 한국 두산백과사전

13) 출처, 북한발행 『현대조선말사전』, p. 1047. p. 1050.

14) 레닌은 "프롤레타리아트는 민족주의의 어떤 고정화도 지지할 수가 없다. 그와 반대로 프롤레타리아트는 민족 적 차이의 불식과 민족적 울타리의 소멸을 꾀하는 모든 것을 지지한다. 민족간의 연결을 더욱 긴밀하게 하여 여러 민족을 융합으로 이끄는 모든 것을 지지한다. 이 이외의 행동을 취하는 것은 반동적인 민족주의적 소시민의 편에 서는 것을 의미한다." 라고 하여 세계공산혁명수출을 위해 전통 개념의 민족주의를 자체를 배격. 출처 : 『민족문제에 대한 논평』 1913, 레닌전집 제20권, pp. 20-21

15) 북한 사회과학원철학연구소, 『철학사전』(사회과학출판사, 1970.10.10., 평양) pp.259-260

16) 북한 『김일성선집 5권』, 1965년판 p.434

17) 북한 『김일성선집 5권』, 1965년판 p.236

18) '소련을 선두로 하는 사회주의 진영의 위대한 통일과 국제공산주의 운동의 새로운 단계', 1957, 『김일성 선집 제15권』, p. 236

19) 아리스토텔레스가 정립한 논리학 기본원리. principle of contradiction. 논리학용어. 동일률(同一律)과 배중률(排中律)과 함께 3대 원리. "A를 하나의 명제로 할 때 'A는 A가 아니다'라고 말하는 것은 앞뒤가 맞지 않는 말이며, A의 내용이 무엇이든 그 말은 항상 옳지 않다. 따라서 'A는 A가 아니다 일수는 없다'는 항상 옳은 명제. 즉 논리적 진리로 된다는 말이다. 이 진리를 모순률이라고 한다." '모순이 있는 것을 주장해서 안된다'는 금칙(禁則)의 의미로 모순률이라는 말을 사용. 논리학 근본 규칙 (출처 : 두산백과)

20) 蔡孝乾, "모택동의 군사사상과 인민전쟁의 연구" 월간 『안전보장』, 1974

21) 『김일성저작선집 제4권』 (평양, 조선노동당출판사, 1968), p.233

22) 모택동, "모순론", 『모택동선집, 제1권』(북경, 외교출판사, 1976)

23) 모택동, "인민내부 모순을 시정할 데 대해", 『모택동선집, 제5권』(북경, 외교출판사, 1977)

24) 양적변화가 일정한 기초위에 진행되다 이 양의 변화가 어떤 초과 과정을 넘게되면 본래 질의 변화가 일어나는 현상. 물의 온도가 점차 높아져 100도를 넘게 되면 물은 평상시 질의 형태를 잃음. 반대로 온도가 내려가 0도가 되면 역시 물의 평상시 질인 액체에서 고체로 변화 (엥겔스 자연변증법서론(1896), 『맑스 엥겔스선집 Ⅱ』(평

양 : 조선노동당출판사, 1963), pp. 60-80

25) 否定의 否定을 의미. ①부정은 일종의 발전이고 발전은 대립물의 통일 ②부정은 대립면과의 투쟁을 통해 전진. 매번의 부정은 모두 대립면의 투쟁을 통해 앞의 한 발전단계를 극복. 그 속에 존재하는 적극적인 요소를 보존 ③부정은 형식적으로 본래 사물에 대해 부정적이지만 본래 그 기점으로 회복하는 것이 아니고 지양하는 과정을 거쳐 새로운 기점으로 발전, 즉 부정은 발전을 의미하며 대립에 대한 변화이고 사물발전의 기본 형식.

26) 마르크스 혁명이론. 사회계급을 유산계급과 무산계급으로 양분. 이 두 계급간은 끊임없는 투쟁이 계속된다는 공산주의 이론. 유산자와 무산자간 상부상조는 완전히 배제하고 무시한 폭력선동론. 중간층 존재와 재산가가 되겠다는 무산자의 꿈을 짓밟는 독단론. (실제는 상기 마르크스 주장과 달리 양자간 대립보다 협력으로 쌍방이 더 많은 이익을 보는 경우가 많음)

27) 마르크스, 『공산당선언』(1848), 맑스 엥겔스 레닌 스탈린 혁명이론 및 전술 (평양 : 조선노동당 출판사,1965), p.19

28) 마르크스, 『자본론』 제1권(평양 : 조선노동당출판사, 1964), p.72

29) 노동계급독재. 폭력혁명으로 정권을 취득한 후 일부 남아 있는 자본가 계급을 엄격히 보복하고 그 잔재를 없애기 위해 노동계급이 독재를 해야 한다는 공산주의 이론. 공산주의는 이를 참다운 민주 주의라 지칭. 이는 1인 독재체제를 합리화 하기 위한 수단.

30) 마르크스, 『와이데미에르에게』(1852), 『마르크스 엥겔스선집(Ⅱ)』(북경, 인민출판사, 1974), p.527.

31) 마르크스, "코다강령비판"(1875), 『마르크스 엥겔스선집 제3권』(북경, 인민출판사, 1974), p.21

32) 레닌, "항가리 노동자에게 경의를 드린다"(1919), 『레닌전집제29권』(북경, 인민출판사, 1974), p.351.

33) 장개석, 『중국속의 소련』(대북 : 중앙문물사, 1968), pp.431-433.

34) 장개석, 『중국속의 소련』(대북 : 중앙문물사, 1968), p. 81.

35) 김일성, 『김일성저작선집제1권』, (노동당출판사, 평양, 1967), pp.575-576

36) 김일성, 『김일성저작선집, 1970』, pp.492-493

37) 레닌, "전쟁과 평화에 관한 보고(1968)", 레닌전집제27권(북경 : 인민출판사, 1974), pp.73-113.

38) 출처, 소련국방성자료, 김국후, 『비록 평양의 소련군정』(도서출판한올, 9011.9, 파주), p. 61

39) 1928년 코민테른(comintern)의 "1국 1당의 원칙"에 따라 중국에 활동하던 조선인도 중국공산당에 가입하여 활동

40) 모택동, 『모택동선집 제2권』(북경인민출판사, 1952년), p.76

41) '연합정부에 대하여', 1945, 『모택동선집 제 3권』, pp.351-353

42) '중국혁명의 새 고조를 맞이하자', 1947, 『모택동선집 제4권』, pp.131-132

43) 김일성, 『김일성저작선집제1권, 1945년』, p. 2

44) 공산당이론기관지 『공산당인』 발간사(1939.10.4., 모택동선집제2권)

45) 『관념론적 역사관의 파산』(1949.9.16, 모택동선집제4권)

46) 『김일성저작선집제6권』 p. 277

47) 모택동, 『전쟁과 전략문제』(1938.11.6)

48) 김일성, 1963.2.8 인민군창건 15주년기념 연설, 노동신문

49) 장개석, 『정치작전개론』(자유중국정치작전학교, 1973.1).

50) 션즈화(沈志華) 저, 金東吉등 3명 역 『최후의 天朝』(서울, 도서출판 선인, 2017.5), p. 741
    션즈화(沈志華)는 상해국제냉전사연구소센터 소장이며, 중소관계, 냉전사분야 세계적 권위자

51) 1957년 중국의 대외원조 총액은 20억위안. 이중 북한과 베트남이 각각 8억위안, 몽고-알바니아 등에 4억위안 지원 (『주은래 연보 1949-1976』 中卷, p. 52)

52) 중국외교부당안관, 204-00003-01, pp. 1-3, 션즈화(2017), p. 741

53) 모택동과 조선대표단 회담기록, 1958년 12월 6일, 션즈화(2017), p. 742

54) 모택동과 조선로동신문대표단 담화기록, 1963년 4월 26일, 션즈화(2017), p. 743

55) 션즈화(2017), p. 743

56) 션즈화(2017), p. 746

57) 중국외교부당안관, 106-00719-09, pp.4-5

58) 중국외교부당안관, 106-00719-04, pp.39-40, 션즈화(2017), p. 747.

59) 중국외교부당안관, 106-00719-06, pp.49-54, 션즈화(2017), p. 747

60) 중국외교부당안관, 106-00767-01, pp.1-13, 션즈화(2017), p. 747

61) 중국외교부당안관, 106-00128-03, p. 152, 션즈화(2017), p. 748

62) 김일성, 『현정세와 우리 당의 과업』1966(노동당출판사, 평양, 1968), p.365

63) 출처 : 2020년 11월 12일 조선일보, A4면

# 3장

1) Kar Mannheim 저, 임석진 역, 『Ideologie und Utopie, 이데올로기와 유토피아』(서울 : 청아출판사, 2003), p.81.

2) 이극찬, 『정치학』(경기 파주 : 법문사, 2006년), pp. 287-288.

3) 통일연구원역, 『2014유엔인권위북한인권보고서』(아미고디자인, 2014.7,서울), p. 616

4) 작풍 : '품성, 태도'를 지칭하는 북한 말

5) 서울대행정대학원통일정책연구팀, 『남과 북 뭉치면 죽는다』(랜덤하우스, 2004.1, 서울), p. 84.

6) 1987.11.29 KAL폭파범 김현희 증언. 조갑제, 『김현희의 하느님』(서울 : 고시계사, 1990.8.1), pp. 71, 95, 102-103.

7) 박형식, "기독교조직신학 유추를 통한 북한김일성주체사상의 비판적 분석" 박사 논문

8) 1968.1.21 청와대 습격 유일 생존 무장간첩 김신조 목사 증언. 같은 책 조갑제(1990), pp. 191, 208-209.

9) 안명철, 『완전통제구역』(서울 : 도서출판 시대정신, 1989.10), pp. 280-281.

10) 신동혁, 『북한 정치범수용소 완전통제구역 세상 밖으로 나오다』(서울 : 북한인권정보센터, 2012.9.10.), pp. 312-313

11) 김혜숙, 『북한정치범수용소 28년 수감자의 수기 눈물로 그린 수용소』(서울 : 도서출판 시대정신, 2011.4.5), pp. 193-195.

12) 김현희 증언, 조갑제 같은 책, p.83.

13) 김일성, 『김일성저작선집 제7권』, 평양, 1977), p.355

14) 출처 : 신일철, 『북한주체사상의 형성과 쇠퇴』(서울 : 생각의 나무, 2004), p.462

15) "수령은 사회정치적생명체의 중심이며 인민대중의 의사를 체현한 최고 뇌수입니다" (김정일선집, 제12권, p.292

16) 김현희 증언, 조갑제 같은 책, p.105

17) "수령은 인민대중을 의식화, 조직화하여 하나의 정치적 력량으로 단합시키는 통일단결의 중심이며 과학적인 리론과 전략전술로 인민대중의 혁명투쟁을 승리에로 이끌어 나가는 령도의 중심입니다" (출처 : 『김정일선집 제11권』, p.70)

18) 김현희 증언, 조갑제 같은 책, p.72.

19) 김현희 증언, 조갑제 같은 책, p.102.

20) 북한 발행, 『광명백과사전 철학』(백과사전출판사, 평양종합인세공장, 주체100(2011)), p.18

21) 북한 발행, 『김일성동지략전』(조선로동당출판사, 1972) p. 51

22) 000대회00대표, 『북한방문기 000이 00 있었네』 (서울, 시와 사회사, 1993년)

23) 북한 발행, 『조선로동당력사』(조선로동당출판사, 주체93), p. 35, P. 39

24) 000 교수, 000000 정책007기획000, (출처 : 『00전쟁연구』 1990.9)

25) 000, 000 00의원, (출처 : 『000 정치-000와 000 비교연구』1981)

26) 월간 『북한』, (서울, 북한연구소 1999.10), pp.134-145

27) 재인용 출처 : 러시아독립국가연합-구소련 국방성중앙공문서 보관소 소장, 88여단에 관한 기록문서 분류번호 66-3191-2-1415

28) 문강형준 역, Alberto Toscano저 『Fanaticism, 광신』(후마니 타스, 서울, 2002.2.), pp. 14-44

29) 문강형준 역, Alberto Toscano저 『Fanaticism, 광신』(후마니 타스, 서울, 2002.2.), pp.14-44

30) 황장엽, 황장엽『회고록』(서울 : 시대정신, 2010년 10월), P.7

31) 북한 발행, 『김일성김정일주의의 력사적 의의는 무엇인가』(평양, 평양출판사. 주체105(2016)년 3월21일), p. 259

32) 조행복 역, Richard Over저 『The Dictators, 히틀러 대 스탈린, 권력작동 비밀 독재자들』(한영문화사, 서울, 2008), pp. 447-502

33) 신동혁, 『북한 정치범수용소 완전통제구역 세상 밖으로 나오다』(북한인권정보센터, 2012.9, 서울), p. 312

34) Ernst Cassirer, The Myth of the State(New Haven : Yale University Press, 1946), pp. 3-4.
최명관 역, 『국가의 신화』(서울 : 현대사상사, 1979), pp. 7-8.

35) Georges Sorel, Reflection on Violence(Glencoe, Illinois : The Free Press, 1950), pp. 48-58.

36) 영국출신 미국사회학자. 국가다원론자. 주의주의적다원론 주장. 1930년대 방법론논쟁 참가. 통계주의 행동주의 자연과학주의 비판. 사회집단을 구분하는 이론체계를 통해 국가론 권력론 사회병리론 전개

37) R. M. MacIver, The Web of Goverment (New York ; The Macmillian Company, 1947), p. 4.

38) 캐나다 출신 미경제학자(1908-2006), 1977년 출판한 『불확실성의 시대』를 통해 현대사회를 '사회를 주도하는 지도원리가 사리진 시대'라고 분석.

39) John K. Galbraith, The Age of Uncertainty (Boston : Houghton Miffin Company, 1977)

40) 김동규, 『김일성과 문선명』(경기파주 : 교육과학사, 2014년) pp. 44-56

41) 통일교육원, 『2019북한이해』(통일부통일교육원, 서울, 2019), pp. 184-194

42) 권태면, 『북한에서 바라 본 북한』(중명출판사, 2005.10, 서울), pp.61-62.

43) 통일연구원역, 『2014유엔인권위북한인권보고서』(아미고디자인, 2014.7, 서울), p. 105.

44) Carl J. Friedrich and Zbigniew K. Brzezinski, Totalitarian Dictatorship and Autocracy(New York : Frederick A. Praeger, 1964), pp. 9-10.

45) 조행복 역, Richard Overy저 『The Dictators, 히틀러 대 스탈린, 권력작동 비밀독재자들』(한영문화사, 서울, 2008), pp. 242-243, 884-887.

46) 조행복 역, Richard Overy(2008), pp. 884-887.

47) 통일연구원역, 『2014유엔인권조사위 북한인권조사위보고서』(아미고디자인, 서울, 2014.7), p.437

48) 통일연구원 역, 『2014 유엔인권조사위 북한인권조사위원회 보고서』(통일연구원, 서울, 2014.7), p.437

49) 출처, 2017년 2월 4일, 조선일보.

50) 조행복 역, Richard Overy 저 『The Dictators, 히틀러 대 스탈린, 권력작동 비밀 독재자들』(한영문화사, 서울, 2008), p. 878

51) 『政治學 사전』(동경, 平凡社, 1954), p. 804

52) 강철환, www.nkhumanrights.org

53) 이극찬, 『정치학』(법문사, 서울, 2006), p. 591.

54) 황수연 역, Gordon Tullock 저 『Autocracy, 전제정치』(경성대학교출판부, 부산, 2011), pp. 184-185.

55) 호혜일, 『북한 요지경』(도서출판 맑은소리, 2006.6, 서울), pp.377-381

56) 김이석 역, 프리드리히 A. 아이에크 저 『노예의 길』(나남, 2015.11, 파주), p. 225.

57) 조행복 역, Richard James Overy 『THE DICTATORS, 독재자들 히틀러 대 스탈린, 권력작동의 비밀』(서울 : 교양인, 2008) pp. 875-895.

58) 1956년 2월 14일-25일, 소련공산당 제20차 대회 비밀회의, "개인숭배와 그의 제결과에 대하여"

59) 일간노동통신사, 『중소논쟁주요문헌집』(일본 동경, 일간노동통신사, 1965), p.1030

60) 홍진표, 『북한의 진실』(시대정신, 2004.12, 서울), p. 107

61) 주성하, 『서울에서 쓰는 평양 이야기』(도서출판 기파랑, 2010.10, 서울), p.230.

62) http:/www.boannews.media/view

63) 미셸 푸코 : 1926-1984. 프랑스 정치학자, 철학자, 문명비평가, 저서 : 『정신병과 인성』 『광기의  역사』 『감시와 처벌』 등

64) 미셸 푸코, 오생근 역 『감시와 처벌』(서울, 나남, 2000), pp. 213-350,  351-445.

65) 홍정기, "북한사회통제기제 분석과 체제유지 및 변동요인 연구", 2016, 경기대학교 박사논문, pp. 105-208

66) 통일연구원 역, 『2014유엔인권이사회 북한인권조사위원회 보고서』(통일연구원, 서울, 2014.7), p.99

67) 주성하, 『서울에서 쓰는 평양 이야기』(도서출판 기파랑, 2010.10, 서울), p. 229.

68) 중앙일보 2012년 9월 29일 28면

69) 모택동, 『전쟁과 전략문제, 모택동선집제2권, 1938』(중국 북경, 외교출판사, 1968), pp. 293-294

# 4장

1) 북한 6차례 당대회 기간 : ①제1차(1945.10.10.) ②제2차(1948.3.27.-30) ③제3차(1956.4.23.-29)  ④제4차 (1961.9.11.-18) ⑤제5차(1970.11.2.-13) ⑥제6차(1980.10.10.-14)

2) 홍진표, 『북한의 진실』(시대정신, 1998.10, 서울) p. 108.

3) 출처, 2020년 8월 7일 연합뉴스

4) 조현수, "상징과 정치 : 민주주의체제와 전체주의체제의 상징에 대한 비교분석", 2010년, pp. 203-204

5) 정병호, "극장국가 북한의 상징과 의례", 평화문제연구소, 『통일문제연구』, 제22권 2호(2010),

6) Robert C.Tucker, Politics as Ledership(Columbia University of Missouri Press, 1981), p. 15

7) 사회과학원, 『혁명의 위대한 수령 김일성동지께서 창시하신 당의 유일사상체계를 확립하기 위한 사상과 그 빛나는 구현』(평양 : 사회과학출판사, 1973), pp.16-17

8) 사회과학출판사, 『영도예술』(서울 : 지평, 1989), p.11, 위의 책 p. 599

9) 연합뉴스, 『북한용어소사전』(연합뉴스, 2003.7, 서울), p. 358

10) 과학백과사전출판사, 『현대조선말사전』(과학백과사전출판사, 1981.12, 평양), pp.2338-2339

11) 김진계, 『어느 북조선 인민의 수기 : 조국(하)』(서울 : 현장문학사, 1990), p. 16.

12) 사회과학출판사, 『령도예술』(평양 : 사회과학출판사, 1985), pp.81~160

13) 출처, google 인터넷, 북한중앙통신 2002년 2월 8일

14) 김일성, 1974년 3월 20일 최고인민회의 제5기 제3차회의에서 세금제도 전면폐지안을 통과시켜 이를 공포하고 서도 당중앙위원회 정치위원회에서 비공식 교시. (출처, 공산주의사전, 1984.12, p. 664)

15) 이한영, 『대동강로열패밀리』(서울, 동아일보사, 1996), 성혜랑, 『소식을 전합니다.』(서울, 지식 나라, 1999.1), 『등나무집 』(서울, 지식나라, 2000.12), 중앙일보(2013.11.5.), 기타 공개자료

16) 연합뉴스, 2017.2.15., 박진, 전 김영삼정부 청와대공보비서관 겸 국회의원 회고록, 『청와대 비망록』

17) 출처, 조선일보(2017.8.1., A30)

# 5장

1) 월간 『북한』 2001년 10-12월. 『북한 군사체제 평가와 전망』 2006년 7월

2) KIDA, 『북한 군사체제 평가와 전망』(KIDA press, 2006.7, 서울), p. 601

3) 북한 신정정치 구성적 요소 ①신조(信條 CREED) ②의식(儀式 CULT), ③법전(法典, CODE) ④공동체(共同體, COMMUNITY), 박형식, "기독교조직신학 유추를 통한 북한 김일성 주체사상의 비판적 분석" 박사논문, pp. 26-31 참고

4) 1968년 7월 8일 노동당3호청서 부장회의 (출처, 김용규 저서)

5) 출처 : 『현대조선말사전』(평양, 과학백과사전출판사, 1981.12), p.226

6) KIDA, 『북한 군사체제 평가와 전망』(KIDA press, 2006.7, 서울), pp. 613-616

7) KIDA press (2006.7)

8) 1968년 1월 23일 미해군 정보수집함 푸에블로호(Pueblo號)가 북한 원산항 앞 공해상에서 북한으로 납치된 사건

9) KIDA press (2006.7)

10) 동아일보사, 『한국의 핵주권』(동아일보출판국, 서울, 2006.12), p. 51

11) 동아일보사, 『한국의 핵주권』(동아일보출판국, 서울, 2006.12), p. 103

12) 일정 조직성원이 모두 모여서 해당 조직의 최고 결정 기능을 가진 회의

13) 일정 사업을 조직하고 필요한 력량을 배치하여 일을 벌이는 것

14) 북한, 당의유일적령도체계확립10대원칙 5조 4항

15) 존 볼턴, 『존 볼턴 백악관 회고록, 그 일이 일어난 방』(시사저널사, 2011.2, 서울), p. 122

16) 리언 페네타(Leon Paneta) 전 미국국방장관, CIA국장의 조선일보 전화인터뷰(2020.9.27.)

17) 박형식, "한국의 핵확산 결정요소 비교 : 1970년대와 2010년대 비교", 『성균관대학교』, 2011, 석사논문, pp. 5-9

18) 포위심성(siege mentality) : 이스라엘 텔아비브대학 Danieal Bartal 교수와 Dikla Antebi 교수가 주장 이론화. 1989년 6월 텔아비브대학 연례학술회의시 발표.

19) Bartal, Daniel and Dikla Antebi. 1992. "Belief about Negative Intentions of the World : A Study of the Israel Siege Mentality." (Political Psychology Vol.13, No.4, pp. 637-638)

20) 출처 : 로이터 통신 인용, 조선일보 2020년 8월 5일 A8면 보도

21) 존 볼턴, 『존 볼턴 백악관 회고록, 그 일이 일어난 방』(시사저널사, 2011.2, 서울), p. 60

22) 특종기자 밥 우드워드가, 2020년 9월 14일 신간 '격노 Rage' 발간 즈음, 미 공영라디오 NPR공영라디오 인터뷰 내용에서 밝힘. (2020년 9월 17일 조선일보 A6면 보도)

23) William C. Potter : 미국 국제핵정치학자, 교수, 몬트레이비확산국제연구소 국장, 군비규제군축청 자문, 랜드 연구소 및 항공우주국제트추진연구소 근무, 국립과학원위원, 의회국제정책태평양협의회고문, 유엔사무총장군 축위원회국제자문위원, NPT검토 확장회의 고문. (http://en.wikipedia.org/wiki/William potter)

24) 핵무장(확산)결정요소이론 : W.C. Potter가 1980년대초 국제핵정치학자들이 핵무기 보유국, 핵무기개발시도 국, 잠재적 핵무기보유국 등 13개국에 대해 핵무기 개발동기를 실제 조사종합 해 이를 유인요인 억제요인 촉 진요인 등 3가지로 대별하고 이를 25개의 세부항목으로 분류해 이론화. 일반적인 핵무장 이론은 기술이론, 동 기이론, 연계이론 등이 있음.

25) 수직적 확산 : 기존 핵무기 보유국이 핵탄두 숫자를 증가시키면 이와관련된 이해 당사국도 핵무기 개수를 확대 하는 것. 한편 수평적 확산은 비핵국가들이 새로 핵무장 하는 것.

26) 삼성경제연구소, 『북한핵과 DIME』(삼성경제연구소, 2010.4), p.253

27) 소위 북한이 '7.27전승절'로 기념하는 정전협정체결67주년 즈음, 김정은이 2020년 7월 27일 평양 4.25문화회 관에서 열린 제6차전국노병대회시 연설한 내용. 출처 : 조선일보(2020년 7월 29일, A8면)

28) 존 볼턴, 『존 볼턴 백악관 회고록, 그 일이 일어난 방』(시사저널사, 2011.2, 서울), p. 123

# 6장

1) Gustave Le Bone, 1841-1931. 프랑스 사회심리학자, 의학-이론물리학-고고학-인류학-군중심리학 권위 자. 저서 : 『Les Lois Psychologiques de Revolution des Peuples. 민족진화의 심리법칙』, 『La Psychologie des Foules. 군중의 심리』, 『Psychologie des Temps Nouveaux. 새로운 시대의 심리학』 등

2) 정명진 역, Gustave Le Bone 저 『La R'evolution Francaise et la Psychologiques des Revolution, 혁명의 심리학』 (도서출판 부글북스, 서울, 2013. 11), pp. 28-103

3) 통일연구원 역, 『2014유엔인권이사회 북한인권조사위원회 보고서』(통일연구원, 서울, 2014.7), p. 292

4) 프랑스혁명 권위자 겸 소로본대교수. "조르주 르페브르"(Grorge Lefebvre, 1874-1950)가 '토크빌'에 대해 평 가한 말 (이용재 역, 알렉시스 드 토크빌 『앙시앵레짐과 프랑스혁명』(서울 : 지식을 만드는 지식, 2013), p. 463

5) Alexis de Tocqueville, 1805-1859, 프랑스정치학자, 1805년 파리 출생. 노르망디 귀족출신. 1831년 미국여행후 『아메리카 민주주의』 저술. 1848년 2월혁명후 제헌의원선출,1849년 외무장관역임,1851년 루이나폴레옹 구테타 에 반대해 정계은퇴. 대작 『앙시앵 레짐과 프랑스혁명』(1856) 남긴후 1859년 폐결핵으로 타계. (출처 : 이용재 역 2013, p. 527

6) 앙시앵 레짐(ancien regime)은 프랑스혁명 이전 제도. 프랑스 말로 "옛 제도 혁명전의 구제도" 17-18세기 프랑 스 부르봉(Bourbon) 절대주의 왕가 체제를 지칭.

7) 1789.7.14.-1794.7.28.간 발생. 프랑스시민혁명, 혁명은 구제도(앙시앵레짐) 모순에서 비롯. 제1신분인 성직자와 제2신분인 귀족은 면세혜택을 누리며 관직 독점. 인구 98%를 차지한 제3신분인 평민은 무거운 세금을 부담했지만 정치에서도 배제. 왕실의 과도한 지출로 프랑스 재정은 파산 직전. 세금이 과중되어 오다, 루이 16세때 일부 완화정책 시행. 시민계급의 불만으로 혁명이 발생. 프랑스 혁명은 유럽역사에서 정치적 힘이 소수의 왕족과 귀족에서 시민에게 옮겨진 역사적 과정으로 평가

8) 영어원문 : Tocquevill, Alexis de. The old Regime and the French Revolution, New New translation by Stuart Gilbert. New York : doubleday & Co., 1955, p.177.
한글 번역본 : 천형균역, 헤이든 화이트 『19세기 유럽의 역사적 상상력-메타역사』(서울 :문학과 지성사, 1991), p. 273

9) 홍진표, 『북한의 진실』(시대정신, 1998.10, 서울), pp.171-172

10) 토크빌 저서, 영문판 p.176

11) Carl J. Fredrich & Zbignen K. Brezinski : Totatorianism Dictatorship& Autocracy(Cambridge Mass Harvard University Press, 1965)

12) 사무엘 헌팅턴, "권위주의체제가 민주화로 되는 변형 과정은. 위로부터 아래로, 위-아래가 타협". Samuel R. Huntington, The Third Wave : Democratization in the late Twentith Century(Norman: University of Oklahohoma Press,1991), pp. 109-163.

13) 통일연구원 역(2014), p. 616

14) 출처 : 2020년 11월 11일 조선일보 A8면

15) 김일성, "인민군대는 노동계급의 군대, 혁명의 군대이다"(1963.2.8.) (인용 출처 김일성군사노선, 국제문제연구소, 서울 1979, p. 43)

16) 통일연구원 역(2014), pp.292-293

17) Andrew Heywood. 영국출생. 정치학교수. 주요저서 : 『Political Ideologies』, 『Political Theory』, 『Politics』 등

18) Coup d'etat : 프랑스어. 국가에 대한 타격(a stroke of state) 의미. 갑자기 비합법 비헌법 강제적으로 권력 장악. 쿠테타는 군부에 의해 혹은 군부도움으로 수행. 제한적 폭력이 있을 수 있고 무혈쿠테타도 있지만 폭력 연류. 쿠테타는 2가지 점에서 혁명과 구분. 첫째 쿠테타는 전형적으로 소집단에서 수행되며 국가내에 존재하는 핵심 기관으로부터 발생(관료, 경찰, 군부)하고 대중은 정치적인 행동에 포함되지 않음. 둘째 쿠테타는 전형적 필연적으로 정권을 변화시키거나 더 광범위한 사회변화를 초래함 없이 정부나 통치집단을 교체.

19) 조현수 역. Andrew Heywood 저『Politics』(현대정치의 이론과 실천. 서울 : 성균관대학교, 2004) pp, 693-716

20) 미국 일리노이주 출생(1922-2014). 시카고법대졸. 변호사. 버지니아공대-조지메이슨대학교 교수. 1962년 제임스뷰케넌과 공동저서 국민합의 인식(the calculus of consent)를 저술해 공공선택론(public choice) 창시. 대표적 저서 『인간행동』, 『전제정치』 등.

21) Gorden Tullock, Autocracy (New York : Springer, 1987). 황수연 황인학 역, Gorden Tullock 저, Autocracy (New York : Springer, 1987) : (『전제정치』 경성대학교출판부, 2011.1)

22) 전제정치 : 군주, 귀족, 독재자, 계급정당의 어느 것 불문하고 지배자가 국가 모든 권력을 장악해 아무 제한 구속 없이 그 권력을 운용하는 정치체제. 민주정치 입헌정치 공화정치 정반대 개념

23) 미 예일대 정치학 교수, 2012년 『권위주의 지배 정치』(The Politics of Authoritarian Rule)출간, 게임이론모델, 통계분석으로 권위주의에서 정치적 갈등 원인을 설명하는 통합적이론 제시. 독재자가 어떻게 협력자들과 권력을 공유하고 반대파를 통제하는지 연구.

24) Milan W, Svolik, 『The Politics of Authoriarian Rule』(Cambridge Cambridge University Press, 2012.)

25) "독재자가 군대에게 권력을 빼앗길 수 있는 위험을 감수하더 라도, 대중들의 반대를 막기 위해서 군대를 강화하고 동원할 수밖에 없는 상황에 처하게 되는 경우"

26) 통일연구원 역(2014), pp. 292-293

# 참고 문헌

## 1. 국내문헌

### 1) 단행본

국제문제연구소, 『김일성군사노선, 1963.2.8』, 서울, 1979

권태면, 『북한에서 바라 본 북한』, 서울, 중명출판사, 2005

김국후, 『비록 평양의 소련군정, 소련국방성자료』, 도서출판한울, 9011.9, 파주

김동규, 『김일성과 문선명』, 경기파주, 교육과학사, 2014

김동길 등 3명 역, 션즈화(沈志華) 저, 『최후의 天朝』, 서울, 도서출판 선인, 2017

김세철, "마르크스와 레닌의 언론관", 『신문학보』 423 호, 한국언론학회, 1988

김용규, 『태양을 등진 달바라기』, 서울, 글마당, 2013

김이석 역, 프리드리히 A. 아이에크 저 『노예의 길』, 나남, 파주, 2015

김진계, 『어느 북조선 인민의 수기 : 조국(하)』, 서울, 현장문학사, 1990

김창영, 『교회용어사전』, 서울, 생명의 말씀사, 2013

김혜숙, 『북한정치범수용소 28년 수감자의 수기 눈물로 그린 수용소』, 서울, 도서출판 시대정신, 2011

동아일보사, 『한국의 핵주권』, 동아일보출판국, 서울, 2006

란코프, 전현수역 『소련공산당과 북한문제』, 경북대출판부, 2014.8, 대구

문강형준 역, Alberto Toscano저 『Fanaticism, 광신』, 후마니타스, 서울, 2002

박진, 『청와대 비망록』,

북한연구소, 월간 『북한, 1999년 10월호』, 서울, 1999

       월간 『북한』 2001년 10월~12월, 서울, 2001

삼성경제연구소, 『북한핵과 DIME』, 삼성경제연구소, 2010년 4월호

서울대행정대학원통일정책연구팀, 『남과 북 뭉치면 죽는다』, 랜덤하우스, 2004

성혜랑, 『소식을 전합니다』, 서울, 지식 나라, 1999

       『등나무집』, 서울, 지식나라, 2000

신동혁, 『북한 정치범수용소 완전통제구역 세상 밖으로 나오다』, 서울, 북한인권정보센터, 2012

신일철, 『북한주체사상의 형성과 쇠퇴』, 서울, 생각의 나무, 2004

안명철, 『완전통제구역』, 서울, 도서출판 시대정신, 1989

연합뉴스, 『북한용어소사전』, 연합뉴스, 서울, 2003

오생근 역, 미셸 푸코 저 『감시와 처벌』, 서울, 나남, 2000

원광연 역, John Calvin 저 『기독교강요』, 경기 고양, 크리스챤다이제스트, 2003

윤대일(국가안전보위부 소좌, 함북 무산군 보위부 반탐정과 지도원, 1998년 귀순),

      『악의 축 집행부-국가안전보위부의 내막』, 월간조선사, 2002.07.20

윤여상, 『북한 정치범수용소의 운영체계와 인권실태』, 북한인권정보센터, 2011

이극찬, 『정치학』, 경기 파주, 법문사, 2006

이미숙 역, 부루스 부에노스 데 메스키타, 알라스테어 스미스 저 『The Dictator's Handbook, 독재자

　　의 핸드북. 사상 최악의 독재자들이 감춰둔 통치의 원칙』, 서울, 웅진싱크빅, 2012

이상우, 『북한정치변천』, 서울 : 도서출판오름, 2014

이용재 역, 알렉시스 드 토크빌 저 『앙시앵레짐과 프랑스혁명』, 서울, 지식을 만드는 지식, 2013

이종훈 역, 마르친쿨러 저 『종교로서의 공산주의』, 서울, 책세상, 2005

이한영, 『대동강로열패밀리』, 서울, 동아일보사, 1996

임석진 역, Kar Mannheim 저, 『Ideologie und Utopie, 이데올로기와 유토피아』, 서울, 청아출판사, 2003

정명진 역, Gustave Le Bone 저 『La R'evolution Francaise et la Psychologiques des Revolution, 혁
명의 심리학』, 도서출판 부글북스, 서울, 2013

정병호, "극장국가 북한의 상징과 의례", 평화문제연구소, 『통일문제연구』, 제22권2호, 2010

조갑제, 『김현희의 하느님』, 서울, 고시계사, 1990

조창현, 『북한 권력구조 특징에 관한 연구』, 서울 : 육군교육사령부, 2000). 성준혁, "북한인민보안부
에 관한연구", 경남대대학원 박사학위논문, 2015

조행복 역, Richard Over저 『The Dictators, 히틀러 대 스탈린, 권력작동비밀 독재자들』, 한영문화사,
서울, 2008

조현수 역, Andrew Heywood 저 『Politics : 현대정치의 이론과 실천』, 서울, 성균관대학교, 2004

주성하, 『서울에서 쓰는 평양 이야기』, 도서출판기파랑, 서울, 2010

천형균 역, 헤이든 화이트 『19세기 유럽의 역사적 상상력-메타역사』, 서울, 문학과 지성사, 1991

최대회 역, Helmut Altrichter 저 『소련소사 : 1917-1991』, 창작과 비평사, 서울, 1997

최명관 역, 『국가의 신화』, 서울, 현대사상사, 1979

통일교육원, 『2019북한이해』, 통일부통일교육원, 서울, 2019

통일연구원 역, 『2014유엔인권이사회 북한인권조사위원회보고서』, 통일연구원, 서울, 2014

한국국방연구원, 『북한 군사체제 평가와 전망』, KIDA press, 서울, 2006년 7월호

호혜일, 『북한 요지경』, 도서출판 맑은소리, 서울, 2006

홍진표, 『북한의 진실』, 시대정신, 서울, 2004

황수연 역, Gordon Tullock 저 『Autocracy, 전제정치』, 경성대학교출판부, 부산, 2011

황장엽, 『황장엽 회고록』, 서울, 시대정신, 2010


2) 논문


김옥주, "소련의 의학사상 파블로프 이론과 스탈린주의 결합", 『한국과학사학회지 』22권 2호
한국과학사학회, 2000

박형식, "한국의 핵확산 결정요소 비교 : 1970년대와 2010년대 비교", 석사논문, 2011
　　　　 "기독교 조직신학 유추를 통한 김일성주 체사상의 비판적 분석", 박사논문, 2016

서동오, "공포의 생성과 소멸 : 파블로프공포 조건화의 뇌회로를 중심으로" 『한국심리학회지』,
vol. 18, 한국실험심리학회, 2006

조현수, "상징과 정치 : 민주주의체제와 전체주의체제의 상징에 대한 비교분석", 2010

채효건, "모택동의 군사사상과 인민전쟁의 연구" 월간 『안전보장』, 1974

홍정기, "북한사회통제기제 분석과 체제유지 및 변동요인 연구", 박사논문, 2016

## 3) 언론·인터넷

연합뉴스, 2017년 2월 15일
　　　　　2020년 8월 7일

조선일보, 2017년 2월 4일,　8월 1일
　　　　　2020년 8월 5일, 9월 27일, 10월 5일, 10월 21일, 11월 11일, 11월 12일
중앙일보, 2012년 9월 29일
　　　　　2013년 11월 5일

http:/www.nkhumanrights.org
http:/www.boannews.com.media/view
http://en.wikipedia.org/wiki/William potter

## 4) 외국문헌·기타자료

러시아독립국가연합– 구소련 국방성중앙공문서 보관소 소장, 88여단에 관한 기록문서
레닌, 『민족문제에 대한 논평』, 레닌전집 제20권, 1913
　　　"항가리 노동자에게 경의를 드린다", 1919 (재인용, 『레닌전집제29권』, 북경, 인민출판사, 1974)
　　　"전쟁과 평화에 관한 보고", 1968.9 (재인용, 레닌전집제27권, 북경 : 인민출판사, 1974)
마르크스, 『공산당선언』, 1848, (재인용, 맑스 엥겔스 레닌 스탈린 혁명이론 및 전술, 평양 : 조선노
　　　동당 출판사, 1965)
　　　『와이데미에르에게』, 1852, (재인용, 『마르크스 엥겔스선집(Ⅱ)』, 북경, 인민출판사, 1974)
　　　『자본론』 제1권, (재인용, 평양, 조선노동당출판사, 1964)
　　　"코다강령비판", 1875, (재인용, 『마르크스 엥겔스선집 제3권』, 북경, 인민출판사, 1974)
모택동, 『모택동선집, 제1권』, 북경, 외교출판사, 1976
　　　『모택동선집 제2권』, 북경, 인민출판사, 1952
　　　『모택동선집 제2권, 전쟁과 전략문제, 1938』, 중국북경, 외교출판사, 1968
　　　『모택동선집 제3권』, 북경, 1945.
　　　『모택동선집 제4권』, 북경, 1947
　　　『모택동선집, 제5권』, 북경, 외교출판사, 1977
　　　『전쟁과 전략문제』, 1938
미국 국무부, "2018 국가별 인권보고서", 2019년 3월 13일(현지시간)
서울 지평, 사회과학출판사, 『영도예술』, 1989
소련공산당제20차대회비밀회의(1956년 2월 14일–25일), "개인숭배와 그의 제결과에 대하여"
스탈린, 『레닌주의의 문제에 대하여, 1926, 스탈탈린전집 제 2권』, 학우서방, 동경, 1966.

(재인용 원전 공산주의 대계)

일간노동통신사, 『중소논쟁주요문헌집』, 일본동경, 일간노동통신사, 1965

일본 『政治學 사전』, 동경, 平凡社, 1954

장개석, 『정치작전개론』, 자유중국, 정치작전학교, 1973

　　　『중국속의 소련』, 대북, 중앙문물사, 1968


『공산주의사전』, 극동문제연구소, 서울, 1984

한국두산백과사전


000대회00대표, 『북한방문기 000이 00 있었네』, 서울, 시와 사회사, 1993

000 교수, 000000 정책00기획000, 『00전쟁연구』, 1990

000, 000 00의원, 『000 정치-000와 000 비교연구』, 1981


C. Merriam, 『Political Power』, Glencoe, The Free Press, 1950

Carl J. Friedrich and Zbigniew K. Brzezinski, 『Totalitarian Dictatorship and Autocracy』, New
　　　York, Federick A. Praeger, 1964

Ernst Cassirer, 『The Myth of the State』, New Haven, Yale University Press, 1946

Georges Sorel, 『Reflection on Violence』, Glencoe Illinois, The Free Press, 1950

Herbert Hyman, 『 Political Socialization』, New York : The Free Press, 1969

John Bolton, 『존 볼턴 백악관 회고록, 그 일이 일어난 방』, 서울, 시사저널사, 2011

John K. Galbraith, 『The Age of Uncertainty』, Boston, Houghton Miffin Company, 1977

Milan W, Svolik, 『The Politics of Authoriarian Rule』, Cambridge Cambridge University Press. 2012

R. M. MacIver, 『The Web of Goverment』, New York, The Macmillian Company, 1947

Robert C.Tucker, 『Politics as Ledership』, Columbia University of Missouri Press, 1981

Roberta S. Sigel(edited) 『Political Learning in Adulthood』, Chicago The University of Chicago
Press, Ltd, 1989

Samuel R. Huntington. 『The Third Wave : Democratization in the late Twentith
　　　Century』,Norman,  University of Oklahohoma Press, 1991

Tocquevill, Alexis de. 『The old Regime and the French Revolution』, New New translation by
Stuart Gilbert. New York : doubleday & Co., 1955

U.S. Department of State, 『North Korea A Case Study in the Techniques of Takeover』,
　　　Washington, D.C. G.P.O 1961


Bartal, Daniel and Dikla Antebi. 1992. "Belief about Negative Intentions of the World : A
　　　Study of the Israel Siege Mentality." (Political Psychology Vol.13, No.4

## 2. 북한 문헌

### 1) 단행본·논문

강운빈, 『위대한 주체사상총서6 ; 인간개조론』, 평양 : 사회과학출판사, 1985
김일성, 『김일성선집』, 조선로동당출판사, 1963
　　　　『김일성선집 제5권』, 조선노동당출판사, 평양, 1965
　　　　『김일성선집 제15권』, 조선노동당출판사, 평양, 1957

　　　　『김일성저작집(2)』, 조선로동당출판사, 1979.4.15
　　　　『김일성저작집(3)』, 조선로동당출판사, 1979.4.15
　　　　『김일성저작집(4)』, 조선로동당출판사, 1979.4.15.

　　　　『김일성저작선집 제1권, 1945년』
　　　　『김일성저작선집』, 조선노동당출판사, 1970
　　　　『김일성저작선집 제1권』, 조선노동당출판사, 평양, 1967
　　　　『김일성저작선집 제2권』, 조선노동당출판사, 평양, 1959
　　　　『김일성저작선집 제3권』 조선노동당출판사, 평양,
　　　　『김일성저작선집 제4권』, 조선노동당출판사, 평양, 1968
　　　　『김일성저작선집 제5권』, 조선노동당출판사, 평양, 1968
　　　　『김일성저작선집 제6권』, 조선노동당출판사, 평양
　　　　『김일성저작선집 제7권』, 조선노동당출판사, 평양, 1977

　　　　『우리의 혁명과 인민군대의 과업에 대하여』(재인용 『공산주의대계』, 서울, 1985)
　　　　『현정세와 우리 당의 과업, 1966』, 노동당출판사, 평양, 1968

　　　　"소련을 선두로 하는 사회주의진영의 위대한 통일과 국제공산주의 운동의 새로운 단계", 1957

김정일, 『김정일선집 제9권』
　　　　『김정일선집 제11권』
　　　　『김정일선집, 제12권』

　　　　"당사상사업을 더욱 개선 강화할 데 대하여 : 사상일군대회결론", 외국문출판사, 평양, 1981

김정은, "혁명적인 사상공세로 최후승리를 앞당겨 나가자", 2014

사회과학원, 『혁명의 위대한 수령 김일성동지께서 창시하신 당의 유일사상체계를 확립하기
　　　　위한 사상과 그 빛나는 구현』, 사회과학출판사, 평양, 1973

사회과학출판사, 『영도체계』, 평양, 1989

　　　　『령도예술』, 평양, 1985

　　　　"위대한 김정일동지를 우리 당의 영원한 총비서로 높이 모시고 주체혁명위업을 빛나게
　　　　완성해 나가자" 해설론문집, 평양, 주체103, 2014

## 2) 사전·정기간행물

『광명백과사전 제2권 : 세계의 력사』, 평양종합인쇄공장, 백과사전출판사, 평양, 2010
『광명백과사전 : 철학』, 평양종합인세공장, 백과사전출판사, 주체100년, 2011
『철학사전 ; 종교』, 평양, 사회과학원철학연구소, 평양
『현대조선말사전』, 평양종합인쇄공장, 과학백과사전출판사, 평양, 1981

노동신문, 1963년 2월 8일, 10월 28일

　　　　2018년 2월 25일

『조국통일』, 1968.2.28. (조국전선기관지)

북한발행, 『김일성동지략전』, 조선로동당출판사, 평양, 1972

　　　　『김일성김정일주의의 력사적 의의는 무엇인가』, 평양출판사, 평양, 주체105(2016)

　　　　『조선로동당력사』, 조선로동당출판사, 평양, 주체93

## 인 명

## 사 항

병아리가 알을 깨고 나오려 할 때, 어미 닭도 동시에 쪼아주어
알을 깨고 나오도록 해주는 것을 줄탁동시(啐啄同時)라 한다.

병아리가 스스로 깨어 나오려는 노력이 없거나, 어미가 도와주지 않으면,
새끼는 껍질 속에서 죽게 된다.

남북통일도 북한사람 스스로 깨우쳐야 하며, 이 과정에서
한국이 주도적으로 도와주는 줄탁동시 같은 대북전략이 필요하다.

북한사람 정치의식 북한내부 체제붕괴

# TEN

2021년 2월 5일 초판인쇄
2021년 2월 10일 초판발행
2021년 12월 20일 2쇄 발행
2022년 11월 15일 3쇄 발행

저자 : 박형식
펴낸이 : 신동설

펴낸곳 : 도서출판 청미디어
신고번호 : 제2020-000017호
신고연월일 : 2001년 8월 1일

주소 : 경기 하남시 조정대로 150, 508호 (덕풍동, 아이테코)
전화 : (031)792-6404, 6605
팩스 : (031)790-0775
E-mail : sds1557@hanmail.net

편집 고명석
디자인 정인숙
표지 여혜영
교정 신재은

정가 : 18,000원
ISBN 979-11-87861-47-8 (93340)